DIREITO CIVIL

Obrigações, obrigações contratuais e responsabilidade civil

GILBERTO KERBER

Advogado. Conselheiro Estadual OAB/RS.
Mestre em Direito pela UFSC. Coordenador
do Curso de Direito CNEC-IESA Santo Ângelo/RS.

DIREITO CIVIL

Obrigações, obrigações contratuais e responsabilidade civil

EDITORA
LTr®
SÃO PAULO

LTr®
EDITORA LTDA.

Rua Jaguaribe, 571
CEP 01224-001
São Paulo, SP — Brasil

Fone (11) 2167-1101

Produção Gráfica e Editoração Eletrônica: RLUX
Projeto de capa: Fábio Giglio
Impressão: PROL GRÁFICA E EDITORA
LTr 4371.5
Janeiro, 2012

Dados Internacionais de Catalogação na Publicação (CIP)
(Câmara Brasileira do Livro, SP, Brasil)

Kerber, Gilberto
Direito civil : obrigações, obrigações contratuais e responsabilidade civil / Gilberto Kerber. — São Paulo : LTr, 2012.

Bibliografia.
ISBN 978-85-361-1975-5

1. Direito civil 2. Obrigações (Direito) 3. Responsabilidade (Direito) I. Título.

11-11806 CDU-347(81)

Índice para catálogo sistemático:

1. Brasil : Direito civil 347(81)

SUMÁRIO

Primeiro Caderno

OBRIGAÇÕES

Primeiro Caderno

OBRIGAÇÕES

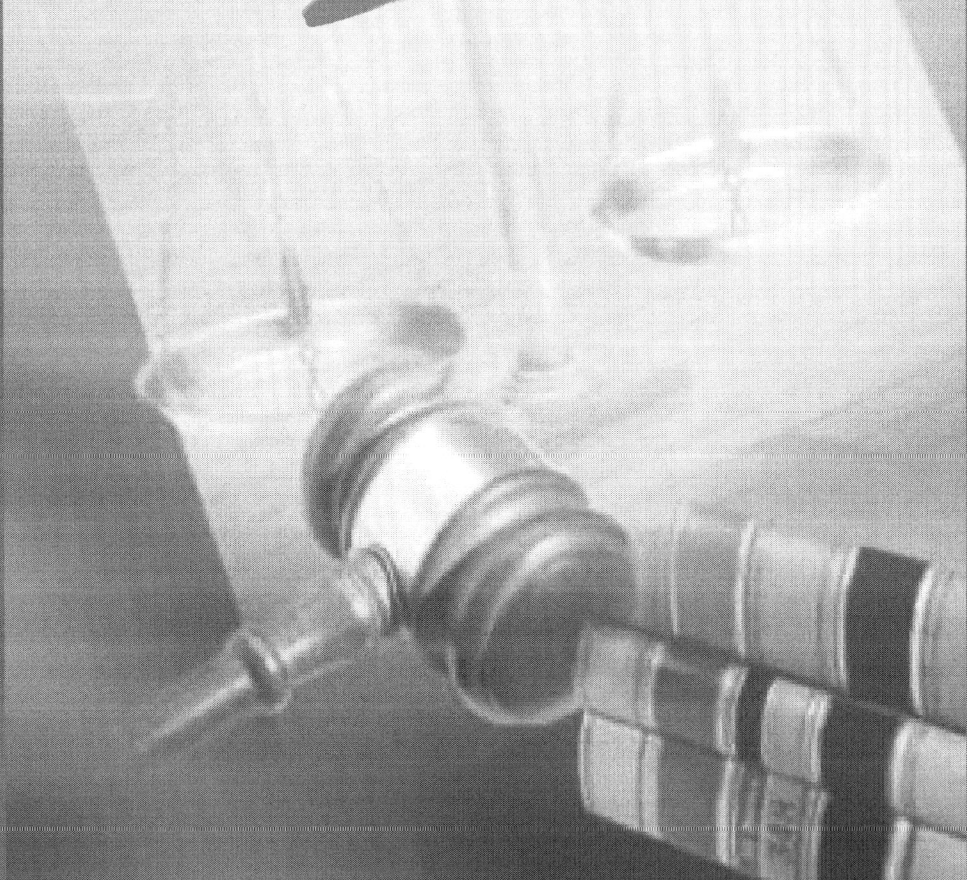

PRIMEIRA AULA

Da Revisão —

Parte Geral do Código Civil

O Direito Civil é um conjunto de normas que regulamentam as relações jurídicas dos sujeitos entre si.

A parte geral do Código Civil estabeleceu as normas e regras das pessoas FÍSICAS e JURÍDICAS — as quais se caracterizam pela CAPACIDADE e pela PERSONALIDADE CIVIL.

DA PERSONALIDADE — Atinge-se a PERSONALIDADE com o NASCIMENTO, porém, o CÓDIGO protege os direitos da PERSONALIDADE como o prenome e o sobrenome.

DA CAPACIDADE — É a aptidão para exercer direitos e assumir OBRIGAÇÕES. Nem todos têm CAPACIDADE PLENA, pois há fatos que reduzem ou anulam essa CAPACIDADE.

DO DOMICÍLIO — Classifica-se em CIVIL — VOLUNTÁRIO — LEGAL ou FORO DE ELEIÇÃO.

Civil = residência com ânimo definitivo. **Voluntário** = pela vontade do indivíduo. **Legal** = estabelecido pela Lei. **Foro de eleição** = estabelecido pela convenção (vontade das partes) nos contratos.

DOS BENS E SUA CLASSIFICAÇÃO

Os bens são classificados em CORPÓREOS, INCORPÓREOS, MÓVEIS, IMÓVEIS, SEMOVENTES, PRINCIPAIS, ACESSÓRIOS e BENFEITORIAS úteis, necessárias e voluptuárias.

Dos frutos

Os frutos dividem-se em: **Naturais** = frutos, animais. **Industriais** = provenientes de atividades. **Civil** = rendimentos. **Pertenças** = os bens de uma casa.

DOS NEGÓCIOS JURÍDICOS OU DOS FATOS JURÍDICOS

O negócio jurídico é todo acontecimento natural ou humano que determine a ocorrência de efeitos constitutivos, modificativos ou extintivos de direitos e obrigações, na órbita do direito.

Caio Mário Pereira ensina "que o fato jurídico seria todo acontecimento em virtude do qual começam ou terminam as relações jurídicas". Portanto, o fato jurídico é capaz de criar, modificar, conservar ou extinguir relações jurídicas.

Teoria explicativa do negócio jurídico

Para entendimento da teoria, temos de partir da noção de vontade.

Desta forma, negócio jurídico é a manifestação de vontade destinada a produzir efeitos jurídicos, o ato de vontade dirigido a fins práticos tutelados pelo ordenamento jurídico ou uma declaração de vontade pela qual o agente pretende atingir determinados efeitos admitidos por lei.

Duas são as correntes admitidas. A primeira corrente, a **voluntarista**, de conformidade com o art. 112 do CC. A segunda corrente, a **objetivista**, vê o negócio jurídico como expressão máxima da autonomia da vontade dos contratantes.

DOS PLANOS DOS NEGÓCIOS JURÍDICOS

Na verdade, são três os planos estudados na parte geral do Código Civil, e que estão presentes nos NEGÓCIOS JURÍDICOS: a existência, a validade e a eficácia.

Do plano de existência

Esse plano tem o objetivo de estudar os planos constitutivos do negócio jurídico, sem os quais se estaria diante de um NÃO ATO, não havendo que se cogitar em validade ou eficácia.

Marcos Bernardes de Mello aduz e preleciona com clareza sobre a teoria, afirmando que:

> "No plano da existência não se cogita de invalidade ou eficácia do fato jurídico, importa, apenas, a realidade da existência. Tudo, aqui, fica circunscrito a se saber se o suporte fático suficiente se compôs, dando ensejo à incidência".

Exemplo: o casamento realizado perante pessoa não autorizada a celebrar casamentos, um delegado de polícia, por exemplo, NÃO CONFIGURA FATO JURÍDICO, por isso, simplesmente, NÃO EXISTE.

Do plano de validade

Os pressupostos da validade em regra são agente capaz, objetos lícitos, determinados ou ao menos determináveis, prescritos ou não defesos em lei.

San Tiago Dantas tem o seguinte entendimento a respeito da validade:

> "Os atos jurídicos determinam a aquisição, modificação ou extinção de direitos. Para que, porém, produzam efeito, é indispensável que reúnam certo número de requisitos que costumamos apresentar como os de sua validade. Se o ato possui tais requisitos, é VÁLIDO e dele decorre a aquisição, modificação e extinção de direitos prevista pelo agente. Se, porém, falta-lhe um desses requisitos, o ato é inválido, não produz o efeito jurídico em questão e é NULO".

Desta forma, estudamos o conteúdo representado pelos VÍCIOS que impedem seja a vontade declarada livre e de lisura (boa-fé), prejudicando, por conseguinte, a VALIDADE dos negócios jurídicos: **vícios de consentimento** e **vícios sociais**.

Para Carvalho Santos, "a nulidade é um vício que retira todo ou parte de seu valor a um ato jurídico, ou o torna ineficaz apenas para certas pessoas".

Maria Helena Diniz, porém, afirma que "a nulidade vem a ser a sanção, imposta pela norma jurídica, que determina a privação dos efeitos jurídicos do negócio praticado em desobediência ao que prescreve".

Desta forma, estudamos quando ocorrem e a forma pela qual ocorrem a anulabilidade e nulidade dos negócios jurídicos.

Do plano da eficácia

O terceiro plano em que a mente humana deve projetar o negócio jurídico para examiná-lo é o plano de eficácia. Nesse plano, não se trata, naturalmente, de toda e qualquer possível eficácia prática do negócio, mas sim, tão só, de sua eficácia jurídica e, especialmente, da sua eficácia própria ou típica, isto é, da eficácia referente aos efeitos manifestados como pretendidos.

Desta forma, os elementos acidentais são os limitadores da eficácia do negócio jurídico — **o termo, a condição e o modo ou encargo**.

Para concluir a revisão da parte geral do Código Civil, não nos podemos descuidar do FORMALISMO, o qual é importante para a continuidade do processo de aprendizado.

José Crettela Júnior com sabedoria pontifica que

> "a forma sempre representou algo de muito importante para o povo romano, não só no direito, como na religião, na política, nas festas. E o direito reflete o povo, de maneira perfeita. No campo contratual, o relevo da forma é de importância extraordinária".

A formalização do negócio jurídico é autorizada pela lei e em diversos modos. Desta forma, cada um tem sua formalidade legal.

Exemplo: para provar-se o negócio jurídico, o legislador apontou as espécies de CONFISSÃO — DOCUMENTO — TESTEMUNHA — PRESUNÇÃO e PERÍCIA.

Para os atos ilícitos

Da ação e da omissão — art. 186 do CC.

Do abuso de poder — art. 187 do CC.

Das causas excludentes de ilicitude estão elencadas nos arts. 188, 929 e 930 do CC.

Porém, em casos de estado de necessidade, a previsão legal está no art. 188, II do CC.

DA PRESCRIÇÃO E DA DECADÊNCIA

Francisco Amaral assim se manifesta a respeito da prescrição e decadência

> "com o fim de proteger a segurança e a certeza, valores fundamentais do direito moderno, limitam-se no tempo a exigibilidade e o exercício dos direitos subjetivos, fixando-se prazos maiores ou menores, conforme a sua respectiva função. PARA OS DIREITOS SUBJETIVOS, a lei fixa prazos mais longos, que podem ser suspensos e interrompidos, durante os quais se pode exigir o cumprimento desses direitos, ou melhor, dos respectivos deveres".

Desta forma, a prescrição é a PERDA DA AÇÃO e decadência é a PERDA DO DIREITO. Exemplo: art. 5º, inciso LXVIII da Constituição Federal de 1988.

Carvalho Santos sustenta que a prescrição pode definir-se como sendo

> "um modo de extinguir os direitos pela perda da ação que os assegurava, devido à inércia do credor durante um decurso de tempo determinado pela LEI e que só produz seus efeitos, em regra, quando invocada por quem dela se aproveita".

Exemplo: XXX (credor) é titular de um direito de crédito em face de **YYY** (devedor). Nos termos do contrato pactuado, CAIO teria direito ao pagamento da importância de DUZENTOS reais, dia 10 de janeiro de 2002 (DIA DO VENCIMENTO).

Firmado o contrato no dia 10 de dezembro de 2001, **XXX** já dispõe do crédito, posto somente seja exigível no dia do vencimento. OBSERVE, pois, que o direito de crédito nasce com a realização do contrato, em 10 de dezembro de 2007. No dia do vencimento, para surpresa de **XXX**, o devedor nega-se a cumprir a sua obrigação. Torna-se, portanto, INADIMPLENTE, violando o direito patrimonial de **XXX** de obter a satisfação do seu crédito.

Neste exato momento, **violado o direito**, SURGE PARA O CREDOR A LEGÍTIMA PRETENSÃO DE PODER EXIGIR, JUDICIALMENTE, QUE O DEVEDOR CUMPRA A PRESTAÇÃO ASSUMIDA.

Esta pretensão, por sua vez, quedará prescrita, se não for exercida no prazo legalmente estipulado para o seu exercício (DEZ ANOS) pelo art. 205 do CC.

A DECADÊNCIA EXTINGUE O DIREITO E INDIRETAMENTE A AÇÃO, lembrando que a prescrição extingue a ação e por via oblíqua o direito. Para a consumação da prescrição, são necessárias as conjugações de quatro fatores, vejamos: existência de um direito exercitável, inércia do titular pelo não exercício, continuidade da inércia por certo tempo e ausência de fato ou atos impeditivos, suspensivos ou interruptivos do curso da prescrição.

CAUSAS IMPEDITIVAS E SUSPENSIVAS

Arts. 197, 198, 199 do CC.

CAUSAS INTERRUPTIVAS DA PRESCRIÇÃO

Arts. 202, 203 e 204 do CC.

PRAZOS DE PRESCRIÇÃO

Arts. 205, 206 do CC.

PRAZOS DE DECADÊNCIA

Estão previstos pela Lei ou pela convenção das partes. ALGUNS previstos na lei, como no caso dos arts. 445, 446, 501, 512 do CC.

2

SEGUNDA AULA

Das obrigações em geral

Para o indivíduo viver em sociedade, necessita da cooperação de outros indivíduos, isso porque, *individualmente,* não teria condições de *prover* todas as suas necessidades, utilizando, para isso, os recursos que a modernidade e especialmente a tecnologia colocam à sua disposição diariamente.

A sociedade evoluiu de forma rápida. Essa evolução reflete nos direitos e deveres dos sujeitos, determinando obrigações com o adimplemento ou a responsabilidade com o inadimplemento da obrigação.

O **legislador**, **leia-se Congresso Nacional**, deve estar sempre atento para elaborar as novas demandas da sociedade, porquanto o **aplicador**, **leia-se Magistrado**, deve estar atualizado para bem aplicar a legislação nas demandas e inquietudes da sociedade, os quais são representados por profissionais da área (advogados e promotores).

Desta forma, neste semestre começamos a estudar a *parte especial* do Código Civil, que é, no ponto de vista de muitos estudiosos, a mais importante. Evidente que a *parte geral* nos deu um embasamento e ficará demonstrada sua importância ao transcurso do estudo.

Portanto, o Direito Civil é um direito de todos os indivíduos, por estar presente em praticamente todas as nossas atividades, e isso será percebido de forma imediata.

Ocorre, porém, que, na maioria das vezes, não será necessário se buscar a sua conclusão forçosamente, e isso faz com que tenhamos a primeira grande distinção, do que realmente nos interessa, entre o mundo jurídico e o mundo fático. O primeiro nos interessa e o segundo é irrelevante.

A partir desse semestre, começamos a estudar a *responsabilidade civil, o direito das obrigações e contratos, justamente para ter maior domínio do direito civil e poder enfrentar sem temor o direito de empresas, o direito real das coisas, o direito de família e o direito de sucessão.*

No *direito das obrigações,* vamos conhecer as normas que tratam das relações das pessoas entre si, o qual também é conhecido como ***direito pessoal***. Na verdade, as obrigações entre os sujeitos se originam de vários modos, mas o principal é **pelo contrato**.

Estudamos o direito real, para entender as normas que tratam das relações das pessoas com os bens que também é denominado de direito das coisas. O **art. 1.225 do CC aponta os diversos direitos reais**, mas o principal e que nos interessa agora é a **propriedade**.

Por isso, podemos afirmar que o Direito das Obrigações, o Direito das Coisas e o Direito das Sucessões integram a denominada ***autonomia do direito privado***, em que os particulares se relacionam entre si com liberdade, na celebração de contratos e na apropriação de bens que lhes interessam e consequentemente na formação do patrimônio.

Assim, as relações obrigacionais acontecem a todo instante e é o suporte econômico da sociedade moderna de consumo, que ocorre por meio do contrato de compra e venda.

Portanto, quanto mais os **indivíduos *compram, alugam, trocam ou se emprestam,* mais dinheiro e riquezas** circulam na economia, e o comércio e a indústria geram lucros, empregos e impostos, numa forma em que todos ganham.

Por fim, podemos observar que as obrigações giram em torno dos bens, do patrimônio, e é esse nosso principal objetivo da disciplina.

Origem das obrigações

Como é o objeto e por consequência o patrimônio nosso principal elemento, resta-nos fazer uma consideração da origem das obrigações. As obrigações surgiram com a *troca ou permuta de mercadorias*, somente mais tarde é que se passou a ter o contrato de *compra e venda* e mais recentemente é que foram incorporados os diversos tipos de *contratos* que sustentam as relações jurídicas.

A obrigação nasce *por livre manifestação de um querer*, que na relação jurídica é representada pelo *alienante*, o qual se obriga a fornecer o *objeto* e, de outro lado, o *adquirente*, que terá a obrigação de pagar o preço pelo *objeto* fornecido e *na forma pactuada*.

O contrato é uma das principais fontes das obrigações por gerar para cada um dos contratantes um dever. Por isso, ao formalizá-lo, *o* ***alienante*** que fornece a coisa e *o adquirente* que paga o preço, surge dessa relação jurídica *um vínculo jurídico* que é prestigiado pela lei, em que o devedor ou alienante se dispõe a dar, fazer ou não fazer alguma coisa, em favor do credor ou adquirente, e este por sua vez de pagar o valor pactuado.

Obrigações no Direito antigo

Na antiguidade, pelo que se estuda no *Direito romano*, o não cumprimento das obrigações assumidas pelo devedor, impunha-lhe uma solução severa, isso porque a *execução recaía na pessoa*. Desta forma, em não cumprindo a *obrigação*, o sujeito devedor respondia à *responsabilidade* com o seu próprio corpo.

Primeiramente, o sujeito era levado para ser vendido em **leilão público**; vendido, o sujeito passava para a qualidade de escravo, portanto, de coisa; e não sendo vendido, o credor dispunha do direito sobre o corpo do devedor, como um todo, podendo levá-lo à execução pela morte, tendo o direito de expor o seu corpo em qualquer lugar, como forma de intimidação para os devedores.

Obrigações no Direito moderno

No Direito contemporâneo, a solução, no caso do descumprimento da obrigação, somente será admitida pela execução judicial e sempre respeitando o limite *do patrimônio* do devedor.

Desta forma, teremos então a execução do patrimônio do devedor e a participação do poder judiciário, o qual ordenará a penhora de tantos bens quantos forem necessários do devedor, para assim garantir o juízo e com o produto da penhora, no caso de venda em *praça pública,* satisfazer o crédito do credor.

Por isso, o devedor, sendo considerado inadimplente, terá contra si a execução forçada que ocorre de acordo com a obrigação pactuada, e, assim, a execução poderá ser para a entrega de coisa certa, para a entrega de coisa incerta, para fazer ou não fazer alguma coisa e/ou ainda cumprir uma obrigação por quantia certa.

Portanto, no direito moderno, as obrigações alcançam apenas o patrimônio do devedor, existindo apenas duas **exceções, previstas na Constituição Federal, conforme o art. 5º, inciso LXVII, inadimplemento da obrigação alimentar e do depositário infiel,** que permite o tolhimento de liberdade do sujeito inadimplente de acordo com o previsto no art. 733 do CPC e art. 652 do CC.

Cabe, porém, verificar, entre outros dispositivos legais, especialmente o art. 7º, item 7, do Decreto n. 678, de 6.11.1992, que promulga a Convenção Americana sobre Direitos Humanos — Pacto de São José da Costa Rica, de 22 de novembro de 1969, que não admite a prisão civil no caso do dipositário infiel.

DO ESTUDO DAS OBRIGAÇÕES

Todos os sujeitos possuem obrigações, independentemente do tipo. Portanto, o sujeito possui obrigação de votar, de pagar impostos, de cuidar do meio ambiente, com seus familiares, entre outras. O não cumprimento pode gerar algum tipo de responsabilidade.

A obrigação é o direito do credor e do devedor, que o vincula ao dever jurídico que é denominado de transitório, em virtude de que o sujeito fica na obrigação de satisfazer uma prestação com valor econômico em proveito de outro sujeito.

Desta forma, o ***vínculo jurídico*** é o elemento essencial da obrigação e precisa interessar ao Direito; é *transitório* porque não dura para sempre, sendo que a obrigação se extingue assim que o sujeito cumpre com o que foi pactuado.

A *prestação* é o objeto da obrigação e se amplia para conduta e/ou omissão do sujeito, que significa o dar, fazer ou não fazer alguma coisa e um valor *econômico*.

Em se falando em obrigação, sempre será necessário se ter um valor econômico para viabilizar a responsabilidade patrimonial do inadimplente, se este não cumprir espontaneamente sua obrigação.

Os elementos constitutivos das obrigações

Os elementos constitutivos das obrigações são três, os quais darão o suporte para o melhor entendimento das obrigações contratuais, quais sejam o *vínculo jurídico*, as *partes na relação jurídica* e a *prestação*.

Do vínculo jurídico

Todos os indivíduos devem observar as ordens do ordenamento jurídico, sob pena de incorrer em sanção. Desta forma, o *vínculo jurídico* gera uma ligação entre os sujeitos, e sendo disciplinado pela lei, vem acompanhado da *sanção*.

O vínculo jurídico é um acontecimento relevante para o direito, pois significa que pela vontade das partes contratantes ou pela lei pode nascer uma obrigação.

Exemplo: no caso do **contrato de compra e venda.**

O comprador que está obrigado a pagar o preço do produto comprado do vendedor.

No contrato de locação

O locatário está obrigado a pagar o aluguel do objeto alugado e demais encargos pactuados, e ao final do contrato, restituí-lo na mesma forma que o recebeu.

Das partes na relação jurídica

Todas as relações jurídicas obrigacionais são compostas por dois ou mais sujeitos determinados ou ao menos determináveis.

Não podemos esquecer que o Direito das Obrigações trata em verdade das relações entre pessoas. Portanto, as partes são o sujeito ativo ou credor e sujeito passivo ou devedor.

Do objeto da obrigação à prestação

Os três elementos da constituição da obrigação são importantes, mas o objeto obrigacional, por consistir em uma obrigação de dar, dar coisa certa ou incerta, de um fazer, ou de um não fazer alguma coisa, torna-se necessário.

A prestação obrigacional deve ser *lícita ao direito* — como no caso da moral e dos bons costumes, da possibilidade ***física e jurídica*** — de ser possível a sua realização quando a natureza permitir e não ser proibido pela lei, e *determinada* (*coisa descrita objetivamente*) ou ao menos *determinável* (coisa descrita subjetivamente).

Portanto, a prestação deve ser entendida como atividade do devedor, direcionada à satisfação do crédito do credor, podendo ser positiva ou negativa.

Distinção entre objeto direto e indireto

Um aspecto importante a ser levado em conta é a distinção entre o objeto direto e o objeto indireto da obrigação. O objeto direto refere-se *à prestação*, porquanto o objeto indireto refere-se ao *objeto da prestação*. Essa relação será encontrada no empréstimo, como, por exemplo, no caso de uma obrigação imposta ao mutuário **(recebeu o emprés-timo)**. Nesse caso, o empréstimo é o objeto direto (a prestação), ao passo que o objeto indireto da obrigação pactuada é o próprio objeto, no caso o dinheiro.

Por fim, nesse bloco se apontam as modalidades mais importantes da prestação, como as prestações de fato, as prestações de coisa, as prestações instantâneas e as prestações contínuas.

Nas **prestações *de fato***, que podem ser próprias ou de terceiros, temos a necessidade de verificar qual a atividade do devedor, voltada à satisfação do crédito.

Nas **prestações *de coisa***, temos de verificar a atividade da obrigação de dar, entregar ou restituir uma coisa. Dar significa transferir a propriedade. Entregar significa transferir a posse. Restituir significa que o credor recupera a posse do objeto.

Nas **prestações *instantâneas***, temos a realização de um ato, como no caso de pagamento do objeto à vista.

As **prestações *contínuas*** são realizadas ao longo do tempo, como no caso do pagamento parcelado do objeto, ou ainda a prazo curto ou longo.

Esses elementos determinam a necessidade de se estudar as obrigações por estarem dentro do campo dos direitos *patrimoniais*, *pessoais* e *reais*.

Distinção entre Direitos reais e pessoais

No campo desses direitos, há de se compreender a distinção entre direitos reais e direitos pessoais. O Direito real é o que recai sobre o objeto, sobre a coisa, e o Direito pessoal cuida dos direitos das pessoas.

Para melhor compreensão dos **direitos reais e direitos pessoais**, faz-se referência ao escritor Lafayette, que define direito real como sendo "o que afeta a coisa direta e imediatamente, sob todos ou sob certos respeitos, e a segue em poder de quem quer que a detenha".

Portanto, diz-se real o direito que recai diretamente sobre a coisa. Por outro lado, o Direito pessoal cuida dos *direitos pessoais*, ou seja, do *vínculo ligando um sujeito ativo ou credor a um sujeito passivo ou devedor*, por força do qual o primeiro pode exigir do segundo o fornecimento de uma prestação consistente em dar, dar coisa certa e incerta, fazer ou não fazer alguma coisa.

3 TERCEIRA AULA

Das fontes das obrigações

As fontes das obrigações no contexto jurídico permitem os meios pelos quais se formam as normas jurídicas, as quais são interpretadas para aplicação daqueles que dela necessitam.

O Direito origina-se dos fatos e as fontes do Direito originam-se da lei, da doutrina, da jurisprudência, da analogia, dos princípios gerais do direito e dos costumes jurídicos.

As fontes das obrigações surgiram historicamente pelo jurisconsulto GAIO, que na verdade foi o idealizador da sistematização das quatro *fontes*, as denominadas *institutas de Justiniano*, e que foram *o contrato*, que compreendia as convenções firmadas entre as partes; *o quase-contrato*, que se assemelhava aos contratos, como os atos humanos lícitos, equiparáveis aos contratos, como no caso da gestão de negócio; o *delito,* que consistia no ilícito dolosamente cometido e causando prejuízo; *o quase-delito*, que consistia no ilícito culposo, o que se dá pelo meio de comportamento negligente, imprudente e pela imperícia.

Fontes segundo o Código Civil

Fontes obrigacionais pelo Código Civil	1. LEI	Fonte primária	Lei + fato jurídico	Lei + autonomia privada
	2. CONTRATOS	Negócio jurídico bilateral	Criação, modificação e extinção	Direitos = deveres = patrimônio
	3. ATOS ILÍCITOS	Art. 186 — ação e omissão	Art. 187 — do abuso de direito	
	4. ATOS UNILATERIAS	Promessa de recompensa. Arts. 854-860	Gestão de negócios. Arts. 861-875	Pagamento indevido. Arts. 876-883. Enriquecimento sem causa. Arts. 884-886.
	5. TÍTULOS DE CRÉDITO	Arts. 887/926 CC		

As fontes na legislação brasileira são em número de seis: *a lei*, *os contratos*, *os atos unilaterais de vontade*, *os atos ilícitos*, *os títulos de créditos* e o *risco profissional*.

A *lei* significa a fonte primária ou imediata de obrigações, e constitui fonte principal de nosso Direito, conforme Maria Helena Diniz. Deve-se salientar que alguns civilistas, como Orlando Gomes, entendem que a lei não pode ser tida como fonte imediata da obrigação, uma vez que esta somente criaria uma obrigação se acompanhada de um fato jurídico.

O *contrato* consiste numa fonte de obrigação. O contrato é um negócio jurídico bilateral ou plurilateral que visa à criação, modificação ou extinção de direitos e deveres com conteúdo patrimonial. Esse vínculo jurídico compromete as partes envolvidas a realizar uma prestação, sendo que essa prestação encontra tipificação no Código Civil, como dos contratos de compra e venda, de locação, de transporte, de mandato, de doação, entre outros. O conteúdo em sua profundidade será estudo na disciplina de contratos, o qual consta a partir do art. 421 do CC.

Os *atos unilaterais de vontade* consistem nas declarações unilaterais dos sujeitos. Os atos unilaterais são os previstos na legislação e dividem-se: na *promessa de recompensa*, que nasce no momento em que uma parte resolve gratificar quem venha a praticar determinado ato ou encontrar certo objeto, conforme os arts. 854-860 do CC; na *gestão de negócios*, que significa a administração voluntária de um negócio alheio, feito sem que se tenha autorização escrita ou verbal, e é um ato material, conforme os arts. 861-875 do CC; no *pagamento indevido*, conforme arts. 876-883 do CC, e no *enriquecimento sem causa*, conforme os arts. 884-886 do CC. Desta forma, como sustentam os doutrinadores, se o pagamento indevido representa o gênero, o enriquecimento sem causa por seu turno representa a espécie.

Os *atos ilícitos* e o abuso de direito são fontes importantes do direito obrigacional, com enorme aplicação prática no campo da responsabilidade civil ou no dever de indenização. O Código Civil prevê em seu art. 186 que "aquele que, por ação ou omissão voluntária, negligência ou imprudência, violar direito e causar dano a outrem, ainda que exclusivamente moral, comete ato ilícito".

Da mesma forma, o art. 187 do CC prevê que "também comete ato ilícito o titular de um direito que, ao exercê-lo, excede manifestamente os limites impostos pelo seu fim econômico ou social, pela boa-fé ou pelos bons costumes". Devemos ainda buscar complemento no art. 927 e seguintes do Código Civil.

Os *títulos de crédito* são os documentos de caráter autônomo e em verdade a relação obrigacional é de natureza privada, como exemplos, a emissão de cheque, a emissão de duplicata ou a emissão de nota promissória. O seu estudo interessa mais ao direito empresarial ou comercial, tipificado nos arts. 887-926 do CC.

Também é necessário se referir a um elemento que passou a integrar as fontes das obrigações, o *risco profissional.* O risco profissional nasce quando, no caso, o *empregado*, ao desenvolver atividade profissional, sofre infortúnio pessoal e pelo risco de sua atividade no exercício da profissão gera ao empregador uma responsabilidade complementar em conformidade com o previsto no art. 7º, inciso XXVIII da Constituição Federal, a qual protege o trabalhador urbano e rural e lhe dá direito a um seguro contra acidente de trabalho, a cargo do empregador, sem excluir outras indenizações.

Fontes alternativas

Como o direito é dinâmico, não se podem desprezar as fontes alternativas que diversos doutrinadores apontam e classificam, ou seja, as fontes resultantes da vontade das partes, as fontes resultantes de atos ilícitos, as fontes resultantes direta e indiretamente da lei, as fontes resultantes de decisão judicial, especialmente nas sentenças constitutivas, e as fontes resultantes de usos e costumes jurídicos.

Desta forma, por ser o Direito um processo elaborado e não um produto espontâneo da natureza, o valor é um dos seus componentes básicos e isso nos leva a uma dupla incidência valorativa: *a do valor humano e a do valor jurídico, para termos assim a justiça e a segurança necessárias para a ordem social.*

Assim, a justiça e a segurança permitem que a sociedade possa viver em paz, como também a não aplicação correta das fontes das obrigações pode acarretar injustiças e inseguranças e determinar a quebra das relações que devem preponderar em qualquer sociedade civilizada.

DAS MODALIDADES DAS OBRIGAÇÕES

Nas modalidades das obrigações, o estudo concentra-se na divisão entre obrigações *simples* e/ou *complexas*. As obrigações simples caracterizam-se por existir apenas *um credor, um devedor* e *um objeto*.

Exemplo de **modalidade simples** = Mateus é o sujeito ativo (credor) e Matias é o sujeito passivo (devedor), o objeto pode ser móvel (um veículo), imóvel (uma casa) ou semoventes (animais).

As **obrigações complexas** caracterizam-se pela multiplicidade ou de objetos ou de sujeitos. Essas obrigações podem ser cumulativas, alternativas e facultativas.

Das obrigações cumulativas

A obrigação será cumulativa quando ocorrer uma obrigação com mais de dois objetos/prestação. Para que o devedor se exonere da obrigação, deverá cumprir com a entrega de todos os objetos negociados no contrato, como, por exemplo, no caso em que o devedor se compromete a entregar ao credor diversas prestações, como uma casa ou um automóvel.

Das obrigações alternativas

A obrigação será alternativa quando ocorrer uma obrigação em que se tenha por objeto mais de uma prestação, porém, diferentemente da obrigação cumulada, na obrigação alternativa, o devedor libera-se da obrigação cumprindo apenas com a entrega de um dos objetos previstos no contrato.

A obrigação alternativa encontra-se prevista nos arts. 252-256 do CC. Exemplo de obrigação alternativa: no caso em que o sujeito devedor assume o compromisso da entrega de uma casa ou de um automóvel.

A obrigação caracteriza-se pela entrega de um bem imóvel ou pela entrega de um bem móvel. Desta forma, a junção determina que o devedor cumprirá sua obrigação fazendo a entrega de apenas um dos bens pactuados e assim terá quitado sua obrigação.

A obrigação alternativa nasce com objeto composto, em que existem duas ou mais possibilidades de prestação, mas o adimplemento ocorre com o cumprimento de qualquer das prestações. Em regra, o devedor é quem possui o direito de escolha, ou seja, de poder optar por qualquer das prestações, mas o contrato pode estabelecer que a escolha será feita pelo credor.

Das obrigações alternativas simples

Na obrigação simples, existem apenas um credor, um devedor e um objeto como obrigação, porquanto na obrigação complexa existem os sujeitos ativos e passivos e a multiplicidade de objetos, os quais devem ser distinguidos entre a obrigação *alternativa*, em que, embora haja multiplicidade de objetos, o devedor se exonera da obrigação satisfazendo uma das prestações pactuadas, enquanto na obrigação *cumulativa* o sujeito passivo só alcança quitação oferecendo todas as prestações pactuadas.

Para melhor localização do tema, sugere-se um exemplo da obrigação alternativa: suponhamos um contrato de *objeto-seguro* de um veículo. O veículo pode ter sido destruído **(*perecimento*)** ou simplesmente necessitar de reparos **(*deterioração*)**, portanto, no contrato de seguro, temos uma obrigação alternativa, e o devedor exonera-se ao cumprir uma das prestações, e esse *momento, é o momento da escolha*.

A introdução do elemento escolha aproxima a obrigação alternativa da obrigação de dar coisa incerta, porém as diferenças são nítidas, isso porque a obrigação de dar coisa incerta se encontra definida apenas pelo gênero da coisa, porquanto na obrigação alternativa os objetos estão determinados no contrato.

A diferença entre as obrigações de dar coisa incerta e das obrigações alternativas é imperiosa em função de que na obrigação alternativa o perecimento de alguns dos objetos do contrato determina que a prestação se concentre na obrigação remanescente, enquanto na obrigação de dar coisa incerta a concentração é inconcebível, pois o gênero não perece.

Para melhor entendimento, citamos um exemplo de obrigação alternativa, como no caso do *devedor que se obriga a entregar um dentre quatro animais determinados;* o perecimento de três animais faz com que a obrigação perca a natureza de complexa e se torne simples, desta forma, a obrigação concentra-se no cumprimento da obrigação remanescente, no caso, o animal sobrevivente.

Da escolha e seus efeitos

A escolha da obrigação torna-se necessária para que seja possível a execução *da obrigação alternativa*. Desta forma, feita a escolha, os efeitos produzidos são os de que a prestação se transforme de obrigação complexa em uma obrigação simples ou obrigação determinada.

Do direito de escolha

O direito de escolha inicialmente é do devedor se outra regra não foi estipulada no contrato, porém, cabe ao credor, em caso de execução, o direito de escolha pelo que dispõe o art. 566 do CPC, em virtude de a obrigação alternativa cumprir o previsto no art. 571 do mesmo diploma, que afirma:

> "Nas obrigações alternativas, quando a escolha couber ao devedor, este será citado para exercer a opção e realizar a prestação dentro de 10 (dez) dias, se outro prazo não lhe foi determinado em lei, no contrato, ou na sentença. § 1º Devolver-se-á ao credor a opção, se o devedor não a exercitou no prazo marcado. § 2º Se a escolha couber ao credor, este a indicará na petição inicial da execução".

Assim, suponhamos um contrato de arrendamento rural em que foi pactuado que o devedor (*arrendatário*) pode efetivar o pagamento do arrendamento ao credor (*arrendante*) em *produto* ou em *dinheiro*. Desta forma, ao devedor arrendatário cabe a escolha, podendo oferecer o pagamento em produto ou em dinheiro, de acordo com o ajustado.

Porém, a segunda hipótese diz respeito à decadência. Se o direito de escolha for conferido ao credor e este não o exercer, o devedor o citará para exercer esse direito. Como previsto legalmente, o titular da opção decai de seu direito em virtude de sua negligência, devendo ser aplicado o art. 342 do CC.

Quando isso ocorre, deve-se observar que, no caso de prestação de coisa indeterminada, se aplica o art. 894 do CPC, que dispõe:

> "Se o objeto da prestação for coisa indeterminada e a escolha couber ao credor, será este citado para exercer o direito dentro de 5 (cinco) dias, se outro prazo não constar de lei ou do contrato, ou para aceitar que o devedor o faça, devendo o juiz, ao despachar a petição inicial, fixar lugar, dia e hora em que se fará a entrega, sob pena de depósito".

Da impossibilidade ou inexequibilidade de uma das prestações

Quando se trata de obrigação alternativa, o legislador estabeleceu regras distintas, caso a caso. Portanto, se uma das duas prestações não puder ser cumprida, a remanescente extinguirá a obrigação pactuada.

No caso de ocorrer culpa do devedor e nenhuma das prestações puder ser cumprida, ficará o devedor obrigado a pagar ao credor o valor da que por último se impossibilitou, mais as perdas e danos.

Quando a escolha for do credor, este poderá exigir a prestação ou o valor da outra prestação acrescida de perdas e danos. E, por fim, se prestações se impossibilitaram *sem culpa do devedor*, extingue-se a obrigação.

Das obrigações facultativas

A obrigação facultativa não se encontra tipificada em capítulo próprio do nosso Código Civil, sendo rara sua previsão legal. Desta forma, *as obrigações facultativas* podem caracterizar-se pela *faculdade* concedida ao devedor.

A obrigação facultativa encontra-se mais na lei que nos contratos, aliás, as partes dificilmente estabelecem contratos prevendo uma obrigação facultativa. A obrigação facultativa ocorre via contrato firmado entre as partes.

Desta forma, no caso em que o sujeito devedor firmar em contrato que pagará a quantia de *mil sacas de soja*, porém, no contrato firmado, poderá constar que o devedor se exonerará da obrigação se o cumprimento ocorrer de forma diversa da prestação original, desde que aconteça frustração na colheita da soja, em virtude da condição *estiagem*.

A estiagem será a condição para o pagamento facultativo. Diferente da alternativa, que consta em contrato, mas sem a condição. Desta forma, a primeira prestação seria a devida, por ter sido assumida pelo devedor, porquanto a segunda constitui-se em uma condição facultativa concedida ao sujeito devedor para não se tornar, desta forma, *inadimplente*, mas a condição é o fato essencial do contrato. Verifiquem-se o que dizem os arts. 1.234 e 1.382 do CC.

4

QUARTA AULA

Das espécies de obrigações

Apresenta-se quadro da principal classificação das obrigações, a qual é subdividida em dez tópicos.

<table>
<tr><td rowspan="10">Principal classificação das obrigações</td><td>1. Quanto ao conteúdo I</td><td>Obrigação de: DAR FAZER e NÃO FAZER</td><td>DAR COISA CERTA e INCERTA</td><td>FAZER FUNGÍVEL e INFUNGÍVEL</td></tr>
<tr><td>2. Quanto à presença de elementos</td><td>Obrigação simples e composta</td><td>Composta objetiva = cumulada e alternativa</td><td>Composta subjetiva = solidária ativa/passiva e mista</td></tr>
<tr><td>3. Quando à divisibilidade/ indivisibilidade do objeto</td><td>Obrigações divisíveis e indivisíveis</td><td></td><td></td></tr>
<tr><td>4. Quando ao conteúdo II</td><td>Obrigações de</td><td>MEIO, RESULTADO</td><td>E DE GARANTIA</td></tr>
<tr><td>5. Quando à liquidez</td><td>Obrigações líquidas ilíquidas</td><td></td><td></td></tr>
<tr><td>6. Quanto à presença ou não de elemento acidental</td><td>Podem ser obrigações</td><td>PURAS CONDICIONAIS A TERMO, MODAIS ou COM ENCARGO</td><td></td></tr>
<tr><td>7. Quando à independência</td><td>Obrigação principal e acessória</td><td></td><td></td></tr>
<tr><td>8. Quanto ao local para cumprimento</td><td>1. portável = domicílio do credor</td><td>2. quesível = domicílio do devedor</td><td></td></tr>
<tr><td>9. Quanto ao momento do cumprimento</td><td>Obrigação instantânea</td><td>Obrigação de execução diferida</td><td>Obrigação de trato sucessivo</td></tr>
<tr><td>10. Outros conceitos importantes</td><td>Obrigação propter rem</td><td>Obrigação natural</td><td></td></tr>
</table>

DAS OBRIGAÇÕES DE DAR

A partir deste ponto, enfrentaremos as obrigações que estão perfiladas no Código Civil, ou seja, as obrigações de dar, de dar coisa certa e incerta, de fazer ou não fazer alguma coisa.

Primeiramente, veremos as obrigações de dar e a distinção entre obrigações de *dar coisa certa* e *dar coisa incerta*. Lembramos que essa classificação foi inspirada no Direito Romano, o qual distinguia três modalidades: *dare, facere e non facere* e que foi adotada pela nossa legislação.

A obrigação de dar tem por objeto entender que a obrigação significa transferir a propriedade da coisa, de restituir a coisa em que o proprietário recupera a posse do objeto e, por fim, a de entregar a coisa que significa transferir apenas a posse. As obrigações de dar coisa certa e incerta estão tipificadas nos arts. 233-246 do CC.

DAS OBRIGAÇÕES DE DAR COISA CERTA

A obrigação de dar coisa certa estabelece entre as partes da relação jurídica um vínculo por meio do qual o devedor se compromete a *entregar* ou a *restituir* ao credor um objeto perfeitamente determinado.

Pode-se citar para exemplificar coisa certa a entrega ou restituição de um veículo, um imóvel ou um animal. Desta forma, constatamos que a obrigação de dar coisa certa é determinada pelo ***gênero, espécie*** **e pela** ***quantidade***.

Os principais aspectos e que são relevantes ao nosso estudo dizem respeito ao princípio jurídico de que o acessório segue o principal; de que o perecimento e/ou deterioração da coisa significa a perda total ou perda parcial da coisa, mas devem estar presentes uma das **duas hipóteses**: a *com culpa e a sem culpa* do devedor, e a *com culpa e a sem culpa* do credor.

Quando se tratar de uma *obrigação em dinheiro*, também denominada de obrigação pecuniária, devemos observar que o valor da dívida deve ser cumprida com acréscimo da correção monetária.

DAS OBRIGAÇÕES DE DAR COISA INCERTA

A obrigação de dar coisa incerta distingue-se da obrigação de dar coisa certa em razão do objeto, o qual não se apresenta desde o início da relação jurídica obrigacional em sua determinação plena, mas apenas com a possibilidade de determinação. Para melhor entender-se obrigação de **coisa incerta**, cita-se exemplo de 200 sacas de soja, em virtude de que o devedor não precisa provar de onde vem a soja.

Desta forma, em sendo cereal para produção industrial, não importa de que armazém esse cereal provenha, por determinar-se a obrigação de coisa incerta apenas pelo *gênero* e pela *quantidade*.

DOS INSTITUTOS

Da tradição, do caso fortuito e da força maior

O instituto da tradição pelo direito brasileiro segue o princípio latino, sendo de fundamental importância, pois estabelece a diferença entre as relações judiciais obrigacionais.

O primeiro instituto, o da ***tradição**, é mais essencial do que o contrato*, como se passa a admitir, pois quem transfere o domínio da propriedade é a tradição e não o contrato, como previsto no art. 1.267 do CC: "a propriedade das coisas não se transfere pelos negócios jurídicos antes da tradição".

Desta forma, há de se distinguir o instituto da tradição entre bens móveis e imóveis. A tradição de móveis ocorre pela simples entrega do objeto, porquanto na tradição de imóveis deve estar presente a solenidade, que é o registro da propriedade no Cartório do Registro Imobiliário competente.

Os outros **dois institutos, e que são as exceções, ocorrem** nos casos de: ***caso fortuito*** = que é o fato alheio à vontade das partes, como no caso da GREVE, desta forma, um evento totalmente imprevisível; e/ou pela ***força maior*** = que deriva de acontecimentos naturais, como chuva, raio, sendo um evento previsível, mas inevitável. Há de se ressaltar que existem doutrinadores que admitem serem estes institutos sinônimos. Particularmente discordo, cada um tem o seu significado.

Da atribuição dos riscos na obrigação de dar frustrada

Em princípio, parece sem importância, mas trata-se de uma questão relevante, porque consiste em determinar quem, se o devedor ou o credor, deverá sofrer os prejuízos pelo perecimento ou deterioração da coisa ocorrida *antes da* tradição. Exemplo: S*uponhamos perdida ou estragada a coisa a ser entregue ou restituída. Quem experimenta o prejuízo?* Devedor ou credor?

No caso de vendida certa quantidade de papel e pago o preço, mas papel se inutiliza em virtude de inesperada inundação que avassalou os depósitos do vendedor (devedor). Quem suporta o prejuízo? O vendedor (devedor), que não teve culpa pelo acontecido, mas que já se encontrava de posse do preço, ou o comprador (credor), que já havia pago o preço e que apenas não havia recebido a mercadoria, e nesse meio tempo ocorreu evento de força maior que destruiu a coisa objeto da prestação?

Como é a tradição que prevalece em nosso Direito, a transferência do domínio é a que vale e não o contrato. Desta forma, na obrigação de dar (o mesmo seria no caso de restituir), tanto no perecimento como na deterioração da coisa objeto, *quem sofreria o prejuízo seria o dono do objeto*, por não ter transferido a tradição, vendedor/devedor, se, porém, tivesse sido transferido pelo princípio da tradição, quem sofreria o prejuízo seria o comprador/credor.

Redação dos artigos com a descrição gênero ou espécie

Sustentam os doutrinadores que a palavra *gênero* não foi a melhor escolha e que deveria ter sido escolhida a palavra *espécie* para constar como forma escrita no Código Civil. Os contrários entendem que a palavra *gênero* tem um sentido muito amplo. Vamos a um exemplo simples.

O ***cereal* é gênero e *feijão* é espécie**. Desta forma, se, entretanto, alguém se obrigasse a entregar uma saca de cereal (*quantidade = uma saca; e gênero = cereal*), essa obrigação seria impossível de cumprir-se, pois não se poderia saber qual dos cereais deveria ser o objeto da prestação jurídica. Por isso, melhor é dizer-se que existe significado para *espécie* e para *quantidade*: **quantidade = sacas e espécie = o feijão**.

DAS OBRIGAÇÕES DE FAZER

Na obrigação de fazer, o devedor vincula-se a um determinado comportamento, consistente em praticar ou realizar uma tarefa, nascendo uma vantagem jurídica para o credor, sendo que essa obrigação pode ser um trabalho físico ou intelectual. Os arts. 247-249 do CC regulam a matéria.

Nesse caso, quando o devedor assume obrigação de fazer pelo trabalho *físico*, que pode ser uma empreitada, a construção de uma casa, ou então uma obrigação de fazer, por exemplo, um trabalho *intelectual*, como no caso do escritor, que assume a obrigação de entregar uma nova obra para ser publicada.

Embora se possa dizer que obrigação de fazer se encontra dentro da ideia de obrigação de dar, as duas obrigações se distinguem, isso porque, na obrigação de dar, existe uma prestação de coisa/objeto, porquanto na obrigação de fazer, há uma prestação de fato.

A propósito, Lacerda de Almeida ressalta que é fácil proceder à distinção entre obrigação de fazer e de dar, isso em virtude de que: *na obrigação de dar, é sempre possível a execução compulsória, porquanto na obrigação de fazer isso não se verifica*. Assim, a obrigação de dar, por ser objeto, pode ser executada, o que não ocorre na obrigação de fazer, na qual temos o direito de buscar perdas e danos.

Desta forma, na verificação da definição, concluímos que na obrigação de dar é possível recorrer ao poder judiciário para **penhorar e apreender a coisa**

da obrigação, a fim de entregar ao credor, porém, na obrigação de fazer, isso é impossível de se alcançar, ou seja, uma execução específica sem *ofender* a liberdade individual do devedor, a qual é proibida em nosso ordenamento legal, com uma exceção existente: **pelo não cumprimento dos alimentos**.

Das espécies de obrigação de fazer

Razão da distinção de fungibilidade e infungibilidade

Para entendermos o significado das espécies de obrigação de fazer, a doutrina lançou mão da noção de fungibilidade e infungibilidade para distinguir as duas diferentes espécies de obrigação de fazer.

A primeira está no caso em que a pessoa do devedor constitui preocupação essencial do credor e a segunda em que essa preocupação diminui. Vejamos:

Desta forma, nas **obrigações infungíveis**, prevalece o princípio do *intuitu personae*, pois o credor só visa à prestação avençada, fornecida por aquele devedor cujas qualidades pessoais ele tem em vista e lhe possam satisfazer por inteiro a obrigação.

> **Exemplo:** na obrigação infungível, no caso do *artista* que se comprometeu a apresentar determinado espetáculo, essa obrigação assumida se encontra no campo pessoal e, portanto, o devedor (*artista*) tem de cumprir com sua obrigação por ser um comprometimento pessoal, desta forma, relevante que seja cumprido pelo artista contratato.

Nas **obrigações fungíveis**, a pessoa do devedor não figura com relevância, podendo, assim, ser substituído, desde que pactuado dessa forma.

> **Exemplo:** o sujeito, proprietário de uma casa, encomenda o conserto da calçada de sua residência com a *Construtora Delion*, portanto, qualquer pedreiro que venha a realizar o conserto, terá cumprido a obrigação, sendo irrelevante para o credor, no caso o proprietário, quem venha a executar o conserto, e o devedor estará exonerado de sua obrigação desde que alguém faça o reparo na forma pactuada.

DAS OBRIGAÇÕES DE NÃO FAZER

A obrigação de não fazer é aquela em que o devedor assume o compromisso de se abster de um fato que poderia praticar não fosse o vínculo que o prende, que pode ser legal ou convencional. Os arts. 250-251 do CC regulam a matéria. Desta forma, trata-se de uma obrigação negativa, paralela à obrigação de fazer que é positiva.

Pode-se citar como exemplo o caso de um industrial que promete vender toda a sua produção a um único comerciante, assim está ao mesmo tempo dizendo que não vende a outrem.

A obrigação de não fazer deve ser lícita, e sempre será, desde que não envolva restrição à liberdade individual. Assim é considerada ilícita a obrigação de estabelecer que não se deve casar, não se deve trabalhar, não se deve cultuar determinada religião, porque o Estado não abriga tais procedimentos.

Do inadimplemento das obrigações de não fazer

O inadimplemento caracteriza-se quando o devedor praticou o ato de que prometeu se abster, da mesma forma se aplicam os princípios do inadimplemento da obrigação de fazer às de não fazer. Devemos, porém, distinguir se a obrigação se derivou sem culpa do devedor ou com culpa do devedor.

No primeiro caso, ou seja, sem culpa do devedor, quando ocorre por força maior, desta forma, extingue-se a obrigação.

> **Exemplo:** se o sujeito proprietário de um imóvel, após prometer não construir *muro* em seu terreno, mas em virtude de imposição de lei municipal estabelecendo a obrigação de construção dessa benfeitoria, faz surgir a *impossibilidade* decorrente de *ato de autoridade* ou, ainda, equiparável ao descumprimento de caso fortuito e assim de natureza não culposa.

No segundo caso, o com culpa do devedor, pode-se citar o caso do sujeito proprietário de um terreno que se comprometera a não construir prédio com mais de cinco andares em terreno contínuo ao do credor, mas acaba construindo prédio superior e com oito andares. Nesse caso, cabe ao credor exigir que o devedor se desfaça da construção — circunstâncias em que a indenização somente pode ser por perdas e danos.

Devedor que prometera não publicar notícia que prejudicaria a venda de determinado produto, porém, descumpre o prometido e o devedor publica a notícia.

O ato praticado pelo devedor é impossível de se desfazer, desta forma, restará ao credor, pelo ato lesivo do devedor, apenas o ressarcimento de indenização por perdas e danos. Da mesma forma no caso em que foi estipulado em contrato uma obrigação de não revelar um segredo. Uma vez tornado público o conteúdo que se queria sigiloso, não há como retirar do conhecimento da comunidade.

Teremos o direito de aplicar a tutela específica mais perdas e danos até a efetivação da tutela ou então perdas e danos se o credor não tiver mais interesse na obrigação de não fazer.

DO PROCEDIMENTO PROCESSUAL

Das obrigações de dar

No direito material, verificamos que fazem parte do estudo os arts. 233-246 do CC. O procedimento de execução de entrega de coisa certa encontra-se nos arts. 621-628 do CPC e da entrega de coisa incerta, nos arts. 629-631 do CPC.

Das obrigações de fazer

No direito material, a tipificação ocorre nos arts. 247-249 do CC. Na execução de obrigação de fazer, a previsão encontra-se nos arts. 632-641 do CPC.

Das obrigações de não fazer

No direito material, a tipificação encontra-se nos arts. 250-251 do CC e na execução da obrigação de não fazer, a previsão encontra-se nos arts. 642-645 do CPC. Deve-se verificar os arts. 461-461-A do CPC e o capítulo da sentença e da coisa julgada.

Na quantia certa

Na execução por quantia certa, encontramos a tipificação nos arts. 646-658 do CPC.

5 QUINTA AULA

Da noção de culpa

A culpa, em sentido amplo, compõe-se, segundo a doutrina tradicional, dos seguintes elementos: da voluntariedade do comportamento do sujeito, da previsibilidade e da violação de um dever de cuidado para com o sujeito.

Desta forma, deve ser voluntária a atuação do sujeito causador do dano, assim se terá a culpabilidade, pois sem esse ato, que é o de ter causado o dano, não se pode imputar culpa ao indivíduo.

Assim, só se pode apontar a culpa se ocorreu prejuízo e o prejuízo causado pelo sujeito ocorreu de forma previsível, por isso, sendo vedado pela norma se ocorrer o dano por força maior ou pelo caso fortuito.

A culpa, desta forma, implica a violação de um dever de cuidado, e se esta inobservância for intencional, nasce **o dolo**, que faz surgir o direito à indenização. Outros aspectos relevantes da culpa estabelece-se pelo grau da culpabilidade, pois ela se manifesta e divide-se em **culpa levíssima**, **culpa leve** e **culpa grave**.

Culpa levíssima: trata-se de falta cometida por força de uma conduta que escaparia ao padrão da sociedade, como no caso em que um diligente chefe de família, especialmente conhecido como cuidadoso e atento, cometeu uma violação de pequena monta, como uma simples ofensa.

Culpa leve: é a que consiste na falta de diligência média que o indivíduo normal observa em sua conduta, como no caso de um acidente em que ocorreram lesões patrimoniais de pequena monta e lesões corporais como um simples arranhão.

Culpa grave: é aquela em que, mesmo que não intencional, no compor-tamento do indivíduo ficou demonstrado que atuou como se tivesse querido o fato, o prejuízo, como no caso de alguém digirir um veículo em alta velocidade ou então alcoolizado, resultando em lesões corporais significativas e danos materiais de grande monta.

Distinção de culpa penal e de culpa civil

Não se pode confundir a culpa *penal* e culpa *civil*. A diferença é bem acentuada, isso porque no Direito Penal a culpa é fixada em pena-base e significa o tolhimento da liberdade do indivíduo, porquanto no Direito Civil a culpa se determina pela extensão do dano e das lesões causadas e sempre será na forma pecuniária.

Espécies de culpa

A culpa pode derivar de forma ***contratual* ou *extracontratual*.** No primeiro caso previsto em contrato, aplica-se o art. 389 do Código Civil e seguintes, porquanto no segundo caso o indivíduo afronta a própria lei e assim se aplicam os arts. 186, 187, 927 e 944 do CC, entre outros.

A culpa classifica-se em um ato de negligência, imprudência e/ou pela imperícia.

A Negligência: é a falta de observação do dever de cuidado, por omissão do sujeito. Exemplo: o sujeito causa acidente por ter sua sinaleira traseira quebrada, desta forma, o não conserto determina a omissão que é a negligência.

A Imprudência: quando o indivíduo culpado resolve — pela *ação* — enfrentar desnecessariamente o perigo. Exemplo: quando alguém é exposto ao perigo, como no caso do *pai que deixa filho pequeno* alimentar animal, por exemplo, um cão pastor alemão, temos a imprudência no caso do pai.

A Imperícia: ocorre pela falta de aptidão ou de habilidade específica na profissão. Exemplo: o advogado que deixa de interpor recurso no tempo hábil, mesmo que seja peça excelente, teremos configuradas a intempestividade e a imperícia.

Das consequências do descumprimento das obrigações de fazer

Duas circunstâncias são admitidas pelo não cumprimento da obrigação de fazer. A primeira pela *impossibilidade de o devedor* cumprir com a obrigação pela hipótese de culpa ou sem culpa e a segunda pelo *inadimplemento do devedor* da obrigação de forma voluntária.

Da impossibilidade do devedor

A primeira hipótese é a da obrigação pela impossibilidade de o devedor cumprir, mas sem culpa, e nessa circunstância exemplificamos o caso de um artista contratado para determinada apresentação, mas adoece às vésperas da apresentação do evento. Nessa hipótese, a doença do artista faz surgir a impossibilidade de cumprir com sua obrigação e, desta forma, o negócio se desfaz, sem qualquer necessidade de reparo indenizatório.

A segunda hipótese, em que o devedor não cumpre sua obrigação, porém, com culpa do devedor, surge o inadimplemento, nascendo a responsabilidade do devedor.

Do inadimplemento do devedor

Por outro lado, cabe ressaltar que quando a obrigação for considerada infungível, por não ser possível ao credor dispor da liberdade individual do devedor, o credor dispõe do direito de buscar uma indenização, por perdas e danos.

Por outro lado, quando a obrigação for fungível, no caso de morosidade do adimplemento, abre a lei ao credor uma alternativa que é a de executar ou mandar executar o contrato, sem prejuízo de uma indenização cabível prevista nos arts. 18, 19, 35 e 84 da Lei n. 8.078/90 — CDC, e o art. 248 do CC complementa as possibilidades permitidas pela lei.

Distinção de dolo e culpa

Dolo significa para o direito civil uma espécie de vício de consentimento, caracterizada na intenção de prejudicar ou fraudar alguém. É o erro induzido ou proposital — má-fé. No dolo, o agente tem a intenção de praticar o fato e produzir determinado resultado — EXISTE a MÁ-FÉ consubstanciada.

Na culpa, não existe a intenção, mas, ocorrendo o fato, o agente responde por sua conduta.

DAS OBRIGAÇÕES DIVISÍVEIS E INDIVISÍVEIS

As obrigações divisíveis e indivisíveis estão entre as obrigações complexas em virtude da multiplicidade dos sujeitos ativos/credores e/ou sujeitos passivos/devedores, previstos nos arts. 257-263 do CC.

Desta forma, as obrigações divisíveis são aquelas que admitem o cumprimento fracionado ou parcial da obrigação, porquanto as obrigações indivisíveis, por sua vez, só admitem o cumprimento por inteiro.

Nas obrigações alternativas, a multiplicidade é do objeto, desta forma, a relação jurídica obrigacional alternativa, apresenta-se com mais de um credor ou mais de um devedor.

A obrigação divisível presume-se dividida em tantas obrigações iguais e distintas, quantos aos credores ou devedores, porém a ideia de divisão da obrigação sofre duas exceções, a da indivisibilidade e a da solidariedade.

No primeiro caso, o da indivisibilidade, verificamos que a *prestação é exigível por inteiro de um só dos devedores*, em virtude da natureza de seu objeto. Assim, *impossível de ser repartido* o objeto ou a coisa. E exemplificando, citamos: um quadro de artista famoso ou um **touro reprodutor**.

Mas a indivisibilidade pela doutrina e legislação brasileira divide-se em natural, legal ou convencional.

A indivisibilidade *natural* ocorre quando a prestação do objeto decorre da própria natureza e ela pode ser, entre outros exemplos, a da entrega de um animal reprodutor.

A indivisibilidade *legal* decorre da lei, desta forma, a indivisibilidade provém da lei que, por exemplo, determina que a pequena propriedade rural não pode ser dividida, pelo princípio do módulo rural e do módulo fiscal. Assim, o proprietário fica impedido de dividir a área rural em hectares inferiores aos previstos na legislação *agrária*.

A indivisibilidade *convencional* decorre da própria vontade dos sujeitos, que pactuam em contrato a indivisibilidade do objeto ou coisa. Um exemplo que se pode firmar é o denominado bem de família, em que os herdeiros, por manifestação de vontade, assumem o compromisso de não dividir certo imóvel e, pelo acordo, o objeto torna-se indivisível.

No segundo caso, o da solidariedade em que, *ao contrário da obrigação indivisível, a possibilidade de a* prestação ser exigida por inteiro advém da lei, *que assim determina, ou, então, pela manifestação de vontade das partes contratantes,* que é resultado de acordo ajustado.

Da definição da obrigação indivisível

A *obrigação sempre será indivisível quando indivisível for seu objeto*. Este conceito tem força e encontra amparo pelo aspecto econômico. Portanto, chama-se indivisível a obrigação quando ela não for suscetível de ser fracionada, e se for dividida, acabará alterando a substância do objeto, ou, ainda, virá a representar sensível diminuição de seu valor econômico.

A indivisibilidade da prestação pode advir da natureza do objeto, como também pode decorrer da lei ou da vontade das partes, sendo que o art. 88 do CC dispõe que "os bens naturalmente divisíveis podem tornar-se indivisíveis por determinação da lei ou por vontade das partes".

Assim, no caso decorrente da lei, podemos exemplificar com as *ações de sociedade anônima* e decorrente da vontade da partes, quando se verifica a convenção por acordo de que a prestação, mesmo que por sua natureza seja divisível, será considerada indivisível para efeitos da relação jurídica pactuada.

As obrigações de dar e de fazer podem ser indivisíveis

Em princípio, toda obrigação de dar seria divisível, mas em algumas circunstâncias, como ocorre no caso da própria lei, em que se transferem bens imóveis, como no caso de um *apartamento* em que dois ou mais sujeitos sejam os proprietários, nesse caso, *não há como dividir o apartamento — ficando o bem em propriedade comum — com partes iguais — na parte ideal*, desta forma, o objeto e de dar, mas não será admitida sua divisibilidade.

Na obrigação de fazer, no caso concreto de uma obrigação de fazer um *projeto*, via de regra o projeto é indivisível no sentido de que no trabalho confiado a um especialista, ou seja, no de *projetar um prédio*, não se pode cumprir a obrigação de fazer, com a execução de parte da tarefa (projeto); necessário que se faça o projeto por inteiro ou completo.

Os efeitos da impossibilidade da prestação

No caso de pluralidade de devedores, de acordo com o art. 259 do CC, o regime é ditado pela lei e advém da natureza do objeto por incapacidade de se cumprir a prestação em partes.

Exemplo: no caso de um animal de raça e ganhador de vários prêmios, pertencente a dois indivíduos, que resolvem vender o animal. Suponhamos o não cumprimento da obrigação, poderá o credor exigir de um ou de outro devedor o adimplemento do pactuado.

Ainda, no caso de pluralidade de credores, de acordo com o art. 260 do CC, se, na obrigação indivisível, a pluralidade for de credores, cada um deles poderá exigir a dívida por inteiro, mas o devedor só se desobrigará pagando a todos os credores conjuntamente, desta forma, evita-se privar os demais cocredores de garantias, ou então pagando a um, dando-se caução de ratificação dos outros credores.

Obrigações líquidas e ilíquidas

Na obrigação líquida, temos coisa certa e determinada. Coisa certa quanto à sua existência e determinada quanto à sua qualidade, quantidade, natureza e objeto, porquanto na ilíquida temos uma obrigação que deverá ser apurada, sendo comum em ações de natureza indenizatória.

A necessidade de buscar-se a liquidação é justamente para poder exercer o direito de execução, isso porque, não se executa obrigação ilíquida.

As obrigações ilíquidas ocorrem por simples cálculo, conforme estabelecido no art. 475-A, art. 475-B e, por fim, por arbitramento no art. 475-C, todos do Código de Processo Civil.

Obrigação principal e acessória

A obrigação principal é uma obrigação autônoma e independente da acessória, porém, a obrigação acessória depende da principal, por desta fazer parte. Desta forma, um contrato, seja de qualquer natureza, sempre será o principal, assim, podemos, por exemplo, ter contrato de compra e venda com garantia da fiança, um contrato de locação com garantia da fiança, um contrato de empréstimo com garantia de *hipoteca*, *penhor* ou alienação fiduciária.

SEXTA AULA

6

Das obrigações solidárias

As obrigações *solidárias e indivisíveis* têm consequências práticas semelhantes, mas são obrigações distintas. As obrigações solidárias podem ser ativas e/ou passivas e estão disponibilizadas nos arts. 264-285 do CC.

Na obrigação indivisível, é impossível pagar por partes, pois resulta da natureza da prestação, como, por exempo, na compra de um touro, um lote urbano, um quadro de artista famoso.

Na indivisibilidade, existindo pluralidade de devedores, cada um só tem obrigação de sua parte no débito, mas tem a responsabilidade de pagar a totalidade da obrigação no caso de o credor exigir, diante da natureza da prestação.

A obrigação solidária pode ser paga em partes, mas somente por força de contrato. Na verdade, trata-se de uma garantia para favorecer o credor. Na solidariedade, cada devedor deve tudo, ou seja, o credor pode optar a realizar a cobrança por inteiro de um só devedor.

A solidariedade não se presume, decorre de contrato ou da lei.

Os elementos da obrigação solidária **são em número de três**: a multiplicidade de credores ou devedores ou de devedores e credores; a unidade de prestação; e a corresponsabilidade dos interessados.

Solidariedade ativa

A solidariedade ativa ocorre quando, havendo vários credores, cada um tem direito de exigir do devedor comum o cumprimento da prestação por inteiro. A solidaridade ativa é pouco comum, especialmente pelos inconvenientes que ela produz.

O primeiro é de que o devedor não precisa pagar a todos os credores juntos. Desta forma, o devedor, pagando a um dos credores, se desobriga e os demais credores somente poderão **reclamar de quem recebeu o valor por inteiro**.

O segundo fato inconveniente é no caso de um dos credores perdoar a dívida, o devedor beneficiado ficará liberado, porém, os demais cocredores terão de exigir sua parte do credor que **perdoou a dívida**. Assim, por ficar no campo da honestidade, a solidaridade ativa não interessa ao credor.

Solidariedade passiva

A solidariedade passiva ocorre quando, havendo vários devedores, o credor tem direito de exigir e de receber de um ou de alguns dos devedores, parcial ou totalmente, a dívida comum.

Regina Gondim Dias afirma que "a solidariedade é um caso de comunhão de relação obrigatória".

A solidariedade passiva é comum e estimula o credor, pois há vários sujeitos, que são os devedores, para se cobrar a dívida toda.

Os negócios aumentam, desde que haja a proteção do credor. Desta forma, as pessoas emprestam especialmente dinheiro e essas importâncias fazem movimentar as atividades comerciais e industriais, gerando empregos e tributos.

A solidaridade passiva ocorre quando mais de um devedor, que passa a ser denominado de *coobrigado*, por seu patrimônio, se obriga ao pagamento da dívida em sua totalidade.

Algumas questões doutrinárias

Diversos autores se referem ao instituto da solidariedade ativa como insignificante, por ser de pouco uso, porém, a solidariedade passiva, por ser mais frequente a sua utilização nas relações obrigacionais, é relevante e merece um estudo mais aprofundado.

Nossa legislação não aceita a solidariedade presumida, exigindo que a solidariedade seja expressa. Isso determina que as fontes da solidariedade, de acordo com o direito brasileiro, são resultantes da lei ou da vontade das partes.

A importância da solidariedade passiva está nas garantias pessoais que ela oferece ao credor, como a da facilidade de cobrança; isso porque o credor pode exigir o cumprimento da obrigação de qualquer dos devedores, independentemente de sua ordem.

Pode-se afirmar que a solidariedade passiva supera a garantia da fiança por ser a fiança uma garantia acessória e, além disso, entra no campo do benefício de ordem — solidariedade pode ser convencional e/ou legal.

No primeiro caso, pode-se citar o exemplo em que os sujeitos manifestam sua *vontade,* pela outorga do mandato ou procuração, que pode ser particular ou pública.

No segundo caso, o previsto na *lei*, em que é *considerado sujeito solidário* no caso de autores ou cúmplices em ato ilícito, cita-se o exemplo do farmacêutico que responde solidariamente pelos erros e enganos de seu empregado, em conformidade com o previsto no art. 932 do CC, no qual consta:

> "São também responsáveis pela reparação civil: III — o empregador ou comitente, por seus empregados, serviçais e prepostos, no exercício do trabalho que lhes competir, ou em razão dele."

Portanto, o empregador é responsável de forma solidária pelos atos de seus empregados. O art. 942 do CC prescreve que:

> "Os bens do responsável pela ofensa ou violação do direito de outrem ficam sujeitos à reparação do dano causado; e, se a ofensa tiver mais de um autor, todos responderão solidariamente pela reparação. Parágrafo único. São solidariamente responsáveis com os autores os co-autores e as pessoas designadas no art. 932."

Pode-se afirmar que na solidariedade passiva não se aplica o benefício de divisão e/ou o benefício de ordem.

No benefício de divisão, o devedor pode exigir a presença de todos os coobrigados no processo para juntos se defenderem. A solidaridade passiva não concede o benefício de divisão aos codevedores.

No *benefício de ordem*, o coobrigado tem o direito de ver executados primeiro os bens do devedor principal, como no caso da fiança — art. 827 do CC. Pode, porém, o fiador renunciar ao benefício de ordem e se equiparar ao devedor solidário — art. 828, III do CC. Deve ser considerado que avalista nunca terá o benefício de ordem, pois sempre será devedor solidário.

DAS OBRIGAÇÕES EM FUNÇÃO DO EXERCÍCIO PROFISSIONAL

Das obrigações de meio

As obrigações de meio são aquelas assumidas pelo devedor e cumpridas com zelo, de forma diligente e capaz. Desta forma, o prestador de serviço deve possuir capacidade para realizar os serviços prometidos.

Na obrigação de meio, podemos citar a prestação de serviço realizada pelo médico que atende um paciente sem prometer que vai curar sua doença, ou, ainda, do advogado que eticamente não pode prometer que alcançará o resultado da absolvição, especialmente em demandas judiciais criminais.

Desta forma, nas obrigações de meio, o profissional está obrigado a empenhar todos os esforços e sua capacidade para que a prestação de serviço assumida seja concluída da melhor forma possível assim também aplicar todos os seus conhecimentos, mas não existe o compromisso da obtenção de um *resultado* específico.

Isso não quer dizer que na obrigação de meio, no caso de conduta culposa do profissional no exercício do seu trabalho, este não possa sofrer as sanções impostas de responsabilidade, de acordo com o previsto art. 14, § 4º do CDC.

Por isso, as obrigações de meio são uma espécie de obrigação em que o devedor não responde, necessariamente, pela não consecução do resultado almejado pelas partes envolvidas, desde que atue com diligência e prudência exigidas pela atividade.

Portanto, tendo sido empregados pelo devedor (prestador de serviços) todos os meios idôneos, mesmo que os fins não sejam obtidos, a obrigação estará cumprida.

Nesse sentido, se o médico, clínico geral, atuar com dedicação e eficiência no tratamento do paciente no estágio em que se encontrar, não poderá ser responsabilizado pela não recuperação do paciente e qualquer ato desabonatório, terá contra si além da legislação civil pertinente, o Código de Ética Médica, que dispõe em seu art. 2º que: "O alvo de toda a atenção do médico é a saúde do ser humano em benefício da qual deverá agir com o máximo de zelo e o melhor de sua capacidade profissional."

Da mesma forma o advogado sério, dedicado e conhecedor da legislação, não pode ser responsabilizado se vier a ter um pedido negado em nome de seu cliente, por meio de contenda judicial ou extrajudicial, desde que tenha obedecido as regras processuais e também tenha deixado claro ao cliente que o tema suscitado poderia ser negado, em razão do entendimento diverso por parte dos Tribunais.

Por isso, a obrigação de meio não se confunde com a obrigação de resultado. Cita-se o Código de Ética e Disciplina dos Advogados que adverte em seu art. 2º, parágrafo único: "São deveres do advogado: preservar, em sua conduta, a honra, a nobreza e a dignidade da profissão, zelando pelo seu caráter de essencialidade e indispensabilidade."

Na obrigação de meio, só será responsável o devedor, se o credor provar a ausência total do comportamento exigido ou uma conduta pouco diligente, prudente e leal. Desta forma, estará o obrigado liberado da obrigação se agiu com diligência e prudência.

Das obrigações de resultado

As obrigações de resultado exigem que o profissional que assumir uma obrigação deverá cumpri-la, ou seja, é o oposto da obrigação de meio, pois há a necessidade de se obter o resultado prometido.

Obrigação de resultado é o caso, por exemplo, do conserto de um veículo em que o mecânico, que se compromete a reparar o defeito apresentado pelo veículo, só se libertará da obrigação demonstrando o conserto.

Da mesma forma, uma cirurgia estética realizada por médico cirurgião plástico que assume a responsabilidade do resultado ao afirmar que a cirurgia plástica terá êxito. Desta forma, o conserto do veículo e a cirurgia plástica são as obrigações assumidas.

Portanto, nesta modalidade de obrigação, o que se vende e o que se promete é a execução de um resultado final específico, motivo pelo qual o consumidor se sente estimulado a pagar o preço correspondente.

Desta forma, na obrigação de resultado, em tese, existe um aspecto **anímico (mágico)** do obrigado quando ele assume o dever de atingir certo objetivo, isto é, o resultado final.

A obrigação de resultado ocorre quando o devedor se compromete a realizar um certo fim, como o de transportar uma determinada carga de um lugar para o outro. Na obrigação de resultado, basta ao lesado demonstrar, além da existência do contrato, a não obtenção do resultado prometido, o que já será o bastante para caracterizar o descumprimento da obrigação contratual, e sequer necessita o credor provar, aliás, cabendo ao devedor provar o caso fortuito ou força maior, para poder exonerar-se da obrigação.

Reflexos no Código de Defesa do Consumidor

Nas *obrigações de meio*, o profissional está obrigado a empenhar todos os esforços possíveis para a prestação de determinados serviços, não existindo compromisso de qualquer natureza com a obtenção de um resultado específico. Isso, porém, não isenta o profissional de sua responsabilidade.

Se porventura for identificada qualquer conduta culposa do profissional no exercício de sua atividade, será ele, então, responsabilizado. Nas *obrigações de resultado*, o que se vende, o que se promete é a execução de um resultado final específico.

Desta forma, na eventualidade de não ter sido obtido o que havia sido prometido, caberá ao profissional liberal ressarcir o consumidor, isso porque o eventual vício na realização do serviço decorreu de falha somente imputável ao fornecedor.

A Lei n. 8.078, de 11 de setembro de 1990, que dispõe sobre a proteção do consumidor, determina a responsabilidade tanto na **obrigação de meio como na de resultado**. O art. 6º, inciso VI do CDC dispõe que "são direitos básicos do consumidor: VI — a efetiva prevenção e reparação de danos patrimoniais e morais, individuais, coletivos e difusos".

Por outro lado, o art. 14, § 4º, dispõe que:

> "O fornecedor de serviços responde, independentemente da existência de culpa, pela reparação dos danos causados aos consumidores por defeitos relativos à prestação dos serviços, bem como por informações insuficientes ou inadequadas sobre sua fruição e riscos.
> § 4º A responsabilidade pessoal dos profissionais liberais será apurada mediante a verificação de culpa."

Desta forma, o profissional, demonstrando a sua diligência adequada diante de todas as regras técnicas da profissão e das recomendações ditadas pela experiência comum, terá afastada a possibilidade de sofrer reprimendas civis ou de qualquer outra ordem.

E o art. 20 do CDC preceitua:

> "O fornecedor de serviços responde pelos vícios de qualidade que os tornem impróprios ao consumo ou lhes diminuam o valor, assim como por aqueles decorrentes da disparidade com as indicações constantes da oferta ou mensagem publicitária, podendo o consumidor exigir, alternativamente e à sua escolha: I — a reexecução dos serviços, sem custo adicional e quando cabível; II — a restituição imediata da quantia paga, monetariamente atualizada, sem prejuízo de eventuais perdas e danos; III — o abatimento proporcional do preço."

O serviço poderá ser executado por terceiro devidamente capacitado, por conta e risco do fornecedor. Por fim, na obrigação de resultado, em tese, existe um aspecto anímico do obrigado quando ele assume a obrigação e o dever de atingir certo objetivo que é o resultado final.

As obrigações *de meio*, *de resultado* e *propter rem* propostas em estudo individualizado, em verdade, são importantes para melhor definirmos as obrigações no geral.

Das obrigações propter rem*/obrigação real*

A obrigação real (*propter rem*) decorre da relação entre o devedor e o objeto. A obrigação *propter rem* (coisa) não decorre de contrato escrito, mas da propriedade sobre o bem. Desta forma, quem adquire um bem também adquire a obrigação que se denomina real.

A obrigação real é aquela que se realiza pela presença de três características básicas. No primeiro caso, ela prende o titular de um direito real, seja ele quem for, em virtude de sua condição de proprietário ou possuidor de bens imóveis; no segundo caso, o devedor se livra da obrigação pelo abandono do direito real; e no terceiro caso, a obrigação se transmite aos sucessores a título singular do devedor.

O art. 1.297 do CC permite se fazer uma relação, isso em razão de que é conferido ao proprietário de um imóvel o direito de exigir de seu confinante que colabore na demarcação entre os seus prédios, repartindo-se entre ambos as despesas, como a construção de um muro.

Portanto, nesse caso, o que faz o sujeito ser devedor é a circunstância de ele ser titular do direito real, e tanto isso é verdade que ele se liberta da obrigação se renunciar a esse direito, que não derivou da manifestação expressa ou tácita de sua vontade. Essa obrigação em sua natureza jurídica se encontra no terreno fronteiriço entre os direitos *reais* e os *pessoais*.

Na verdade, a essência da obrigação real é que o credor e o devedor, que são titulares de um direito real, concluem que a utilidade dessa espécie de obrigação é resolver conflitos de interesse entre *dois direitos rivais*, procurando estabelecer um *modus vivendi* entre eles. Também é possível configurar a obrigação real derivada do condomínio em edifícios e em alguns aspectos do loteamento de terrenos.

No primeiro caso, do condomínio, as obrigações são oriundas do título constitutivo ou do regulamento aprovado pela assembleia, determinando que o *dever nasce* em virtude de ser comunheiro, ou seja, do bem-estar em comunhão com outros proprietários do imóvel.

No segundo caso, do terreno, em virtude das restrições que o adquirente assume, ou seja, de o vínculo da obrigação estar ligado ao bem, como no caso de não construir em todo o terreno, ou de só construir prédio residencial, é uma obrigação que vincula uma pessoa (*credor*) a outra (*devedor*), já a obrigação real está vinculada a um objeto pela condição de proprietário desse objeto. Exemplo: Imposto estadual IPVA e o municipal IPTU.

DAS GARANTIAS

As garantias nada têm em comum com as obrigações de meio e/ou de resultado. A garantia tem a finalidade de eliminar riscos que pesam sobre o credor, reparando suas consequências. A eliminação do risco, que pertence ao credor, representa bem suscetível de aferição econômica. A garantia é uma forma de o credor ter maior segurança em seu negócio.

A garantia pode ser representada pelo *seguro*, pelo *aval* e pela *fiança*.

Nas obrigações de *seguro*, mesmo que o objeto pereça, em face de atitude de terceiro, como em caso de incêndio provocado ou de acidente, a empresa seguradora responderá pela indenização. Na obrigação de *fiança*, que trata de um contrato acessório, o fiador assume o compromisso de pagar ao credor em caso de não cumprimento da obrigação pelo devedor. O *aval* é uma garantia firmada em títulos de créditos. Existem, ainda, as garantias contratuais previstas no Código Civil brasileiro, as quais garantem certas obrigações contratuais, como: *dos vícios redibitórios* — art. 441; da *evicção* — art. 447; dos denominados contratos com reserva de domínio — art. 521 e seguintes; e de alienação fiduciária — art. 1.361, todos do Código Civil.

7 SÉTIMA AULA

Da classificação especial das obrigações

As obrigações foram estudadas de conformidade com o previsto no Código Civil brasileiro, especialmente referente às modalidades das obrigações. Existe, porém, uma classificação especial que guia os civilistas para melhor compreender o direito das obrigações contratuais.

A classificação especial permite introduzir o pesquisador para o campo das obrigações/contratuais. A classificação especial divide-se em quatro elementos: elementos subjetivos, elementos objetivos, elementos acidentais e elementos de conteúdo.

Elementos subjetivos

Os elementos subjetivos são também conhecidos como sujeitos, e quanto a estes, as obrigações podem ser fracionárias, obrigações conjuntas, obrigações disjuntivas e obrigações solidárias.

Elementos objetivos

Quanto aos elementos objetivos e/ou prestações, além da classificação já verificada e constante no Código Civil, que são as prestações de *dar, fazer e não fazer alguma coisa,* podemos ainda citar as modalidades, como as obrigações alternativas, facul-tativas, cumulativas, divisíveis e indivisíveis, líquidas e ilíquidas.

Elementos acidentais

Nos elementos acidentais, as obrigações classificam-se segundo os critérios metodológicos e que abrangem as obrigações condicionais, as obrigações a termo e as obrigações modais.

Elementos quanto ao conteúdo

Na quarta classificação, vamos encontrar as obrigações de meio, obrigações de resultado e obrigações de garantia. Dos quatro elementos que definem a classificação especial das obrigações, podemos observar que, no tocante aos elementos objetivos e/ou prestações, estudamos detalhadamente uma por uma, o mesmo ocorreu referente às obrigações quanto ao conteúdo.

As obrigações acidentais, já abordadas em semestre passado, serão observadas de forma sucinta. Na sequência, os elementos de conteúdo e, por fim, um estudo mais aprofundado dos elementos subjetivos ou sujeitos.

A classificação especial tem como objetivo apresentar a obrigação quanto aos elementos subjetivos (que são os sujeitos), a qual possui uma subdivisão denominada de fracionada, conjunta e solidária.

Obrigação fracionada

Nas obrigações *fracionadas*, concorre a pluralidade de devedores ou de credores de forma que cada um dos obrigados responda apenas por sua parte da dívida assumida ou, então, possua o direito de concorrer apenas com sua parte, que é a proporcionalidade do crédito/débito.

Exemplo: suponhamos que Rodrigo, Álvaro e João adquiriram, conjuntamente, uma casa, obrigando-se a pagar o valor de R$ 30.000,00 (trinta mil reais). Os adquirentes não estipularam nenhuma cláusula especial. Portanto, cada um dos adquirentes responderá por R$ 10.000,00 (dez mil reais). Desta forma, a obrigação vem a ser *divisível*. Temos a divisibilidade da prestação.

Obrigação conjunta

Nas obrigações *conjuntas*, concorre uma pluralidade de devedores ou de apenas credores, impondo-se a todos o pagamento conjunto da toda a dívida assumida. Neste caso, não poderá haver o cumprimento da obrigação de forma individual. Não se pode exigir que apenas um dos devedores faça o pagamento da dívida toda e também não pode apenas um dos credores exigi-la individualmente.

Obrigação disjuntiva

As obrigações *disjuntivas* caracterizam-se pela obrigação em que devedores se obrigam de forma alternativa ao cumprimento da obrigação.

Exemplo: uma obrigação contraída por quatro devedores, *Pedro, Chaves, Juca e Maria* assumem a obrigação de qualquer deles cumprir a obrigação por inteiro. Por isso, a conjunção "**ou**" vincula de forma alternativa os sujeitos passivos da obrigação entre si.

Nos elementos objetivos (*prestação*), estudamos as obrigações de dar coisa certa, coisa incerta, fazer e não fazer, também se incluem as obrigações alternativas, cumulativas e facultativas. As obrigações quanto ao conteúdo são as de meio, de resultado e de garantia.

Obrigação condicional (acidentais)

Por fim, obrigações quanto aos elementos acidentais sujeitas à condição, termo ou encargo. Portanto, a obrigação pura é aquela que não está sujeita a condição, a termo ou a encargo.

A obrigação *condicional* é a que se subordina a um efeito do negócio jurídico ligado a um evento futuro e incerto. Portanto, a obrigação é suscetível de receber mais de uma condição.

> **Exemplo:** suponhamos um contrato com dupla condição, como nas obrigações cumulativas, para sua eficácia e validade, será configurada pelo implemento de ambas as obrigações.

As obrigações condicionais podem ser consideradas quanto à possibilidade física e juridicamente possível e impossível — arts. 123 e 124 do CC. Possíveis de serem realizadas conforme as leis físico-naturais e as normas de direito.

Quanto à licitude — Serão lícitas se o evento que as constitui não contrariar a lei — art. 122 — 1ª parte do CC, a ordem pública e os bons costumes, e ilícitas se condenadas pela norma jurídica e pelos bons costumes.

Quanto à natureza — Necessárias se inerentes à natureza do ato negocial. É o caso da aquisição de um imóvel que se perfaz por escritura pública. Voluntárias serão as obrigações condicionais que contiverem cláusulas oriundas de manifestação volitiva (relativa à vontade).

Quanto à participação da vontade dos contratantes. Nesse caso, dividem-se em:

a) *causais* — que dependem de um caso fortuito alheio à vontade das partes. Exemplo: cláusula que estipule a doação de uma joia se chover amanhã.

b) *potestativas* — se decorrerem da vontade de um dos contratantes. Podem ser puramente potestativas (conforme art. 122, 2ª parte do CC). Exemplo: é o caso de um dos contratantes estipular que só efetivará o contrato X se o outro vestir a roupa Y amanhã; ou simplesmente potestativas — se dependerem da prática de algum ato. Exemplo: se um dos contratantes dispuser que só haverá doação de certo objeto a um ator se ele desempenhar bem o seu papel.

c) promíscuas — que se apresentam no momento inicial como potestativas, mas perdem essa característica. Exemplo: doação de certa soma de dinheiro se A, campeão de futebol, jogar no próximo torneio. Essa obrigação, que é potestativa, se tornar *promíscua* se esse jogador se machucar.

d) mistas — como exemplo, uma doação de um apartamento a Pedro se ele constituir sociedade com o amigo João.

Quanto ao modo de atuação — A obrigação pode ser condicional suspensiva ou resolutiva.

a) Suspensiva — art. 125 do CC — se ficar estabelecido que o contrato de compra e venda do quadro X só produzirá efeitos se ele for aceito numa exposição internacional.

b) Resolutiva — se sua eficácia for subordinada a um evento — futuro e incerto — arts. 127 e 128 do CC — suponhamos um contrato de compra e venda de uma fazenda, e que no contrato conste a condição de este ser resolvido, se vier a ocorrer *geada* nos próximos três anos do início do contrato firmado.

Obrigação modal

As obrigações *modais* são as que se encontram oneradas com um modo ou encargo, isto é, por cláusula acessória, que impõe um ônus à pessoa natural ou jurídica contemplada pela relação creditória. Exemplo: no caso da obrigação imposta ao donatário de construir no terreno doado um prédio para escola.

A obrigação com encargo acarreta as seguintes consequências jurídicas: A *primeira* não suspende a aquisição, conforme a previsão do art. 136 do CC; a *segunda* regula a impossibilidade física ou jurídica do encargo, fica conside-rada como não escrita de acordo com o art. 137 do CC; a *terceira* gera uma declaração de vontade qualificada ou modificada que não pode ser destacada do negócio, como sustentam os arts. 553, 555, 562, 1.938 e 1.949 do CC; e a *quarta* consequência jurídica pode exigir o cumprimento do encargo o próprio instituidor e seus herdeiros em conformidade com o previsto no art. 553, parágrafo único do CC.

Obrigação a termo

A obrigação *a termo* é aquela em que as partes subordinam os efeitos do ato negocial a um acontecimento futuro e certo. O tempo pode ser o inicial conforme o art. 131 do CC e/ou da parte final de acordo com o art. 135 do CC.

No tocante à exigibilidade da obrigação a termo, pode ser a obrigação constituída sem prazo, conforme o art. 134 do CC, e a obrigação a tempo só poderá ser exigida depois de expirado o prazo convencionado (ou seja, terminando o prazo para cumprimento da obrigação), salvo se ocorridas as hipóteses previstas no art. 333, e seus incisos I, II e III do CC.

DA OBRIGAÇÃO CIVIL, MORAL, NATURAL E SECUNDÁRIA

O direito pode ser uma arte para não se cumprir com as obrigações assumidas. Porém, devemos perceber que existem obrigações de cunho **civil, moral, natural** e as que se caracterizam como obrigações **secundárias**.

Por isso, diversos doutrinadores sustentam que se deve ter conhecimento de forma mais ampla das *obrigações de cunho moral* e de *cunho natural*, para melhor entender as obrigações como um todo, sem deixar de reconsiderar a obrigação civil.

Obrigação civil

Na obrigação civil, também chamada de jurídica, perfeita ou complexa, o vínculo jurídico é composto pelo débito e pela responsabilidade. Desta forma, caso o devedor não promova o atendimento a que se comprometeu, poderá o credor exigir o cumprimento da obrigação pela VIA JUDICIAL, tendo como garantia do crédito o patrimônio do sujeito passivo devedor.

Obrigação moral e natural

Na obrigação moral, o sujeito paga algo que não precisaria pagar, como por exemplo, *dar uma gorjeta*.

Na obrigação natural, o devedor não poder ser constrangido a pagar (via judicial), mas cujo cumprimento voluntário faz tornar o pagamento verdadeiro. A obrigação natural é, portanto, um débito em que não se pode exigir juridicamente a responsabilização patrimonial do devedor.

Por isso, o fundamento e a natureza jurídica da obrigação natural não diferem da obrigação civil, embora ela vincule o *objeto e o sujeito*, todavia, distingue-se por não ser a obrigação natural dotada de exigibilidade, porquanto a obrigação civil é dotada de exigibilidade pela previsão legal.

As obrigações naturais subdividem-se pela natureza, pelo fundamento, pelos deveres morais e sociais e pelas obrigações secundárias. Porém, essas relações obrigacionais são desprovidas de ação (*sanção judicial*), isso porque estarão próximas a uma obrigação social.

Exemplos: as dívidas de jogo, as de certos deveres de assistência entre parentes (no caso de pensão alimentícia) e ainda as de dívidas prescritas.

Nas obrigações naturais, temos os deveres morais e/ou deveres sociais, que surgem em razão da convivência social e nascem puramente da consciência, inspiradas em motivos religiosos ou de solidariedade humana, entre as quais podemos citar: *as de cumprir determinação de última vontade que não tenha sido expressa em testamento (pequenas obrigações), as de dar gorjeta, as de pagar dívida julgada extinta e as de cobrança judicial de dívida de jogo.*

Da previsão legal — art. 564, inciso III — da ingratidão, art. 814 — da dívida de jogo e o art. 882 — da repetição, todos do Código Civil. Assim, as obrigações naturais estão ligadas às regras morais em geral, nas de ordem religiosa, nas sociais, nas domésticas e nas de cortesia.

Obrigação secundária (indenização)

As obrigações secundárias integram as obrigações perfeitas, mas tão somente para lhes facilitar o direito de rever o seu adimplemento (mesmo que diferente do original).

A obrigação secundária nasce quando a obrigação principal carecer de exigibilidade jurídica.

Desta forma, quando impossível exigir a *obrigação principal*, embora a culpa seja do devedor, o direito abre a possibilidade da denominada *obrigação secundária*, em que o credor busca o cumprimento da obrigação via *indenização* para ao menos poder ver restabelecido o seu direito.

A **obrigação natural**, em sua essência e em sua estrutura, não difere da obrigação *civil*. Trata-se de uma relação de *débito* e *crédito* que vincula o objeto aos sujeitos determinados. Porém, distingue-se a obrigação natural da obrigação civil por não ser a natural dotada de exigibilidade processual. A obrigação natural nasce do reconhecimento do *dever moral* pelo devedor para com o credor.

Esse dever moral nasce no próprio ensinamento legal, pois elencado no Código Civil, o qual *se limita a indicar que a repetição do pagamento é impossível*. Ora, se a repetição não é admitida em nosso ordenamento legal, a sua repetição estaria no campo do dever moral.

As obrigações naturais classificam-se em três critérios relevantes, como os da *tipicidade*, de *origem* e dos *efeitos produzidos*.

Quanto à *tipicidade*, pode ser típica e atípica. A *típica* tem-se em texto legal, como no exemplo da dívida de jogo, e a *atípica* é dívida residual após a concordata.

Quanto à *origem*, elas podem ser: a *originária* quando inexigível o crédito desde o início, como exemplo, *o jogo*; e a *derivada* quando nasce como obrigação civil, perdendo no transcurso do procedimento a *exigibilidade*, como no caso da dívida prescrita.

Quanto aos *efeitos poduzidos*, a obrigação será comum e limitada. A *comum* quando admite todos os efeitos da obrigação civil e a *limitada* quando se restringe à retenção, negando-lhe a lei outros efeitos, como no caso da *novação*.

8 OITAVA AULA

Da transmissão das obrigações

Quadro demonstrativo da forma da transmissão das obrigações:

Transmissão das obrigações		
Cessão de crédito	**Cessão de débito ou assunção**	**Cessão de contrato**
Posição do credor (arts. 286-189 CC) e classificação	Posição do devedor (arts. 299-303 CC) e classificação	Posição do credor + devedor
Quanto à origem: legal – judicial e convencional	1. Assunção por expromissão = **sem consentimento do antigo devedor**	Não tipificada (não prevista no Código)
Quanto às obrigações A título oneroso ou gratuito	2. Assunção por delegação = **com consentimento do antigo devedor**	
Quanto à extensão: total ou parcial		
Quanto à responsabilidade: *pro soluto* = quitação plena art. 296 e *pro solvendo* art. 297 CC		

A transmissão em verdade é um fenômeno acidental e que se reveste de um significado na vida prática do comércio, da indústria e dos estabelecimentos bancários. Sua previsão legal é encontrada nos arts. 286-303 do CC.

A transferência de créditos, débitos ou contratos, permite a circulação de títulos em geral, os quais estão ligados às relações negociais. A transmissão permite que as obrigações possam girar a economia, local, regional e mundial.

Assim, embora o Código Civil contemple apenas a cessão de crédito e da assunção de débito, também abordaremos a cessão de contratos.

A cessão de crédito e a assunção de débitos estão tipificadas, porquanto a cessão de contratos ainda permanece no campo das atípicas (não consta previsão codificada).

DA CESSÃO DE CRÉDITO

A cessão de crédito é um negócio jurídico, em geral de caráter oneroso, em que o sujeito ativo de uma obrigação a transfere a terceiro, estranho ao negócio original, independentemente da anuência do devedor.

Nesse tipo de negócio, haverá a necessidade da participação de três figuras, cedente, cessionário e cedido. No caso do alienante, que é o vendedor, denomina-se *cedente*. No caso do adquirente, que é o comprador, denomina-se *cessionário*. E do devedor, que é o sujeito passivo da obrigação, denomina-se *cedido*. Deve-se deixar claro que a cessão de crédito distingue-se da novação e da sub-rogação.

Na novação, sempre haverá um novo crédito que substituirá o anterior.

Na sub-rogação legal, o propósito de lucro não se apresenta, pois se aplica o art. 350 do CC.

Na cessão de crédito, o elemento especulativo é essencial, desta forma, devendo existir lucro pela transmissão do crédito.

Portanto, a cessão de crédito é o negócio jurídico em que o credor de uma obrigação, chamado de cedente, transfere a um terceiro, chamado cessionário, sua posição ativa na relação jurídica obrigacional, e tal transferência independe da autorização do devedor, que na relação é denominado de cedido.

Pressupostos de validade da cessão de crédito

Como qualquer negócio jurídico, depende a cessão de crédito de requisitos de validade, tais como a capacidade para os atos jurídicos em geral e a legitimação para a prática de atos como de alienação. Acrescentam-se os demais pressupostos, como do objeto lícito, possível, determinado ou determinável, e a forma legal.

Para ter eficácia contra terceiros, o instrumento deve ser de acordo com a legislação. Se for necessário registrar no Registro Imobiliário ou de Títulos e Documentos, isso deverá ser feito para que se tenham as garantias contra terceiros, evitando, assim, a simulação ou outros atos ilícitos.

Da notificação

A notificação é um ato necessário para dar ciência da transmissão do crédito, bem como de vincular o devedor à nova relação jurídica. Vamos constatar que são duas as razões da necessidade da notificação: a primeira pelo disposto no art. 292, 1ª parte do CC, e a segunda pela qual o devedor pode opor, tanto ao *cedente* como ao *cessionário,* as *exceções* de ter pago a dívida, ou então de que a compensou; ou, ainda, pela existência de vícios, como do erro, dolo ou coação, e o silêncio do devedor equivale à anuência com os termos do negócio e revela o propósito de pagar ao cessionário a prestação objeto da cedência.

Do efeitos da cessão

Os principais efeitos da cessão são os da transferência da relação jurídica e os da garantia. Quando for analisada a cessão de crédito, logo podemos acrescentar a nominação *sucessão no crédito*. Sucessão no crédito pode ser entre as partes vivas — *inter vivos* — e no caso de morte — *mortis causa*.

A sucessão pelo direito hereditário sempre foi admitida. A morte do credor põe, em seu lugar, os herdeiros. Por isso, não se pode confundir as obrigações *inter vivos*, que é sempre a título pessoal.

A cessão de crédito não ocorrerá em três hipóteses. No primeiro caso, se a natureza da obrigação for incompatível com a cessão; no segundo caso, se houver redação legal; e em terceiro, se houver cláusula contratual proibitiva. Como exemplos, temos a pensão alimentícia, desta forma, o menor alimentado não pode negociar com terceiros os alimentos recebidos a título de pensão, ou seja, de ceder o seu crédito alimentar; também no caso da cessão de direitos da personalidade, como os da ***honra*, do *nome* e da *intimidade***. Esses direitos não são admissíveis de ser cedidos.

Da justificativa da cessão

O que justifica a cessão de crédito é que esse tipo de transação estimula a circulação de riquezas e a troca de títulos de crédito, como no caso dos cheques, das duplicatas, das notas promissórias e outros documentos semelhantes.

DA CESSÃO DE DÉBITO

Na cessão de débito ou assunção, o devedor transfere para outra pessoa sua posição na relação jurídica, de modo que esta o substitua na obrigação, portanto é a substituição na mesma relação jurídica, pois, caso contrário, haveria novação e sua eficácia concentrar-se-ia no consentimento do credor.

A cessão de débito é o contrato em que um terceiro assume a posição do devedor, responsabilizando-se pela dívida e pela obrigação que permanece íntegra, mas, diferentemente da cessão de crédito, esta deve ter a autorização expressa do credor. Dois são os modos em que se realiza a assunção de dívida: a primeira mediante contrato entre terceiro e o credor; e a segunda mediante contrato entre terceiro e o devedor.

Distinção necessária que deve ser observada na assunção de débito

A distinção que deve ser observada na assunção de débito é entre a promessa de liberação e o reforço pessoal. A promessa de liberação é *o contrato pelo qual alguém se obriga para com o devedor a lhe pagar a dívida.* O reforço pessoal é *o contrato pelo qual o terceiro ingressa na relação obrigacional, sustentando a posição do devedor.*

Portanto, duas são as formas de substituição da assunção ou cessão de débitos que são apresentadas pela doutrina. A primeira, *por delegação*, ocorre quando o negócio é pactuado entre o devedor originário e um terceiro, mas sempre com a anuência do credor, e a segunda, *por expromissão*, ocorre quando um terceiro assume a obrigação, independentemente da anuência ou consentimento do devedor primitivo.

DA CESSÃO DE CONTRATO

Cessão de contrato consiste na transferência da inteira posição ativa e passiva do conjunto de direitos e obrigações de quem é titular e deve derivar de um contrato bilateral já ultimado, mas de execução ainda não concluída. Exemplo: No caso de promitente comprador de um imóvel — como se trata de um contrato bilateral — sem execução (escritura pública definitiva), pode o promitente comprador transferir o compromisso de venda e compra do imóvel, sem anuência do credor (no caso o vendedor).

No caso de locação de imóvel, pode-se ceder o contrato, transferindo-o ao sublocatário. Na verdade, a cessão de contrato tem uma função econômica e de circulação do próprio contrato em sua integridade, permitindo o ingresso na relação contratual, e em lugar de um dos contratantes originais, de uma pessoa estranha, desde que lhe assuma todos os deveres e direitos obrigacionais.

Portanto, a cessão de contratos mais comuns encontra-se nos contratos de cessão de locação; nos contratos de compromisso de venda e compra; nos contratos de empreitada; nos contratos de mandatos que são transferidos pelo substabelecimento sem reserva de poderes; e na cessão dos contratos de trabalho pelo princípio da continuidade da empresa.

DO ADIMPLEMENTO E/OU DA EXTINÇÃO DAS OBRIGAÇÕES

O devedor, para cumprir com sua obrigação, pode utilizar-se de meios diversos para o pagamento de sua obrigação, primeiramente deve respeitar a forma pactuada, que é denominada de cumprimento da obrigação por meio direto (pagamento), ou então pelas denominadas obrigações por meios indiretos.

Sendo assim, somos obrigados a esgotar a extinção das obrigações pelo meio direto que é a forma pela qual foi pactuado o contrato entre os contratantes.

Apresenta-se um quadro da forma do pagamento direto:

Do pagamento direto			
Elementos subjetivos	**Elementos objetivos**	**Lugar do pagamento**	**Tempo do pagamento**
Solvens = devedor/ terceiro interessado/ terceiro não interessado	Objeto = prestação e Prova = quitação	Obrigação quesível ou Portável	Obrigação
Accipiens = credor/ representante/ credor putativo	Prestação — arts. 315/318 Quitação – recibo	Quesível = domicílio devedor Portável = domicílio do credor ou terceiro	• Instantânea = à vista • Execução diferida = um pagamento • Execução continuada = a prazo

O pagamento direto, também denominado solução, cumprimento, adimplemento, implemento ou satisfação obrigacional, é a extinção normal do vínculo jurídico obrigacional.

DO PAGAMENTO

O pagamento é a forma principal de extinção das obrigações. O incomum é o não cumprimento da obrigação e nesse caso o devedor poderá ser acionado judicialmente pelo credor. Sua tipificação encontra-se nos arts. 304-333 do CC.

O pagamento, inicialmente, entende-se como em dinheiro, mas, em verdade, ocorre na forma pactuada. Assim, o pagamento é o ato jurídico formal, unilateral, que corresponde à execução voluntária e exata por parte do devedor da prestação devida ao credor, no tempo, modo e lugar previsto no título constitutivo.

Aspectos relevantes

Os aspectos relevantes são o formal, o unilateral, o voluntário, a prestação, tempo, modo e lugar. Vejamos cada um deles.

O formal: a prova do pagamento deve ser realizada por intermédio de recibo e que é a quitação.

O unilateral: porque é de iniciativa do devedor, que é o sujeito passivo da obrigação.

O voluntário: quando cumprida a obrigação pelo devedor, temos o cumprimento voluntário, no caso de ser cobrada judicialmente por ter ocorrido a intervenção judicial com penhora de bens, temos em verdade uma cobrança judicial (uma ação) e não pagamento.

A prestação: é o objeto da obrigação que pode ser de dar, fazer ou não fazer alguma coisa.

O tempo, modo e lugar: o pagamento precisa atender e respeitar às regras previstas no contrato, na lei ou na sentença, pois elas fazem nascer a obrigação, respeitando-se, a data, o lugar e a maneira do pagamento.

O art. 307 dispõe que em caso de um sujeito A resolver entregar ao sujeito B 1000 sacas de soja pertencentes a C, como forma de pagamento, três serão as possibilidades de solução ao fato da entrega da soja, como exemplo:

1. Se a soja já foi consumida por B de boa-fé, a ação de C será contra A.
2. Se a soja não foi consumida por B, ação de C deverá ser contra B.
3. Porém, se a soja foi consumida por B de má-fé, a ação será contra B.

Quem deve pagar

Quem deve pagar é o devedor, mas nada impede que um terceiro realize o pagamento. Em geral, para o credor não importa quem seja o pagador/cumpridor da obrigação, desde que pague e cumpra sua obrigação. O legislador contempla três hipóteses, que são: a *primeira*, do pagamento efetuado por pessoa interessada, *como o pagamento realizado pelo* sublocatário *que* purga a mora *do inquilino a fim de evitar ação de despejo por falta de resgate dos aluguéis vencidos*;

a *segunda*, do pagamento efetuado por terceiro não interessado. É o caso do pai, que paga a dívida do filho maior, que honra o débito, ou ainda do amigo, que honra o débito do compadre. Na verdade, o aspecto principal é o sentimento de solidariedade familiar ou social. Outro caso é o de ilidir a ação — contestar pela prescrição; e a *terceira*, do pagamento efetuado pela transmissão da propriedade, como o caso de que *o pagamento nem sempre consiste em uma entrega de dinheiro e, não raro, se efetua pela transmissão do domínio de uma coisa móvel ou imóvel*.

Exemplo: se **X paga** a dívida e transfere **para Y** a propriedade de 100 sacas de soja, porém, este de boa-fé as recebe e a consome. Posteriormente, descobre-se que a soja pertencia a **H (terceira pessoa)**. Em tal hipótese, **H deverá reclamar de X as perdas e danos por força do prejuízo**.

Pode, porém, o terceiro interessado reembolsar ou sub-rogar-se nos eventuais privilégios, porém, o terceiro juridicamente desinteressado só tem direito ao reembolso do valor que pagou.

A quem se deve pagar

O pagamento deve ser realizado ao credor ou a quem de direito o represente, se isso não ocorrer, terá o devedor pago mal e quem paga mal paga duas vezes. O pagamento feito ao credor incapaz de quitar é ilegítimo, porém a lei o ampara, desde que o pagamento reverta em proveito do menor.

O pagamento efetuado ao **credor putativo** é aquele realizado ao sujeito que parece ser o credor, mas em verdade não é o credor. Exemplo: suponhamos que A deve a B, mas B morre e deixa testamento nomeando C seu herdeiro, então A paga a C, mas depois o juiz anula o testamento, então A não vai precisar pagar novamente, pois pagou a um credor denominado, previsto legalmente que é o credor putativo, nesse caso, C é que vai ter de devolver o dinheiro ao verdadeiro herdeiro de B.

Os requisitos necessários de validade do pagamento ao credor são a boa-fé e a escusabilidade do seu erro. Da mesma forma no caso do pagamento ao credor incapaz.

O pagamento efetuado ao representante do credor é válido, porém deve ser para o representante, que se divide em legal, judicial ou convencional:

Legal — são os pais, tutores, curadores, em relação ao incapaz;

Judicial — são os nomeados pelos juízes, como o depositário judicial; ou

Convencional — são os portadores de mandato.

No caso da validade *do pagamento efetuado a terceiro que não o credor,* ocorre quando este ratifica o pagamento; quando o pagamento aproveita ao credor, como no caso do pagamento de pensão alimentícia paga ao filho (menor), mas este liquidou a anuidade da escola; e o pagamento efetuado ao credor putativo, e de acordo com definição, *credor putativo é aquele que passa, aos olhos de todos, como credor, embora não o seja.*

Do objeto do pagamento e sua prova

No tocante ao objeto e à prova do pagamento, apontamos o art. 313 do CC, o qual dispõe que "o credor não é obrigado a receber prestação diversa da que lhe é devida, ainda que mais valiosa". Cabe, porém, ser ressaltado que, de um lado, temos a desvalorização monetária, e, de outro, o advento de modificações no próprio conceito de moeda (derivada da intervenção do Estado, com a adoção de políticas de controle da economia).

O princípio do nominalismo

O nominalismo previsto no Código de 1916 não contemplava a proibição do pagamento em ouro ou em moeda estrangeira. Nominalismo significa pagar o valor na mesma quantidade em moeda adquirida em empréstimo, moeda nacional.

Estipulação de pagamento em moeda estrangeira

Se na legislação anterior existiam dúvidas, o Código Civil em vigor não deixa nenhuma, isso porque o art. 318 do CC estabelece que são nulas as convenções de pagamento em ouro ou moeda estrangeira.

As novas concepções determinaram a possibilidade de aplicação da cláusula *rebus sic stantibus* (direito de revisão das prestações). No Brasil, usou-se muito a jurisprudência, aplicando-se a teoria da superveniência ou da imprevisão.

O Código Civil admite em seu art. 478 a resolução do contrato por onerosidade excessiva e o art. 317 admite que o juiz pode corrigir a desproporção das prestações dos contratos.

O pagamento permite o direito da *quitação*, a qual se faz pela comprovação e/ou apresentação do recibo ou do título que é a prova do cumprimento da obrigação.

Do lugar e do tempo do pagamento

O pagamento deve ser realizado no **lugar** previamente escolhido pelas partes, e isso significa que no Direito Civil predomina a autonomia da vontade. Se existir omissão no documento, o lugar do pagamento será no domicílio do devedor. Tratando-se de bem imóvel, o local do pagamento será no lugar onde situado o bem, não se podendo fixar outra possibilidade.

A doutrina classifica o lugar do pagamento das dívidas em quesível (querable) e/ou portável (portable) para não fornecer a quitação.

Nesse particular, o Código de Defesa do Consumidor, em seus arts. 48 e 84, melhor define as relações jurídicas, especialmente as do consumidor.

Os arts. 48 e 84 do CDC dispõem que, em caso do pagamento antecipado de bens e ou serviços, os recibos possuem força de provocar execução judicial específica.

Desta forma, o art. 48 do CDC (Lei n. 8.078/90) dispõe que:

> "As declarações de vontade constantes de escritos particulares, recibos é pré-contratos relativos às relações de consumo vinculam o fornecedor, ensejando inclusive execução específica, nos termos do art. 84 e parágrafos."

O art. 84 do CDC (Lei n. 8.078/90) dispõe que:

> "Na ação que tenha por objeto o cumprimento da obrigação de fazer ou não fazer, o juiz concederá a tutela específica da obrigação ou determinará providências que assegurem o resultado prático equivalente ao do adimplemento.
>
> § 1º A conversão da obrigação em perdas e danos somente será admissível se por elas optar o autor ou se impossível a tutela específica ou a obtenção do resultado prático correspondente."

Necessário dizer que o art. 48 do CDC se refere à **obrigação de DAR**, porquanto o art. 84 do CDC refere-se às **obrigações de FAZER e NÃO FAZER**.

Exemplo: no caso de compra de um produto via *Internet* ou correio, a quitação em razão da modalidade da compra pode ser dada mediante recibo ou então pela simples devolução do título.

Por outro lado, deve-se lembrar que a quitação não é a única prova de pagamento admitida em direito, existindo outras, como a do cheque visado — cheque nominal (com declaração, para quem se destina o pagamento), o vale postal e, por fim, a ordem para creditar na conta corrente bancária do credor.

DAS ESPÉCIES DE QUITAÇÃO

Na quitação, são admitidas **três espécies**, quais sejam:

A primeira versa sobre a quitação total ou parcial, sendo que a total se refere à totalidade da obrigação e possíveis encargos, já a parcial pode ser dada com reserva de alguma parcela ou encargo, no próprio documento ou título, exemplo: no caso do credor que possui crédito do principal e acréscimos como de juros, o credor pode dar quitação apenas do principal, se não receber os juros.

A segunda espécie versa sobre a quitação geral ou específica. Na quitação geral, deve descrever-se o valor que foi pago, já na quitação específica o credor deve discriminar de forma detalhada todas as parcelas que foram pagas.

Exemplo: no caso de rescisão contratual com vínculo empregatício, os denominados *créditos trabalhistas* — para não incorrer em pagamento irregular, o devedor (empregador) deve descrever todas as parcelas devidas ao credor (empregado), evitando, assim, o velho ditado *quem paga mal paga duas vezes.*

A terceira espécie de quitação é a irrevogável ou revogável. A quitação irrevogável objetiva a completa quitação e deve constar do documento, ou seja, quando o devedor realiza o pagamento pode exigir do credor que lhe dê plena, geral e irrevogável quitação. Teríamos um documento que se denomina sem arrependimento.

A presunção é admitida como prova de pagamento, é facilitada pela lei mediante as seguintes condições: pela entrega do título, do pagamento dos juros, e da obrigação de não fazer.

Desta forma, pela entrega do título da dívida ao devedor, pelo credor ou seu representante; no caso de prestações periódicas, a quitação da última parcela paga, presume-se que as demais estejam liquidadas; no caso de juros, estes são considerados pagos, se a quitação do principal não contiver a reserva de que não foram pagos e serão cumpridos posteriormente. Por fim, quanto às obrigações de não fazer, o ônus da prova não incumbe ao devedor, mas ao credor. Portanto, cabe ao credor provar que o devedor não cumpriu com sua obrigação.

9 NONA AULA

Da distinção entre obrigações e responsabilidade

Há de se ter conhecimento de que existe distinção entre *obrigação* e *responsabilidade*. Desta forma, contraída a obrigação, duas situações poderão ocorrer. Será **denominada obrigação** quando o devedor cumprir normalmente a prestação assumida, neste caso, a obrigação se extingue, por ter atingido o seu fim pelo procedimento normal.

Será **denominada responsabilidade** quando o devedor se torna inadimplente. Neste caso, a satisfação do interesse do credor se alcançará pelo movimento do Poder Judiciário, pelo qual se busca no patrimônio do devedor a quantia necessária à composição do dano decorrente, seja ele de ordem patrimonial ou moral.

Desta forma, não se pode confundir as duas situações. No primeiro caso, temos o cumprimento normal da prestação, que é denominada ***obrigação***, e no segundo, o inadimplemento denominado ***responsabilidade***.

Portanto, mesmo que os dois conceitos estejam normalmente ligados, nada impede que haja uma ***obrigação sem responsabilidade*** e/ou uma ***responsabilidade sem obrigação***.

No primeiro caso, costuma-se citar as *obrigações naturais* que não são exigíveis judicialmente, mas que, uma vez pagas, não dão margem à repetição do indébito. Exemplos: dívidas de jogo e prescrição.

No segundo caso da responsabilidade sem obrigação, pode-se citar a *fiança*, por ser o fiador responsável, mas possuir dívida direta, a obrigação surge do dever, do comprometimento jurídico em caso do inadimplemento do afiançado em relação à obrigação assumida e que, pelo não cumprimento do devedor principal, passa a responsabilidade para o fiador.

DAS FORMAS INDIRETAS DE EXTINÇÃO DAS OBRIGAÇÕES

Concluída a forma de cumprimento das obrigações diretas, a partir desse ponto, verificaremos todas as formas de pagamento indireto, as suas consequências e principalmente os seus efeitos jurídicos.

As formas de pagamento indireto dividem-se em atos unilaterais e atos bilaterais, dos contratos e da novação por delegação e expromissão.

1. Regras especiais de pagamento. Atos unilaterais	2. Formas de pagamento indireto. Atos bilaterais	3. Contratos que geram a extinção obrigacional	4. Classificação da novação
a) Pagamento em consignação. b) Imputação do pagamento. c) Sub-rogação legal.	a) Sub-rogação convencional. b) Dação em pagamento. c) Novação. d) Compensação. e) Confusão. f) Remissão.	Da transação Do compromisso	Novação objetiva ou real.Novação subjetiva ou pessoal.
a) Depósito efetuado pelo devedor. b) Indicação de qual dívida está sendo paga. c) Substituição do credor por ato unilateral.	a) Substituição do credor por ato bilateral. b) Substituição da prestação. c) Criação de uma nova obrigação por substituição dos seus elementos. d) Extinção de dívidas recíprocas ou mútuas. e) Credor = devedor. f) Perdão da dívida.	Arts. 840/850 CC. Concessão mútua. Arts. 851/853 e Lei 9.307/97. Arbitragem.	Criação de uma nova obrigação.Novação subjetiva e passiva. Na primeira, substituição do credor, na segunda, do devedor.

DO PAGAMENTO EM CONSIGNAÇÃO

O pagamento em consignação é um modo indireto de pagamento em que o devedor pode libertar-se de sua obrigação, e consiste no depósito extrajudicial ou judicial da coisa devida. A tipificação encontra-se nos arts. 334-345 do CC.

O devedor, para não ser considerado em mora, pode realizar o pagamento em consignação. Quando for débito em dinheiro, faz-se inicialmente o procedimento administrativo ou extrajudicial e quando for objeto, faz-se diretamente via judicial.

Desta forma, quando for numerário (dinheiro), o *procedimento precede do depósito em conta corrente em estabelecimento bancário,* de acordo com o art. 890 e seus incisos do CPC, em nome do credor.

Sabe-se que o credor é o maior interessado no pagamento, na quitação da obrigação, mas, em certas situações, pelo não querer, pela impossibilidade de receber o valor do crédito, o remédio disponível ao devedor é a realização do pagamento em consignação, ou seja, o depósito.

Desta forma, pode ainda o credor negar-se a receber ou então pode surgir um outro fato que venha a determinar o impedimento do pagamento direto pelo devedor, restando, então, ao devedor o pagamento em consignação, para não apenas se livrar da obrigação, mas também não se comprometer com os encargos, especialmente, não ficar em mora.

Dos requisitos

Os requisitos da consignação em verdade constam no art. 336 do CC. Desta forma, os requisitos são necessários *para que se possa dar validade ao pagamento.* Os requisitos são: em relação *às pessoas, ao objeto, ao modo, ao tempo e ao lugar de efetuar a consignação.*

Quanto à pessoa — deve a consignação ser proposta contra o credor.

Quanto ao objeto — deve consistir na entrega da coisa (objeto ou dinheiro) avençada e na quantidade devida.

Quanto ao modo — na maneira pela qual foi pactuada no contrato.

Quanto ao tempo — é o prazo, a data do vencimento aprazada no contrato e, quando ocorrer atraso, deve a obrigação ser acompanhada dos encargos da mora.

Quanto ao lugar — a consignação deve ser realizada no lugar em que o pagamento foi pactuado e, ainda, as prestações suscetíveis de serem consignadas são somente das obrigações de dar e que podem ser em espécie (*dinheiro*) ou objeto. Desta forma, é um absurdo imaginar-se o depósito de uma obrigação de *fazer ou de não fazer.* **A consignação tem efeito de pagamento.**

Levantamento do depósito pelo depositante

Para o levantamento do depósito, aplicam-se os arts. 338 e 340 do CC, nos quais o legislador foi objetivo para tal procedimento. Vejamos.

No primeiro caso, o levantamento pode ocorrer antes de qualquer manifestação judicial pelo credor.

No segundo caso, o levantamento do valor depositado após a aceitação ou a impugnação judicial do depósito pelo credor. Depende de autorização.

E, no terceiro, em caso de sentença que julgou procedente a ação, extingue-se a obrigação e o levantamento será autorizado judicialmente.

Deve-se, ainda, observar a possibilidade de serem adimplidas prestações periódicas, como no caso de dívidas de aluguel ou de alimentos. Nesse caso, o credor tendo-se recusado, o devedor poderá consigná-las à medida que forem vencendo, com força no art. 892 do CPC.

O procedimento para a consignação em pagamento pode ser *extrajudicial* quando se utiliza o meio de depósito via estabelecimento bancário, conforme o art. 890 do CPC, ou então sob a forma *judicial*, que de certa maneira é uma continuidade do extrajudicial, de acordo com o art. 893 do CPC.

Do procedimento do pagamento em consignação

O procedimento ocorre de acordo como previsto no Código de Processo Civil e parte do art. 890, o qual dispõe que:

> "Nos casos previsto em lei, poderá o devedor ou terceiro requerer, com efeito de pagamento, a consignação da quantia ou da coisa devida.
>
> § 1º Tratando-se de obrigação em dinheiro, poderá o devedor ou terceiro optar pelo depósito da quantia devida em estabelecimento bancário... cientificando-se o credor por carta com aviso de recepção, assinado o prazo de 10 dias para a manifestação de recusa.
>
> § 2º Decorrido o prazo referido no parágrafo anterior, sem a manifestação de recusa, reputar-se-á o devedor liberado da obrigação (...)
>
> § 3º Ocorrendo a recusa, manifestada por escrito ao estabelecimento bancário, o devedor ou terceiro poderá propor, dentro de 30 dias, a ação de consignação, instruindo a inicial com a prova do depósito e da recusa."

Os demais procedimentos estão previstos até o art. 900 do CPC.

Desta foma, julgada procedente a ação, o depósito equivale ao pagamento, cessando assim todas as demais obrigações acessórias, e no caso de julgada improcedente a ação, o devedor remanesce na mesma posição em que se encontrava no início, devendo pagar todas as despesas processuais.

A consignação nas relações trabalhistas não é aceita na forma extrajudicial de composição, desta forma, o procedimento regulado é o judicial. Portanto, nas relações trabalhistas, para que tenha validade e eficácia, somente o procedimento judicial é o admissível, conforme dispõe o **art. 765 da CLT**.

Desta forma, o pagamento em consignação permite o estudo do direito material e do direito processual. A consignação é instrumento de direito material destinado à solução de obrigação que tem por objeto prestações vencidas e especialmente as que o credor resolva ou não possa aceitá-las.

DO PAGAMENTO COM SUB-ROGAÇÃO

No pagamento com sub-rogação, mesmo ocorrendo o pagamento, a obrigação não se extingue. Na sub-rogação, a obrigação só se extingue em relação ao credor satisfeito, sobrevivendo em relação ao terceiro, interessado ou não, que pagou a dívida. A previsão legal consta nos arts. 346-351 do CC.

Em sentido amplo, sub-rogar é como colocar uma coisa em lugar de outra, ou uma pessoa em lugar de outra. Desta forma, nascem duas espécies de sub-rogação, que são a real e/ou pessoal. A sub-rogação traduz a ideia de substituição de sujeitos ou de objetos em uma determinada relação jurídica. Os aspectos relevantes definem melhor a sub-rogação, que se divide em legal e convencional.

Sub-rogação legal

Sub-rogação legal ocorre na fiança, em que o fiador pelo pagamento (*sem dever*), mas a lei lhe transfere a titularidade do direito *na mesma relação jurídica* de buscar pelo princípio da sub-rogação o seu crédito, isso porque o direito de crédito *não perece, a não ser em face do credor primitivo.*

A obrigação não se extingue com o pagamento, alterando-se apenas o *sujeito ativo ou o objeto da relação jurídica*, como no caso em que o fiador, ao pagar o débito, passa pela garantia da fiança, sendo-lhe transferida a titularidade do direito na relação jurídica.

Nesse caso, a obrigação não se extingue com o pagamento, pois entrou no campo da responsabilidade, alterando tão somente o sujeito ativo da relação.

Sub-rogação convencional

Na sub-rogação convencional, o devedor, uma vez descontente com o seu credor, obtém de um amigo dinheiro emprestado para pagar a dívida, estipulando-se, no mesmo ato, que o pagamento efetuado ao credor não extingue a obrigação, mas a transfere, com todos os seus acessórios e garantias, ao aludido amigo. *Aqui se altera apenas a pessoa do* credor — *uma sub-rogação convencional* ou que também se pode denominar *derivada da vontade das partes.*

A utilidade da sub-rogação é a de essencialmente *garantir* o reembolso para o *terceiro* que paga dívida *alheia*. O art. 346 do CC enumera os casos da sub-rogação legal e o art. 347 enumera os casos de sub-rogação convencional.

Como já afirmado, a sub-rogação tem semelhança com a cessão de crédito, mas são distintas. A sub-rogação não almeja lucro, pois o objetivo é o pagamento da dívida, porquanto a cessão de crédito tem como natureza principal o lucro.

A sub-rogação parcial ocorre quando terceiro, pagando parte da dívida, adquire, proporcionalmente, os direitos do credor em relação ao devedor, conforme o art. 351 do CC.

Para definir pagamento com sub-rogação, cita-se o conceito de **Henry de Page**, que afirma:

> "Na palavra mesma que exprime o conceito do latim, *sub rogare* ou *sub rogatio*, está contida a ideia de substituição, ou seja, o fato de uma pessoa tomar o lugar da outra, assumindo a sua posição e sua situação."

Para melhor entendimento da sub-rogação, cita-se artigos do Código Civil:

Da sucessão definitiva dos ausentes, temos:

" Art. 39. Regressando o ausente nos 10 anos seguintes à abertura da sucessão definitiva, ou algum de seus descendentes ou ascendentes, aquele ou estes haverão só os bens existentes no estado em que se acharem, os sub-rogados em seu lugar..."

Ainda, o art. 1.446 dispõe:

"Art. 1446. Os animais da mesma espécie, comprados para substituir os mortos, ficam sub-rogados no penhor."

Referente ao regime da comunhão parcial dos bens, temos:

"Art. 1659. Excluem-se da comunhão: I — os bens que cada cônjuge possuir ao casar, e os que lhe sobreviverem (...)."

Da mesma forma, no art. 1.668, no regime de comunhão universal de bens, também se excluem da comunhão os bens doados ou herdados com a cláusula de *incomunicabilidade* e os sub-rogados em seu lugar.

Segundo art. 1.719 do CC, quando se trata de bem de família, comprovada a impossibilidade de manutenção do bem de família, poderá o juiz extingui-lo ou autorizar a sub-rogação, ouvindo o instituidor e o representante do Ministério Público.

Deve-se verificar os **institutos da impenhorabilidade e da incomunicabilidade**.

10 DÉCIMA AULA

Da imputação do pagamento

Pelo princípio de que ninguém está impedido de contrair mais de uma dívida com a mesma pessoa, tal negócio é possível, porém, em caso de inadimplemento, surge a hipótese de ter-se de buscar pela imputação do pagamento a solução para o cumprimento da obrigação. Sua previsão legal é encontrada nos arts. 352-355 do CC.

A imputação do pagamento somente ocorrerá com a existência de dois ou mais débitos da mesma natureza, positivos e vencidos, devidos por um devedor a um só credor e o devedor indicará qual das dívidas pretende quitar.

Desta forma, a imputação do pagamento terá de ter a igualdade de sujeitos, a liquidez e o vencimento de dívidas da mesma natureza. Por isso, a imputação ocorre em atividades entre **os comerciantes e os industriais**, mas nada impede que ocorra entre sujeitos pessoas físicas.

Fato relevante é quando a quitação for omissa, assim escapando da norma, nesse caso, invoca-se as regras da imputação legal. Deve-se fazer a interpretação em conjunto dos arts. 354-355 do CC, com a seguinte ordem preferencial: a **primeira prioridade** é para os juros vencidos, em detrimento do capital; a **segunda prioridade** é para as dívidas líquidas e vencidas, anteriormente, em detrimento das mais recentes; e a **terceira prioridade** é para as dívidas mais onerosas, em detrimento das menos onerosas, se vencidas e líquidas ao mesmo tempo.

Mas, no caso em que todas as dívidas tiverem exatamente a mesma natureza, o mesmo vencimento e o mesmo valor, como ficará e como se resolverá o problema?

Nessa circunstância, **aplica-se a *analogia***, pelo princípio do regramento do art. 433, item 4 do Código Comercial de 1850 (*embora revogado*). O artigo em questão afirma que "sendo as dívidas da mesma data, e de igual natureza, entende-se feito o pagamento por conta de todas em devida proporção".

Desta forma, reafirmamos que o art. 433 do Código Comercial foi revogado pelo art. 2.045 do CC.

Esclareça-se que a doutrina continua sendo aplicada e não foi revogada ou superada. Assim, prevalece a aplicação do princípio da jurisprudência. Ainda, a imputação do pagamento ocorre pela indicação do devedor, por vontade do credor ou então em virtude da lei.

Por isso, constando ou não nas regras de pagamento, sendo ou não uma forma indireta de pagamento, imputação do pagamento, na definição de Clóvis Beviláqua, "é a operação pela qual o devedor de vários débitos da mesma natureza, a um só credor, declara qual deles quer extinguir".

Para Lacerda de Almeida, a imputação ocorre quando

> "o pagamento é insuficiente para saldar todas as dívidas do mesmo devedor ao mesmo credor, surge a dificuldade de saber a qual ou a quais delas aplica-se o pagamento. Esta aplicação do pagamento à extinção de uma ou mais dívidas é o que se chama em direito de imputação do pagamento".

Na definição, encontramos os pressupostos necessários para que se possa estudar e analisar a imputação do pagamento, e que são a *pluralidade de débitos* — não se pode cogitar a imputação com apenas um débito de acordo do art. 314 do CC; a *identidade de sujeitos* — as diversas relações obrigacionais devem ligar o mesmo devedor e o mesmo credor, conforme o art. 352 do CC; e a *igual natureza das dívidas* — os débitos deverão estar revestidos das mesmas características de *fungibilidade* recíproca, liquidez e de já estarem vencidos.

Portanto, no caso de *infungibilidade* da dívida, não pode o devedor pretender que se impute num débito o pagamento efetuado em espécie, diferente da prestação ali exigível.

Como exemplos da imputação do pagamento, temos:

Primeiro — suponhamos que alguém, como sujeito devedor de um automóvel, de um apartamento e da importância de R$ 100.000,00 (cem mil reais), não pode pleitear a imputação, oferecendo ao credor o pagamento da prestação na importância de R$ 80.000,00 (oitenta mil reais) na primeira ou na segunda dívida descrita. Desta forma, o *pagamento, para ter validade, deve ser na terceira, ou seja, no valor de R$ 100.000,00*, em razão da mesma natureza da dívida.

Segundo — no mesmo sentido, se alguém possui um débito de *quatro prestações*, sendo a primeira parcela no valor de R$ 100,00 (cem reais), a segunda prestação no valor de R$ 200,00 (duzentos reais), a terceira prestação no valor de R$ 300,00 (trezentos reais) e a quarta prestação no valor de R$ 400,00 (quatrocentos reais). Assim, suponhamos que o sujeito devedor ofereça o pagamento de R$ 200,00 (duzentos reais) pretendendo *imputar o pagamento* na dívida de R$ 400,00 (quatrocentos reais), tal procedimento é impossível. Qual a razão? A razão é simples.

Não pode o sujeito devedor pleitear que se impute o pagamento na dívida de R$ 400,00 (quatrocentos reais), pois, desse modo, estaria forçando o sujeito credor a receber de forma parcelada uma prestação que lhe é devida por inteiro.

A imputação em pagamento é um benefício que a lei, ordinariamente, confere ao devedor, permitindo-lhe indicar em quais os débitos deseja imputar a prestação que oferece.

Por isso, o legislador oportunizou três espécies de imputação, as quais são:

1. A imputação feita por vontade do devedor — aqui a lei protege o devedor — art. 352 do CC;

2. A imputação feita por vontade do credor — o devedor, embora seja protegido, abre mão da prerrogativa da escolha e, ao efetuar o pagamento, não declara em qual das dívidas quer imputar, desta forma, o direito é transferido ao credor — art. 353 do CC, e

3. A imputação ordenada pela lei — no silêncio do credor e devedor, aplica-se o art. 355 do CC.

DA DAÇÃO EM PAGAMENTO

Concluído o estudo da consignação em pagamento, pagamento com sub-rogação e imputação do pagamento, vamos estudar a *dação em pagamento* prevista nos arts. 356-359 do CC.

A dação em pagamento, quando surgiu, tinha o entendimento de ser a de entrega, na qual o devedor, pela forma diversa da convencionada, buscava a extinção de sua obrigação. Portanto, o devedor fazia a entrega de coisa pela maneira diversa daquela que fora convencionada pelos contratantes.

Desta forma, a dação em pagamento é um acordo de vontades entre credor e devedor, por meio do qual o primeiro concorda em receber do segundo o objeto oferecido em dação, e esse ato determina a exoneração do devedor, com a quitação da dívida, com prestação diversa da que lhe era devida.

Há de se salientar que o credor possui o direito de aceitar em receber a coisa proposta de forma diversa da que foi convencionada. Esse direito em receber ou não constitui um direito legal do credor. A natureza jurídica da dação em pagamento é de um contrato liberatório, diferentemente dos demais contratos, cujo efeito é gerar uma obrigação, e ainda tem o propósito de evitar o recolhimento de tributos desnecessariamente.

Por isso, o credor não pode ser obrigado a receber coisa diversa da que constitui o objeto da prestação, de acordo com o previsto no art. 313 do CC.

Por outro lado, o art. 356 do CC dispõe que *o credor pode consentir em receber prestação diversa da que lhe é devida*. Portanto, é essencial o consentimento do credor, não bastando que aceite a coisa, é preciso que *a receba como pagamento*.

A dação em pagamento pode recair em dívida de qualquer espécie, mas não se pode confundir com outros institutos que se preservam em caso de seu procedimento.

No caso do contrato de *compra e venda*, embora exista semelhança entre dação em pagamento e compra e venda, esses institutos são inconfundíveis. Existindo *preço*, as normas serão reguladas pelo contrato de compra e venda.

Na *cessão de crédito*, em se transferindo um título de crédito, a transferência do crédito importará em cessão. No caso em que Chaves, sendo devedor de Xavier da quantia de R$ 10.000,00 (dez mil reais), não podendo pagar a importância, mas propõe-lhe a entrega de títulos de crédito, aplica-se o art. 358 do CC.

A *novação* visa a solver débitos precedentes, criando um novo contrato obrigacional, porquanto a dação em pagamento visa ao término da obrigação.

A *dação em pagamento* também não pode ser confundida com as obrigações *alternativas* e *facultativas*. Nas obrigações alternativas, as partes estipulam no próprio título obrigacional a diversidade de prestações. Na obrigação *alternativa*, as partes ajustam no contrato obrigacional que o devedor se obriga a entregar uma quantia em moeda corrente nacional ou um imóvel.

Na obrigação *facultativa*, que possui muita semelhança com a alternativa, as partes contratam previamente uma prestação subsidiária. No caso em que o devedor se obriga com a entrega de um determinado produto agrícola (descrita sua espécie), porém, pactuam em cláusula escrita a *faculdade*, em caráter subsidiário, em que não sendo possível o cumprimento da obrigação principal, no caso de estiagem e do não colhimento do produto, poderá o sujeito devedor exonerar-se da obrigação com a entrega da quantia em dinheiro.

Para que se ultimem os requisitos da ***dação em pagamento***, são necessários os seguintes pressupostos: primeiro, que a coisa dada em pagamento seja outra que não o objeto da prestação; segundo, a diversidade da prestação; terceiro, que o credor dê sua concordância a tal substituição, por escrito ou verbal, tácita ou expressa; quarto, a existência de uma dívida vencida; e quinto, o ânimo da dação é exatamente sua extinção.

DA EVICÇÃO

No art. 359 do CC aparece a expressão *evicção da coisa* recebida em pagamento. A evicção é a perda total ou parcial de uma coisa, em virtude de sentença judicial que a atribui a terceiro, que não ao alienante e ao adquirente, o direito sobre o objeto.

Na garantia da evicção, sofre o sujeito credor, que, após ter recebido em pagamento uma coisa, assiste à reivindicação desta, por uma terceira pessoa, que prova ser seu dono na qualidade de proprietário ou simples possuidor.

Carvalho de Mendonça afirma que

> "a dação é uma forma de pagamento, não se compreende que este se possa fazer senão de modo a liberar o devedor e satisfazer plenamente aos interesses do credor. Ora, se o que aquele prestou não era seu, não pode ver de que modo ele possa se exonerar".

Por outro lado, Antunes Varela sustenta que

> "a dação em cumprimento, vulgarmente chamada pelos autores de dação em pagamento, consiste na realização de uma prestação diferente da que é devida, com o fim de, mediante acordo do credor, extinguir imediatamente a obrigação".

DA NOVAÇÃO

A novação é a criação de uma obrigação nova, com a extinção da obrigação original (anterior). Portanto, é a substituição de uma dívida por outra, extinguindo-se a primeira. Sua previsão legal consta dos arts. 360-367 do CC.

O maior objetivo da novação é a simplificação, pela dispensa da realização de duas operações distintas (ou seja — a extinção de antiga e a criação de nova obrigação).

Ocorre a novação quando o devedor de juros não os paga e ajusta com o credor sua incorporação no capital. A primeira dívida, que é representada pelos juros, desaparece, para ser substituída por outra, constituída por aumento do capital do débito principal.

Com efeito, a obrigação nova que extingue a anterior difere da anterior por apresentar um *elemento novo*. A esses elementos novos, quanto às espécies, se diz novação objetiva e subjetiva.

A *novação objetiva* refere-se ao objeto ou à causa da obrigação — ou seja, quando o sujeito devedor contrai com o sujeito credor *nova dívida* para extinguir e substituir a dívida anterior. Assim, a nova obrigação pode ser de um objeto ou da prestação de um serviço.

A *novação subjetiva* refere-se à troca dos sujeitos da relação jurídica, podendo ser *novação subjetiva ativa*, que é a substituição do sujeito credor, ou *novação subjetiva passiva*, que é a modificação do sujeito devedor.

A *novação mista* ocorre quando se alteram os sujeitos (*credor e devedor*) ou quando se muda o conteúdo ou então o objeto da relação obrigacional.

Exemplo: suponhamos que o pai assuma uma dívida contraída em moeda corrente nacional pelo filho (*aqui se confira a mudança do devedor*), mas o novo devedor (pai) imponha condição de que pagará o débito, porém, mediante prestação de determinado serviço (*temos a mudança do objeto).*

Desta forma, surge pelo art. 362 do CC o que se **denominou de *expromissão***, que é a presença de uma terceira pessoa que assume a dívida do devedor originário, substituindo-o sem o seu assentimento, mas com a concordância do sujeito credor, surgindo o novo sujeito devedor.

Os pressupostos na novação são indispensáveis, pois em sua falta não é possível a formação da novação. **Os pressupostos são**: a **existência jurídica de uma obrigação** — *existência de uma obrigação anterior;* a constituição de nova obrigação — *criação de uma obrigação nova;* o elemento novo — *inovação que pode recair sobre o objeto ou sobre os sujeitos ativo e passivo;* o **animus novandi** — *é de grande importância, aliás, determinado pela lei — art. 361 do CC;* a **capacidade das partes** — *a capacidade de constituir novação do negócio jurídico, indispensável se faz as partes serem capazes* e a **legitimidade** representada pela correta representação no negócio.

Exemplo: a legitimação ocorre quando o *procurador puder pleitear ou aceitar novação, e isso se dá quando o mandatário estiver legitimado para tanto, e a legitimação ocorre com a apresentação do competente mandato expresso* (procuração).

Portanto, ausente qualquer dos pressupostos, importará na impossibilidade de reconhecimento da ocorrência de novação. Desta forma, não estando presentes os pressupostos, deverá ser dada outra tipificação ao ato negocial jurídico.

Pontos relevantes

Para que se tenha a *existência jurídica na novação*, não pode ser objeto de *novação* uma obrigação *nula por exemplo*. Desta forma, inexistente a obrigação, inexistente a novação; porém, sendo simplesmente *anulável* a obrigação, a novação passa a ser admitida pelo princípio da existência, e da possibilidade de vir a ser rescindida judicialmente a obrigação, desde que haja interesse pela parte do negócio.

O principal efeito da novação é extinguir a dívida anterior, desta forma, extinguindo-se o principal, extinguem-se os acessórios. Admite, porém, a lei a possibilidade de sobrevivência dos acessórios na obrigação nova, como pelo que dispõe o art. 364 do CC, não tendo nenhuma previsão ao contrário.

Por isso, podemos afirmar que novação vem a ser o ato que cria uma nova obrigação, a qual tem como finalidade e destino a extinção da obrigação precedente; desta forma, substituindo a obrigação antiga.

Para Ruggiero, a definição de novação é "um ato de eficácia completa, que repousa sobre uma vontade destinada a extinguir um crédito pela criação de um novo".

Portanto, para que ocorra a novação, será necessária uma modificação substancial na obrigação antiga. A obrigação terá de trazer como ponto relevante um elemento novo que pode ser relativo ao objeto, à prestação ou aos sujeitos integrantes da obrigação.

DÉCIMA PRIMEIRA AULA

Da compensação

O instituto da compensação determina a forma de extinção das obrigações entre pessoas que são ao mesmo tempo credoras e devedoras uma da outra. A utilidade do instituto da compensação ocorre pela função econômica que desempenha de acordo com os arts. 368-380 do CC.

Desta forma, compensação é um meio especial de extinção das obrigações, até onde se equivalem, entre pessoas, que são, ao mesmo tempo, *devedoras e credoras* uma da outra.

Para Clóvis Beviláqua, compensação "é a extinção de obrigações recíprocas, que se pagam uma por outra, até a concorrência de seus respectivos valores, entre pessoas que são devedoras uma da outra".

As principais vantagens da compensação são as de eliminar a circulação inútil da moeda, evitar o duplo pagamento, a garantia de assegurar o seu crédito e, ao mesmo tempo, seu débito, como no caso da falência, e, ainda, pode ser apontado que a compensação é utilizada no comércio bancário via câmara de compensação. A compensação pode ser legal, convencional e/ou judicial.

Legal

A compensação legal decorre da lei, baseada nos pressupostos exigidos pela legislação, produzindo seus efeitos independentemente da vontade das partes e se realiza ainda que uma delas se oponha.

Desta forma, a compensação legal pode ser arguida em contestação, em ação de reconvenção e até mesmo em embargos ou impugnação, sempre respeitada a ordem prevista no Código de Processo Civil.

Os principais requisitos da compensação legal são a reciprocidade das obrigações — *requisito fundamental pela extinção da obrigação*; a liquidez das dívidas — *não pode existir dúvida sobre a* dívida *e sobre* quanto *é o débito, diz-se ser ele líquido* — a **exigibilidade atual das prestações** — *que estejam vencidas as prestações;* a fungibilidade dos débitos — *que as prestações sejam não apenas* *fungíveis, mas fungíveis entre si, ou seja, homogêneas, caso contrário, não se compensam.* Exemplo: a do *carvão e a do açúcar* que são coisas fungíveis, entretanto não são homogêneas (não são fungíveis entre si).

Convencional

A compensação convencional ou voluntária resulta de um acordo de vontade entre as partes, incidindo em hipóteses que não se enquadram nas compensações legais. É o caso de uma estipulação livre, dispensando-se alguns dos requisitos da compensação, desde que se respeite a ordem pública.

Assim, no caso de o credor de dívida *vencida*, que é reciprocamente devedor de dívida *vincenda*, poder disponibilizar do prazo que o beneficia e compensar uma obrigação com outra, podemos definir como sendo uma compensação facultativa.

Exemplo: no caso da compensação convencional, se A deve para B a importância de R$ 10.000,00 (dez mil reais) e, por sua vez, B deve para A um quadro de Picasso e este esteja avaliado em R$ 10.000,00 (dez mil reais). Sem que se ajuste a compensação amigável, esta será impossível por faltar-lhe o requisito essencial que é o do *acordo de vontade das partes*.

Judicial

A compensação judicial é a determinada pelo Juízo. Portanto, a compensação judicial é determinada por ato decisório do magistrado que percebe no processo a possibilidade do fenômeno e, em cumprimento das normas aplicáveis à compensação legal, as aplica. A compensação também ocorre quando dois sujeitos aleguem direito de crédito, ou seja, os dois sujeitos aleguem a qualidade de credores.

Exemplo: suponhamos que José entenda ser credor de João por acidente de trânsito e proponha ação competente. No prazo da apresentação da defesa (*contestação*), João alega que não teve culpa no acidente, aliás, Pedro é quem teria causado e seria o culpado. Nessa hipótese, pode apresentar contestação e também a **ação de reconvenção**.

Nesse caso, o magistrado, ao *julgar procedente a* **ação de cobrança e a *ação de reconvenção***, estaria reconhecendo os dois créditos, ou seja, o valor da cobrança e o valor da reconvenção.

Nessa circunstância, o magistrado pode determinar a compensação judicial, ou seja, em caso de diferença de valor, apenas será pago o valor da diferença.

Das dívidas não compensáveis

Porém, existem casos especiais em que não são admitidas a compensação e a exclusão, podendo ser convencional ou legal.

No caso convencional, o obstáculo é criado pelas próprias partes, pela manifestação da vontade, e, isso ocorrendo, temos a exclusão da compensação de forma bilateral.

No caso legal, a compensação decorre em alguns casos **pela *causa*** de uma das dívidas, e, em outros, ***da qualidade*** de um dos devedores.

Desta forma, não se pode admitir o aproveitamento da compensação em alguns casos especiais.

No primeiro, em caso de esbulho, roubo ou furto, em razão de ordem moral pelos atos ilícitos que foram praticados (bens que não pertencem ao possuí-los pelo ilícito).

Em segundo, nos casos de comodato e depósito, em virtude de que o contrato estabelece que os objetos deverão ser devolvidos nas mesmas condições que foram recebidos pelos comodatário e depositário.

Em terceiro, no caso dos alimentos, que pela sua finalidade é assistencial, não podem ser compensados.

Em quarto, as coisas não suscetíveis de penhora, como no caso de créditos provenientes de salários (*o salário é impenhorável*), salvo para fins de alimentos e por determinação judicial.

DA CONFUSÃO

A obrigação pressupõe a existência de dois ou mais sujeitos, quais sejam, o sujeito ativo e o sujeito passivo, podendo ser pessoa física ou jurídica. A previsão legal da confusão encontra-se nos arts. 381-384 do CC.

Desta forma, o credor e o devedor devem ser pessoas diferentes. Se essas duas qualidades, por alguma circunstância, se encontrarem em uma só pessoa, extingue-se a obrigação, fazendo surgir a confusão, que é a reunião de uma obrigação na mesma pessoa, ou seja, na mesma relação jurídica, surgindo a qualidade de credor e devedor.

Exemplo: suponhamos *no testamento anulado, em que o herdeiro ou legatário de um crédito é o próprio devedor.* No momento da abertura da sucessão, a relação obrigacional se extingue, pois se confundem o sujeito credor e o sujeito devedor.

A confusão pode ser por ***ato mortis causa* ou por *ato inter vivos***. No caso de ato *mortis causa*, nasce quando o sujeito devedor também é credor por força da sucessão. Como no exemplo, em que o devedor seja sobrinho do credor e, no caso de falecimento do tio (credor), o sobrinho (devedor), porém, na qualidade de herdeiro do tio, passa a adquirir, por sucessão, o direito à herança.

No caso de ato *inter vivos*, a confusão acontecerá quando o sujeito que subscreveu um título de crédito, no caso de um cheque, ao firmá-lo, comprometeu-se em pagar o valor descrito no título (*cheque*), e como título de pagamento à vista e sendo possível seu endosso (em caso de ser o cheque nominal), poderá circular em mãos de diversos sujeitos e, após circular, poderá voltar ao próprio sujeito emitente. Desta forma, teremos a extinção da obrigação pela confusão.

Pode surgir a confusão denominada *imprópria*. Essa confusão nasce quando se reúnem na mesma pessoa as condições de garante na qualidade de sujeito ativo ou de sujeito passivo.

Neste caso, na confusão *imprópria*, ela não tem força de extinção da obrigação primitiva, mas apenas em relação à obrigação acessória. Exemplo: no caso de estarem na mesma qualidade de sujeito *fiador* e sujeito *devedor* ou de *dono da coisa hipotecada* e de sujeito *credor*.

As *espécies e as fontes da confusão* podem ser total ou parcial. Em regra, a confusão deriva da sucessão hereditária, em que o devedor sucede ao credor ou vice-versa.

Distinção entre confusão e compensação

Na confusão, temos a reunião em uma única pessoa das duas qualidades, ou seja, de credor e devedor, e assim determinando a extinção da obrigação. Na compensação, continuará a dualidade de sujeitos, com isso, existirá direitos a créditos e débitos em ambos os casos. Na confusão, os efeitos determinam a extinção do principal e com isso também ocorre a extinção dos acessórios, como no caso da fiança e do penhor.

Mas, por outro lado, devemos estar atentos quanto à dívida contraída pelo devedor, porque ela permanece se a confusão se operar nas pessoas do credor e do fiador. Nesse caso, extingue-se a fiança, porque ninguém pode ser fiador de si próprio, mas a obrigação não se extingue.

Cabe ressaltar a definição de Carvalho de Mendonça o qual afirma que a

> "confusão pode ainda deixar de produzir seus efeitos por convenção entre as partes, isso, porém, só em relação a elas, nunca em relação a terceiros, a respeito dos quais não podem fazer reviver as obrigações extintas. Se, porém, é ela revogada por motivos inerentes à sua existência legal, então revive e opera retroativamente, mesmo contra terceiros, na extensão referida".

DA REMISSÃO DAS DÍVIDAS

A remissão de dívidas é a liberalidade do credor em dispensar o devedor de pagar a dívida. Assim, remissão é o perdão da dívida e somente pode ser entre as partes, desta forma, não se concede remissão das dívidas se vier em prejuízo de terceiros. Dispositivo legal — arts. 385-388 do CC.

Desta forma, a remissão é a liberação graciosa de uma dívida ou a renúncia efetuada pelo credor que, espontaneamente, abre mão de seus direitos creditórios, colocando-se na impossibildiade de o receber. A remissão pode ser expressa ou tácita.

Tácita

A remissão tácita ocorre quando da entrega voluntária do título da obrigação, constituída por escrito particular, prova da desoneração do devedor e de seus coobrigados. Nesse sentido, deve-se verificar que a dívida, sendo representada por instrumento particular, *a mera entrega voluntária do documento pelo credor cria a presunção de pagamento.*

Expressa

A remissão expressa ocorre por meio da manifestação formal *inter vivos* ou *mortis causa*. Para que se possa configurar como remissão expressa, é necessário que se faça uma declaração formalizada pelo credor.

No caso de bens penhorados, aplica-se o art. 387 do CC, e no caso de solidariedade passiva, aplica-se o art. 388 do CC.

Para melhor entender a remissão expressa, que pode ser escrita ou verbal, no caso da escrita, pode ser por meio de carta, testamento ou bilhete.

A remissão verbal ocorre quando uma pessoa, diante de um grupo de pessoas, declara, de forma pública, que perdoa a dívida do sujeito devedor. Tal comportamento não pode ser desprezado pelo judiciário, em caso de apreciação.

No caso da remissão *inter vivos*, quando expressa em lei, que no caso é concedida a critério do agente público, a isenção do pagamento de determinado tributo, pelo valor insignificante. No caso da remissão *mortis causa*, é o que constar no testamento.

Diferença entre doação e remissão

Na *remissão*, nem sempre estará presente o *intuito de liberalidade*, sendo irrelevante a razão do perdão. Na remissão, o relevante é a extinção da obrigação.

Na *doação*, diferentemente da remissão, a parte doadora o faz por *liberalidade*, transferindo bens e objetos de seu patrimônio ao donatário, sem qualquer interesse (no caso de doação pura). Portanto, é um contrato de natureza gratuita e unilateral.

Questão terminológica

A remissão tem conceituação para o direito material e para o direito processual. Assim, há de se ter o cuidado, pois existem duas formas de entendimento jurídico para a remissão e, com isso, temos **remissão com dois "SS" e remição com "Ç"**. A remissão com dois "SS" significa perdão da dívida e tem natureza jurídica de extinção das obrigações, direito material. A remição com "Ç" tem o significado de resgatar, de liberação do domínio, o qual pode ser de bens ou da própria dívida executada, temos o direito processual.

Desta forma, faz-se menção ao que dispõem atualmente os arts. 651, 652, 685-A e 685-B do CPC.

DÉCIMA SEGUNDA AULA

Da extinção da relação obrigacional sem pagamento

No direito das obrigações, existe a possibilidade de *extinção* das obrigações sem pagamento. A utilização dos mecanismos da *prescrição, da decadência, do caso fortuito, da força maior, do advento de condição resolutiva e do termo extintivo permite a extinção da obrigação sem o seu cumprimento.*

No **prescrição**, temos a extinção da obrigação em razão da inércia de seu titular. Desta forma, extingue-se a ação e, no caso da **decadência**, extingue-se o direito.

No ***caso fortuito*** **e na** ***força maior***, libera-se o sujeito devedor da obrigação, por ocasionar a impossibilidade de cumprimento da prestação devida, salvo se as partes convencionarem o contrário ou se configurarem as hipóteses previstas nos arts. 246 e 394 a 399 e 667, § 1º do CC.

Cabe ressaltar que doutrinadores sustentam que **caso fortuito e força maior** são sinônimos. Sim, são sinônimos quando da impossibilidade do cumprimento da obrigação, mas distintos como já observado, ou seja, a força maior advém do elemento humano, como o furto, o roubo, e o caso fortuito advém da manifestação da natureza, como o raio, a inundação, etc.

No caso do ***advento de condição resolutiva*** e/ou de *termo extintivo,* aplicam-se os arts. 121, 127 e 128 do CC. A **condição resolutiva** é uma cláusula que subordina a ineficácia da obrigaçao ao advento futuro e incerto, de modo que sua verificação extinguirá, para todos os efeitos, a obrigação assumida.

Uma noção entre **inexecução voluntária** ocorre quando o devedor deixa de cumprir com a obrigação de forma *dolosa* ou *culposamente* a prestação devida, sem dirimente do instituto do caso fortuito ou da força maior, e, ainda, no caso do descumprimento voluntário ou involuntário do dever jurídico por parte do sujeito devedor.

DA PRESCRIÇÃO E DECADÊNCIA

Primeiramente se deve fazer a distinção entre prescrição e decadência. Prescrição e decadência são dois institutos que nasceram com o Direito romano e, apesar de todo esse tempo, continuam a desafiar os lidadores do Direito.

Se as dúvidas eram tantas, embora com vasta legislação, com certeza não só as dúvidas aumentaram como também passaram a existir, porém com um novo componente, ou seja, a angústia dos juristas, afinal, o exposto na Lei n. 10.406, de 10 de janeiro de 2002, fez com que no tema *espécies de prazos extintivos*, mesmo com defensores da inexistência de diferenças entre as duas espécies, renascesse o debate da complexidade da matéria que trata de prazos extintivos.

A grande complexidade, em princípio, é por ter englobado indiscriminadamente, sob a mesma denominação e subordinados a um mesmo capítulo, os prazos de prescrição e os prazos de decadência, e, assim, dando-lhes tratamento igual.

A distinção entre os dois institutos é flagrante. De forma simples, a *prescrição extingue a ação* e a *decadência extingue o direito.*

Decadência é o prazo estabelecido pela lei, ou pela vontade das partes, quando prefixado ao exercício do direito pelo seu titular, e de prescrição quando fixado não para o exercício do direito, mas para o exercício da ação que o protege.

Um questionamento é oportuno que se faça. *Por que razão há prazos de prescrição e prazos de decadência?*

A distinção existe justamente para demonstrar que há ações que conduzem à prescrição e ações que conduzem à decadência, quando seria muito mais simples unificar os conceitos e dar uma só denominação aos principais efeitos da incidência do tempo sobre as relações jurídicas.

Por isso, embora os dois institutos tenham fundamentos comuns, divergem quanto ao objeto e quanto aos efeitos. O efeito imediato da decadência é a extinção *do direito*, ao passo que o da prescrição é a extinção *da ação.*

Orlando Gomes sustenta que dois princípios interessam de perto à matéria em análise:

> o primeiro da disponibilidade, no qual o exercício dos direitos é facultativo, isso porque ninguém é obrigado a exercer esses direitos, e o segundo, da inesgotabilidade, que significa que os direitos não se esgotam pelo não uso.

Por outro lado, temos uma forma extremamente simples e de fácil aplicação que permite, com absoluta segurança, identificar, em princípio, as ações sujeitas à prescrição ou à decadência e as ações denominadas perpétuas ou imprescritíveis.

Prescrição: estão sujeitas à prescrição todas as ações condenatórias.

Decadência: estão sujeitas à decadência as ações constitutivas que têm prazo especial de exercício fixado em lei.

Imprescritíveis: estão sujeitas à declaração de imprescritibilidade as ações constitutivas que não têm prazo especial de exercício fixado em lei e todas as ações declaratórias.

As proposições fazem observar que não há ações condenatórias imprescritíveis, nem sujeitas à decadência; não há ações constitutivas sujeitas à prescrição, e não há ações declaratórias sujeitas à prescrição ou à decadência.

Trata-se de uma contribuição modesta, sem um aprofundamento num maior comparativo do direito material e do direito processual, mas que coloca algumas questões para um exame inicial sobre o tema que é controvertido e que possui distinção, embora haja autores que defendam justamente o contrário.

Da prescrição, preclusão e decadência: hipótese concreta

Seja qual for a pesquisa que se faça, sempre haverá a necessidade de que se tenha presente uma hipótese concreta, pois, dessa forma, o acadêmico e os estudiosos do Direito terão maior entendimento e compreensão entre o direito material e o processual.

Hipótese concreta

Suponhamos que o credor tenha emprestado o valor de R$ 100.000,00 ao devedor e este tenha documentado a dívida entregando ao credor um título de crédito, representado por uma nota promissória no mesmo valor, marcando o vencimento para 30 de maio de 2004.

Desta forma, o credor passou a ter o direito a receber os R$ 100.000,00, mais os juros convencionados na data do vencimento do título cambiário.

Porém, no vencimento do título, a obrigação não foi cumprida, sendo que o credor passou a ter a pretensão à tutela jurídica, de receber seu crédito, enquanto, por outro lado, surgia para o devedor a obrigação de atender ao seu compromisso com o pagamento.

Pontes de Miranda afirmava que há conceitos de direito material e de direito processual para com ela se defender na ação, e mais, em sua obra Tratado de Direito Privado, orienta que a todo *direito* corresponde uma *ação*, e tem a finalidade de assegurar ao credor o direito de receber o seu crédito, assim como terá o devedor o direito do exercício dos meios de defesa, entre os quais se inclui a *exceção*. Portanto, podemos sinalizar que na correlação sempre ocorrerá: um direito e um dever; uma pretensão e uma obrigação; uma ação e uma exceção.

Exceção e prescrição

Para o melhor entendimento, descreve-se que as ações podem ter eficácias preponderantemente ***declarativas, constitutivas, condenatórias, mandamentais***

ou executivas, porém as exceções terão eficácia apenas nos procedimentos declarativos. Por isso, toda exceção apenas encobre a eficácia, significando que não serão extintos o direito, a pretensão, a existência e a validade jurídica dos negócios.

Assim, estão sujeitas à prescrição todas as ações condenatórias. Da mesma forma estão sujeitas à decadência as ações constitutivas, que têm prazo especial de exercício fixado em lei, e as imprescritíveis estariam ligadas às ações constitutivas, que não têm prazo especial de exercício fixado em lei e todas as decisões declaratórias.

Alguns tipos de ações

1. Declaratórias: Rescisão de contrato com perdas e danos, ausência de relação jurídica.

2. Constitutivas: São ações que visam a anular um negócio jurídico por apresentar vício de consentimento ou social, podendo ser positivas, como a investigação de paternidade e o suprimento de consentimento, e as negativas, como a separação/divórcio e rescisória de contratos.

3. Mandamental: Aparecem em quase todas as ações declaratórias (como o usucapião e a consignação em pagamento) e constitutivas (como a remição de imóvel hipotecado e o cumprimento de testamento). A ação mandamental ocorre com pedido de *habeas corpus*, embargos de terceiro, mandado de segurança.

4. Executivas: Todas as execuções de títulos de crédito (cheque, duplicata, nota promissória) e de sentença.

5. Condenatórias: Estão previstas especialmente nas obrigações de não fazer, com pedido de antecipação de tutela.

Essa razão determina que se faça um estudo mais complexo das exceções, as quais podem ser dilatórias ou peremptórias. Dilatória significa *dilatar, alargar*, porquanto peremptória *significa que foi tomada em todo o caminho* e que, por isso, não pode ser confundida com extinção.

As **exceções dilatórias** encobrem a eficácia de forma temporária em conformidade com o exposto no art. 476 do CC brasileiro, cujo artigo sustenta que, "nos contratos bilaterais, nenhum dos contratantes, antes de cumprida a sua obrigação, pode exigir o implemento da do outro".

As exceções peremptórias ou permanentes encobrem a eficácia para sempre, de forma definitiva, que é a *prescrição.*

Assim, voltando ao ponto inicial, do exame da obrigação entre credor e devedor, da importância de R$ 100.000,00 (cem mil reais), vencido o título, sem pagamento, e esgotados os esforços amigáveis de cobrança, tem o *credor* o direito da *ação*, tanto no sentido de direito material como de direito processual, a qual pode ser exercida pela pretensão à tutela jurídica provocada via prestação jurisdicional na execução contra o *devedor*, para receber o referido crédito, assim como terá este o direito de exceção, a qual somente será possível ser arguida como exceção(1).

Portanto, a prescrição tem por fundamento, via exceção, proteger quem não seja mais devedor e possa não mais ter a prova da inexistência de sua dívida, surge como mediador e serve como segurança à paz pública, limitando, no tempo, a eficácia das pretensões e das ações.

Por isso, admitindo que o credor tenha contra si a exceção arguida, ou seja, a declaração de prescrição, deve-se utilizar corretamente a forma de falar, pois, de acordo com os ensinamentos dos mestres, constitui um erro utilizar a expressão "direito prescrito" ou "dívida prescrita", sendo corretas as expressões técnicas como: "o direito teve prescritas as pretensões ou ações que dele se irradiavam", ou, ainda, "é esta uma dívida com pretensão ou ação prescrita".

Há de se fazer uma distinção entre a exigibilidade jurídica e a exigibilidade moral do adimplemento. Isso porque, prescrevendo a pretensão e a ação do credor, para receber seu crédito do devedor, temos o desaparecimento da exigibilidade jurídica do pagamento, porém o crédito do credor contra o devedor não foi destruído, nem cancelado, muito menos apagado; dessa forma, persiste a exigibilidade moral de a obrigação ser cumprida. Com isso, pode-se afirmar que, *moralmente*, a prescrição nenhuma eficácia produz no tocante a justificar a inexecução da obrigação ou de qualquer outra forma de apropriação da propriedade.

Por fim, para concluirmos essa primeira etapa, pode-se afirmar que a prova de que o direito não se extinguiu com a mera prescrição, mas que encobre a eficácia de pretensão e do direito, reside no fato de que, se o devedor decidir pagar ao credor os R$ 100.000,00, depois de prescrita a ação de cobrança da citada dívida, esse pagamento será igual ao cumprimento de obrigação, fundada em direito, e não será, como alguns defendem, uma doação. Quem paga dívida cuja ação prescreveu está pagando e nunca fazendo doação.

Preclusão e decadência

A expressão decadência, sob a alegação de que o direito cai, não é corroborada por Pontes de Miranda, que impugna a expressão decadência, tendo afirmado

(1) Como afirmava Pontes de Miranda: *prescrição é a exceção, que alguém tem, contra o que não exerceu, durante certo tempo, que alguma regra jurídica fixa a sua pretensão ou ação.*

que "o direito cai, mas não decai". O direito, na verdade, não pode decair, porque decair, nesse caso, significa entrar em decadência, baixar de condição, com isso se pode observar que ou existe ou não existe o direito e que, por isso, não pode ser melhor nem pior, perfeito ou decadente.

Se direito havia e passou a não haver, extinguiu-se, portanto, desfez-se, desconstituiu-se o direito. É oportuno reafirmar que o direito não decai, porém o titular do direito pode decair do direito, isso porque ele pode perder o direito que se extinguiu, como também, da mesma forma, que alguém decai de sua autoridade por ter perdido pela extinção.

Dessa forma, decadência significa perda do direito, pelo seu titular, isto é sinônimo de preclusão e de caducidade. Por isso, sempre será importante o prazo. Prazo de decadência é aquele decorrido no qual o titular do direito decai de tal titularidade porque o próprio direito deixou de existir no mundo jurídico.

O termo prazo, para Pontes de Miranda "diz-se ao trato de tempo, quiçá o minuto, em que se inicia ou acaba o tempo medido, prazo, o lapso entre dois termos, inicial e final". A preclusão é a extinção de efeitos jurídicos, ou seja, preclui o que deixa de estar no mundo jurídico: estava e deixou de estar.

Preclusão, como afirma Érico Maciel Filho, é para facilitar a compreensão, ou seja, *é o fechamento definitivo de oportunida*de: **"o que eu podia fazer, até o momento que é nominado pelo prazo final, nunca mais poderei fazer, isso porque perdi a oportunidade e nunca haverá outra"**, sendo que a perda da oportunidade é a parte fundamental do direito.

Na preclusão, a pretensão, o direito, a ação e exceção morrem ou simplesmente deixam o mundo jurídico pela extinção com o advento do *dies supremus*, que significa termo final do prazo preclusivo, em outras palavras, é igual ao prazo de decadência ou prazo de caducidade.

O prazo preclusivo faz supor que, após ter ocorrido, não existem mais o direito, a pretensão, a ação e a exceção. Por isso, na prescrição, a inércia do credor pode permitir o decurso do tempo, que a consuma. O tempo corre independentemente da inércia ou da atividade do credor ou do devedor, para que se consuma a preclusão que é igual à decadência. Portanto, só não se consuma a preclusão se ocorrer o exercício regular do direito, da pretensão, da ação ou da exceção, antes de extinto o prazo preclusivo, ou seja, igual antes do *dies supremus.*

Em verdade, sempre é assim, porque prazo preclusivo não se suspende, nem se interrompe; já o prazo prescricional pode não correr, ou ser suspenso, ou se interromper, nos casos previstos na lei, seja quem for o interessado.

Em princípio, o ordenamento legal estabeleceu uma regra mais clara entre prescrição e decadência, tendo destinado um capítulo para prescrição, no qual descreve as normas pelas quais se extingue, regulando as causas que impedem ou a suspendem, bem como as causas que interrompem a prescrição. Os prazos que anteriormente eram de 20 anos, passaram a ser de 10 anos, desde que a lei não lhes haja fixado prazo menor.

DO INADIMPLEMENTO DAS OBRIGAÇÕES OU DA TEORIA DO INADIMPLEMENTO

Para o inadimplemento da obrigação, há de ser absoluto ou relativo e com isso haverá o direito de aplicação de encargos previstos de forma legal ou convencional. O quadro demonstra a evolução das obrigações quando ocorre o inadimplemento.

Inadimplemento Obrigacional	1. Absoluto 2. Relativo	1. Obrigação não pode ser mais cumprida	2. Mora/atraso	
Mora ou atraso	Do devedor Do credor Simultânea	1. Culpa 2. Mero atraso 3. compensação	1. Culpa: mora automática — art. 397. Mora pendente — art. 397. Mora presumida — art. 398	2. Mero atraso — art. 400
Inadimplemento Absoluto	Responsabilidade civil contratual	Art. 389	Perdas e danos — art. 402 + art. 5º, V e X, CF	
Juros	Moratórios ou Remuneratórios	No primeiro, por atraso e no segundo por inadimplemento total	Juros são frutos civis	Podem ser legais e convencionais — limites — art. 591 CC
Cláusula penal ou Multa	Moratória Compensatória	Atraso — limite	10% lei usura 2% CDC 2% condomínio	Compensatório = inadimplemento — limite e arts. 412 e 413 CC
	Confirmatória Penitenciais — função indenizatória	Confirmatória dupla função = sem cláusula de arrependimento, com perdas e danos	Penitenciais somente função indenizatória = com cláusula de arrependimento, sem perdas e danos	Pode-se aplicar o art. 413 — função social das arras

Desta forma, a obrigação preponderantemente é favorável à concepção da teoria **DUALISTA**, a qual é concebida à luz do binômio **DÉBITO — RESPONSABILIDADE**.

Assim, cumprida totalmente a obrigação, haverá somente o débito, porquanto, não sendo satisfeita a obrigação como pactuada, surge a responsabilidade. Por isso, nasce a responsabilidade civil contratual (art. 389 do CC) e extracontratual (arts. 186/927 do CC).

O inadimplemento das obrigações, que é em suma o não cumprimento da obrigação, tem em regra duas formas, sendo a primeira a contratual e a segunda delitual ou extracontratual. Os arts. 389-393 do CC dão legitimidade ao credor para buscar o seu crédito junto ao inadimplente. Portanto, o inadimplemento contratual está previsto no art. 389 e seguintes do CC, porquanto o inadimplemento delitual ou extracontratual, no art. 186 e seguintes do CC.

Evidente que devemos buscar outros artigos da legislação pertinentes a cada caso em especial. Com isso, surge a necessidade de se ter um primeiro contato com duas teorias, as quais serão importantes na parte mais específica dos contratos, e que são a ***pacta sunt servanda*** e a cláusula ***rebus sic stantibus***.

Desta forma, e de acordo com o secular princípio da *pacta sunt servanda*, os contratos devem ser cumpridos, devem ser respeitados, devem ser honrados na forma pela qual foram pactuados. Assim, a vontade, uma vez manifestada, obriga o contratante. Ainda, esse princípio significa que o contrato faz lei entre as partes, não podendo ser modificado pelo judiciário e tem como norma dar segurança aos negócios em geral.

A principal regra desse princípio é a de que ele se opõe ao princípio da revisão dos contratos. Por outro lado, a *cláusula rebus sic stantibus* ou teoria da imprevisão autoriza as partes a pleitearem perante o judiciário a revisão dos contratos, ante a ocorrência de fatos que estariam entre os considerados extraordinários ou imprevisíveis, de acordo com o que dispõe o art. 478 do CC.

Cumprimento da obrigação

Desta forma, qualquer que seja a prestação prometida de dar, fazer ou não fazer alguma coisa, o sujeito devedor estará obrigado a cumpri-la, tendo o sujeito credor o direito de receber exatamente o *objeto*, o *serviço* ou o *valor estipulado* na convenção contratual.

Mas um aspecto deve ser considerado, que é o fator não imputável ao devedor, que significa que, quando a inexecução da obrigação decorre de fato não imputável ao sujeito devedor, mas necessário, cujos efeitos não era possível evitar ou impedir, como no caso dos denominados caso fortuito ou força maior, configura-se o *inadimplemento fortuito da obrigação*. Nesse caso, o devedor não responde pelos danos causados ao credor *se expressamente não se houver por eles responsabilizado* de acordo com o previsto no art. 393 do CC.

Do inadimplemento

O inadimplemento da obrigação pode ser *absoluto (total ou parcial)* e *relativo*. O inadimplemento absoluto ocorre quando a obrigação não foi cumprida nem poderá ser de forma útil ao credor. O inadimplemento relativo ocorre no caso de mora do devedor, de acordo com o art. 393 do CC. O inadimplemento pelo não cumprimento do sujeito devedor pode ocorrer de **forma voluntária e involuntária**.

Do inadimplemento voluntário

No voluntário o inadimplemento culposo divide-se em culpa em sentido amplo, que envolve o *dolo* (intenção), e a *culpa* em sentido restrito, como nos casos da negligência e imprudência.

O inadimplemento culposo gera responsabilidade patrimonial por perdas e danos. Como já afirmamos, se o sujeito devedor não possuir bens para garantir o débito, ao credor só restará lamentar-se. Por isso se afirma que o não cumprimento da obrigação faz nascer o inadimplente e este pode caracterizar-se como uma infração ***intencional*** **ou** ***negligente***.

Assim, na infração *intencional,* o sujeito poderia cumprir com a obrigação, mas não o fez, descumprindo de forma intencional.

A infração *negligente* ocorre quando o sujeito devedor, mesmo que queira cumprir a obrigação, se encontra impossibilitado, e essa impossibilidade se divide em três circunstâncias distintas, a ***jurídica, a econômica*** **e a** ***psíquica***.

A *jurídica* origina-se da impossibilidade oriunda pela proibição legal; a *econômica* origina-se da exigência de se cumprir um gasto intolerável; e a *psíquica,* de se exigir do sujeito devedor que este se exponha ao risco pessoal, como no caso de um artista que tenha recebido notícia de algum infortúnio, assim, ficando impossibilitado de se apresentar.

Do inadimplemento involuntário

O inadimplemento involuntário ocorre quando se configurar o caso fortuito ou força maior. Nesse caso, aplica-se a teoria do caso fortuito ou de força maior quando o sujeito devedor inadimplente não for culposo, assim o sujeito devedor estará isento inclusive das perdas e danos.

O art. 392 do CC faz referência aos CONTRATOS BENÉFICOS ou não ONEROSOS, nesse caso, temos como exemplos os contratos de COMODATO em que só uma das partes se beneficia. Assim, a parte que não aproveita o contrato, não pode responder pela culpa, mas responderá pelo dolo, pois constitui violação proposital e deliberada, mesmo que não exista o intuito de lucro, quando o procedimento resultar em dano a outra parte.

13 DÉCIMA TERCEIRA AULA

Da mora

O instituto da mora vem a ser, segundo a doutrina e a legislação, não só a inexecução culposa da obrigação, mas também a injusta recusa em receber o crédito no tempo, no lugar e no modo devido firmado entre os contratantes.

A mora é, portanto, o atraso, o retardamento ou o imperfeito cumprimento da obrigação. Para que ocorra a mora, sua causa não poderá decorrer de caso fortuito ou de força maior. Sua previsão legal encontra-se nos arts. 394-401 do CC.

A mora é a impontualidade culposa do sujeito devedor no pagamento ou do sujeito credor no recebimento. Desta forma, se o devedor atrasa sem culpa, não haverá mora, mas se o credor não quiser receber o seu crédito, caberá ao devedor, nesse caso, realizar a consignação em pagamento. A mora do credor é mais rara, mas existe.

As espécies de mora

As espécies existentes da mora são a mora *solvendi*, mora *accipiendi* e a mora de ambos os contratantes.

A *mora solvendi* ocorre pela iniciativa do sujeito devedor e todos os efeitos serão de responsabilidade do devedor.

A *mora accipiendi* é a injusta recusa do sujeito credor de aceitar o adimplemento da obrigação, no lugar, tempo e forma devidos.

A *mora de ambos os contratantes* ocorre quando os sujeitos (*credor e devedor*) reciprocamente não comparecem ao local designado para o cumprimento da obrigação.

Para Washington de Barros Monteiro, **mora de ambos os contratantes** ocorre "quando se verifica mora simultânea, isto é, ambos os contratantes não comparecem ao local ajustado para o pagamento, com isso a mora de um excluirá a do outro".

Modalidades da mora

Nas modalidades da mora, temos a *mora ex re*, que é encontrada no art. 397 do CC (*obrigações positivas*), na 1ª parte do art. 390 do CC (*obrigações negativas*) e no art. 398 do CC (provenientes de delito) que decorrem de lei, e a *mora ex persona* em que o credor é quem deverá colocar em mora o devedor, de acordo com art. 397, 2ª parte do CC e os arts. 867-873 do CPC.

Dos requisitos

Os principais requisitos da mora do sujeito devedor são a exigibilidade imediata da obrigação; a inexecução total ou parcial da obrigação por culpa do devedor, de acordo com art. 396 do CC; e a necessidade da interpelação judicial ou extrajudicial do devedor — se se tratar de mora *ex persona*, *o sujeito credor tem a obrigação de realizar a interpelação*, e quando for *ex re* e *existindo prazo*, não há razão para o sujeito credor provocar a mora, isso porque ela é automática.

Os *efeitos jurídicos* da mora constam dos arts. 393, 395 e 399 do CC. Temos também a *mora do credor, sendo* os principais pressupostos a existência de dívida positiva, líquida e vencida; a oferta real e regular da prestação devida pelo devedor; a recusa injusta, expressa ou tácita, em receber o pagamento no tempo, lugar e modo indicado no título; e a constituição do credor em mora.

As consequências jurídicas da mora de ambos os contratantes — não havendo cumprimento da obrigação de forma espontânea — passam a ser as de ocorrência de juros compensatórios e juros moratórios, que podem ser legais ou convencionais.

Da purgação da mora

O instituto purgação da mora significa afastar ou neutralizar os efeitos do atraso decorrente do não cumprimento da obrigação no prazo estabelecido. A purgação da mora pode ser do devedor ou do credor.

Por isso, a *purgação da mora* vem a ser um ato espontâneo do contratante *moroso* que visa a remediar a situação a que deu causa, evitando os efeitos da mora.

A mora pode ser exemplificada, como no caso em que o proprietário que pretende a retomada no imóvel locado aciona o locatário com ação de rescisão contratual por falta de pagamento do aluguel, mas este, no prazo da contestação, deposita o valor pretendido pelo locador, que representa o principal e as despesas.

Tal fato se denomina purgar a mora e, isso ocorrendo no prazo legal, ao juiz resta determinar o arquivamento do processo, sem qualquer efeito contra o locatário.

No caso especial de *cessação da mora*, ocorre quando existir um *fato extintivo* ou quando se extinguir a obrigação com a *novação, remissão de dívidas* ou a renúncia do credor.

Distinção — Não se pode confundir purgação da mora com cessação da mora. Purgação da mora somente produz efeitos para o futuro (*ex nunc*), não destruindo os efeitos danosos já produzidos.

Na cessação da mora, ocorre por um fato extintivo de efeitos pretéritos e futuros, como sucede quando a obrigação se extingue com a novação, com a remissão ou com a renúncia do credor.

DOS JUROS LEGAIS

O principal efeito da mora do sujeito devedor é a necessidade do pagamento de juros ao sujeito credor, principalmente quando a obrigação for de pagar quantia em dinheiro. Os juros legais podem ser os pactuados entre os contratantes ou então os previstos nos arts. 406-407 do CC.

O juro significa remuneração que o credor pode exigir ao emprestar dinheiro para o sujeito que passa a ser o devedor. **Juro é igual ao rendimento e ao fruto civil**. Os frutos civis dividem-se em civis, naturais e/ou industriais.

Os *frutos civis* são os juros e os rendimentos, **os *frutos naturais*** são as frutas das árvores, as crias dos animais, e **os *frutos industriais*** são os veículos produzidos pelas fábricas.

Não devemos **confundir frutos com produtos**. Produtos são os que se esgotam, como uma mina de ouro, um poço de petróleo, já os frutos se renovam.

Desta forma, sob o prisma jurídico, juro significa fruto civil correspondente à remuneração devida ao credor em virtude da utilização do seu capital.

Os juros aplicáveis são os *remuneratórios* e *moratórios*. Os juros remuneratórios representam os que são destinados ao lucro, no caso do empréstimo de dinheiro pelo sistema financeiro, por outro lado, os juros moratórios representam um acréscimo pela mora no pagamento por parte do devedor.

Os juros moratórios podem ser legais ou convencionais. Os legais estão previstos no art. 406 do CC e os juros convencionais são os pactuados entre os contratantes, dentro do princípio legal.

Os juros moratórios são fixados de forma diferenciada para cada setor produtivo. Exemplo: os juros agrícolas são menores, porquanto os juros para o consumidor são maiores.

Os juros podem ser limitados em alguns casos e previstos pela lei, como nos da Lei de Usura n. 22.626/33 e do art. 591 do CC. Os juros e as atividades bancárias constam de legislação especial.

Distinção entre mora e inadimplemento

Na mora, o sujeito que atrasa o pagamento de uma parcela do preço, na venda a prazo, ainda interessa ao credor seu recebimento, com os acréscimos das perdas e danos.

No inadimplemento absoluto, o sujeito que atrasa no fornecimento do objeto como no caso de *alimentos* para festa de casamento, pois, no caso do não fornecimento dos alimentos na data aprazada pelo fornecedor, de nada adiantará o sujeito devedor prometer entregá-los em outra data, isso porque a prestação será inútil ao sujeito credor.

Cabe, nesse caso, ao sujeito credor enjeitá-la e pleitear indenização por perdas e danos.

DAS PERDAS E DANOS

A obrigação é uma relação jurídica transitória que pode conter, além da obrigação de dar, fazer ou não fazer alguma coisa em proveito do sujeito credor, também **uma cláusula coercitiva** para o cumprimento no prazo estabelecido entre as partes contratantes, conforme os arts. 402-405 do CC.

O instituto das perdas e danos caracteriza-se pelo prejuízo ou pelo dano suportado pelo sujeito credor, em virtude de o sujeito devedor não ter cumprido de forma total ou parcial, absoluta ou relativa, a obrigação, e com isso, há necessidade da fixação da indenização que ocorre quando houver lucros cessantes e danos emergentes.

Do lucro cessante consiste no lucro que o sujeito deixou de auferir pela impossibilidade de realizar o seu trabalho; e ***do dano emergente*** consiste na perda do patrimônio do sujeito credor, sendo que o objetivo e o dever do sujeito que causou o dano emergente são de indenizar ou de restaurar o *patrimônio* danificado do outro sujeito.

Para Azevedo, perdas e danos significam:

> "A expressão perdas e danos não se apresenta com a felicidade de exprimir o seu exato conceito, nada mais significa do que os prejuízos, os danos causados ante o descumprimento obrigacional".

As ***perdas e danos*** significam indenizar aquele que se envolveu ou experimentou um prejuízo, sem sua vontade, sofrendo uma lesão em seu patrimônio de forma material ou moral, por força do comportamento ilícito do transgressor da legislação e/ou das normas estabelecidas.

Quando do ato de perdas e danos, nasce a responsabilidade civil, que pode ser contratual (art. 389 CC) e/ou extracontratual (art. 186 conjuntamente com o art. 927 do CC), que pode ser ainda de danos emergentes e/ou de lucros cessantes ou apenas um deles.

Modos de liquidação do dano

A liquidação das perdas e dos danos ocorre pela previsão legal, pela vontade entre as partes, ou então por sentença judicial.

No primeiro caso, por ***determinação legal***, quando a própria lei fixar qual será a indenização devida, conforme os **arts. 312, 407, 940,** do CC e o **art. 103 da Lei n. 9.610/98** – reprodução fraudulenta de obra literária, científica ou artística, não se conhecendo o número de exemplares, pagará o transgressor o valor de 3.000 exemplares, além dos apreendidos.

No segundo caso, ***por convenção das partes***, no momento em que pactuam o contrato, podem as partes contratantes aplicar, no caso do *inadimplemento* ou retardamento *culposo* da obrigação, especialmente por parte do sujeito devedor, o instituto das perdas e danos, via indenização.

O terceiro caso, ***por sentença judicial***, nos casos ordinários, sempre que a liquidação das perdas e danos não tiver sido estabelecida por *lei* ou *pelas partes contratantes*, no caso da cláusula penal.

As perdas e danos têm o propósito de indenizar e **três** aspectos são importantes e necessários para o estudo: a **efetividade ou certeza** (não pode ser uma certeza hipotética), a **subsistência** no sentido de que, se já foi reparado, não há mais o que se indenizar (pedido feito, não se pode refazer), e **a lesão**, que é um interesse juridicamente tutelado e que dever ser de natureza material ou moral.

DA PRISÃO CIVIL

A Constituição Federal brasileira de 1988 manteve a mesma postura das outras Constituições brasileiras, ou seja, de prisão civil para quem não cumprir com sua obrigação alimentar e de depositário infiel.

O art. 5º, inciso LXVII dispõe que:

"Não haverá prisão civil por dívida, salvo a do responsável pelo inadimplemento voluntário e inescusável de obrigação alimentícia e a do depositário infiel."

Portanto, a prisão civil decorre do não cumprimento voluntário da obrigação de alimentos e o caso de depositário infiel, na verdade, trata-se de uma medida de força, restritiva da liberdade humana, que, sem conotação de castigo, serve para que o sujeito devedor cumpra a sua obrigação.

Por outro lado, trata-se de uma exceção, pois o art. 5º da CF dispõe que:

"Todos são iguais perante a lei, sem distinção de qualquer natureza, garantindo-se aos brasileiros e aos estrangeiros residentes no País a inviolabilidade do direito à vida, à liberdade, à igualdade, à segurança e à propriedade, nos termos seguintes..."

Com isso, deve-se aplicar o que dispõem os arts. 732 e 733 do CPC, que tratam da execução de alimentos, existindo, porém, muita controvérsia na sua aplicabilidade.

Da mesma forma, no caso de depositário que recebe bem móvel alheio para guardá-lo com a precípua obrigação de devolver quando o depositante o reclamar, ocorre a nomeação de depositário no caso em que o devedor, ao não cumprir sua obrigação, vê executados seus bens, sendo estes bens penhorados.

Para que se possa configurar como depositário infiel, este deverá ter sido investido no encargo de depositário, por ato de vontade, portanto, deverá ter aceitado o encargo quando nomeado pelo Juízo do feito, firmado o compromisso, e somente nessa circunstância é que se admite a restrição de liberdade a quem der causa de não dispor do bem, quando reclamada a sua devolução.

O **instituto da prisão civil** está previsto nos casos de não cumprimento das obrigações alimentares e de depositário infiel. A liberdade só pode ser restringida em último caso, pelo que dispõe a Lei n. 9.099/95, pois que, até mesmo no campo criminal, a privação da liberdade, em casos da chamada pequena monta, não mais é adotada.

Dessa forma, aquele que não cumprir com sua obrigação, no caso de prisão civil, poderá invocar o benefício da suspensão condicional do processo, pelo que dispõe o art. 89 da Lei n. 9.099/95, e, ainda, no caso de ser instaurado o processo, solicitar a aplicação de pena alternativa pela Lei n. 9.714/98, uma vez que na infração, cometida sem violência, a pena não é superior a quatro anos. Mas esse não é o entendimento de aplicabilidade em nosso meio.

Dessa forma, em ambas as situações, o descumpridor da obrigação poderá ser levado à prisão. Mesmo existindo defensores pela não aplicabilidade das medidas da prisão civil, particularmente não comungo com os que defendem estar em colisão com a nova realidade jurídica, pois há de se ter claramente a distinção entre o direito civil e o direito penal, especialmente nos casos de alimentos e de depositário fiel.

No primeiro, porque a pena alternativa sempre será no sentido de realizar algum trabalho para a comunidade, e isso determinaria que todos os descumpridores de sua obrigação optassem pela medida, ficando isentos de pagar alimentos, mas, como ficariam aqueles que necessitam de alimentos?

No segundo, porque os depositários, mesmo no seu descumprimento, se não viessem a sofrer punição, a não ser a pena alternativa, ensejaria o *enriquecimento ilícito* e a efetiva descaracterização do instituto de depositário fiel.

Desta forma, tanto uma como outra devem ser consolidadas pelo próprio Poder Judiciário. Há de se modificar a mentalidade dos aplicadores e doutrinadores do Direito sob pena de não existir razão da existência de tal dispositivo na própria Constituição Federal.

DA CLÁUSULA PENAL

A cláusula penal vem a ser um pacto acessório pelo qual os próprios contratantes estipulam de forma antecipada a pena pecuniária no caso do não cumprimento da obrigação no prazo pactuado contratualmente, conforme previsão legal dos arts. 408-416 do CC.

Desta forma, *a cláusula penal* vem a ser um pacto acessório pelo qual as próprias partes contratantes estipulam, de forma antecipada, pena pecuniária, contra a parte infringente da obrigação. A cláusula penal pode ser estipulada conjuntamente com a obrigação, ou em ato posterior.

A *cláusula penal* tem uma *função compulsória* por constituir um meio de forçar o cumprimento do avençado. Portanto, visa a punir uma conduta ilícita e assegurar o *adimplemento* da obrigação.

Embora a índole das perdas e danos seja *penal*, em verdade, sua *origem e natureza sempre serão contratuais,* tendo, por isso, as seguintes condições especiais e que são em número de seis:

1ª) a *acessoriedade* que tratasse do contrato acessório estipulado em regra pelas partes. Exemplo típico é o do contrato de locação, em que se terá a fiança que é contrato acessório.

2ª) a *condicionalidade*, a qual prevê que o dever de pagar a cláusula penal está subordinado a um *evento futuro e incerto*, no caso de constar uma condição no contrato.

3ª) a *compulsoriedade,* por ser um pacto prevendo de antemão a possibilidade de eventual inexecução da obrigação, assim constrangendo o sujeito devedor a cumprir sua obrigação, conforme o art. 416 do CC.

4ª) a *subsidiariedade*, a qual se encontra disposta nos arts. 410 e 411 do CC e significa o cumprimento complementar da obrigação (no caso de uma multa).

5ª) a *ressarcibilidade*, que constitui prévia liquidação das perdas e danos que serão devidos ao sujeito credor pelo sujeito devedor no caso do não cumprimento da obrigação assumida, conforme o art. 412 do CC.

6ª) a *imutabilidade relativa*, porque, embora em nosso direito prevaleça o princípio da imutabilidade da cláusula penal, poderá ser modificada ou reduzida:

a) quando o valor de sua cominação for manifestadamente *excessivo*, superando o do contrato principal;

b) quando houver cumprimento *parcial* da obrigação, hipótese em que se terá redução proporcional da pena estipulada, conforme os arts. 413 e 884 do CC.

Desta forma, ainda não se pode confirmar a cláusula penal (pena) com as repressões impostas pelo direito criminal, as quais cabe somente ao poder público aplicar. A pena convencional é puramente econômica, tendo, portanto, função intimidatória.

Dos requisitos

Para que ocorra **a exigibilidade,** necessárias e imprescindíveis que ocorram algumas situações, como a da **existência** de uma obrigação principal; **inexecução total** da obrigação, conforme os arts. 409 e 411 do CC; **constituição de mora**, conforme os arts. 408, 409 e 411 do CC; e **imputabilidade do devedor**, pois, se o inadimplemento do contrato principal se deu por caso fortuito ou força maior, se terá a extinção da obrigação e da mesma forma da cláusula penal, conforme os arts. 92 e 393 do CC.

Distinção entre cláusula penal e perdas e danos

Para melhor entendimento, também é necessário que se faça a distinção entre cláusula penal e perdas e danos.

A ***cláusula penal*** é fixada pela vontade das partes, portanto, de forma convencional, assim, o *quantum é fixado* antecipadamente pelos contratantes.

As ***perdas e danos***, quando não ajustadas poderão ser fixadas pelo juízo quando acionado, e o seu montante será pelos parâmetros do fato ocorrido e dos prejuízos sofridos pela parte.

O *efeito primordial* da cláusula penal é o de sua exigibilidade *pleno iure*, no sentido de que independerá de qualquer alegação de prejuízo por parte do credor, conforme o art. 416 do CC.

A Lei da Usura, conforme o Decreto n. 22.626, de 7 de abril de 1933, estabeleceu procedimentos, proibiu a remuneração exagerada para o capital e fixou dois dispositivos — a multa ou a cláusula penal — limitando a cláusula penal como sendo o máximo de 10% do valor da dívida.

O CDC — Lei n. 8.078/90 —, em seu art. 52, § 1º, estabelecia multa de 10%, mas a Lei n. 9.298/96 alterou sua redação, prevendo a multa de 2%.

DAS ARRAS OU DO SINAL DE NEGÓCIO

As *arras ou sinal de negócio* vêm a ser a importância em dinheiro ou a coisa dada por um contratante ao outro por ocasião da conclusão do contrato. Os aspectos legais das arras constam dos arts. 417-420 do CC.

Distinguem-se as arras em duas espécies, quais sejam *as arras confirmatórias*, em que a finalidade é demonstrar a existência da composição final de vontades das partes, e, de outro lado, *as arras penitenciais*, que têm como objetivo assegurar às partes o direito de se desdizerem mediante a perda do sinal.

As **arras confirmatórias** têm a função de confirmar o contrato, de antecipar a prestação prometida e a prévia determinação das perdas e danos em caso de não cumprimento da obrigação.

Nas **arras penitenciais**, podem as partes convencionar o direito do arrependimento e também estipular o valor ou forma do arrependimento.

As arras podem ser realizadas em contratos de compra e venda que necessitem de documentação, como no caso de financiamento da casa própria.

14

DÉCIMA QUARTA AULA

Da teoria da aparência

Direito primitivo da teoria da aparência

O Direito, nos primeiros tempos, somente vingou graças à memória e à altivez dos religiosos, especialmente dos sacerdotes, que foram os primeiros lidadores do Direito, e estes guardavam em segredo as regras jurídicas, as quais eram transmitidas, primeiramente, na forma oral, mas, como se tornaram costumeiras as decisões, fizeram nascer ***o costume jurídico***.

Como não poderia ser diferente, o crescente estudo fez surgir a escrita e, consequentemente, aos poucos, a ciência jurídica foi tornando-se conhecida por uma camada maior da população.

A primeira fonte do Direito é a sentença, que surgiu antes das leis e dos costumes, denominada ***sentença dos chefes***. O direito primitivo era sagrado e tinha caráter eminentemente religioso. Era respeitado não só pelo temor às suas sanções draconianas e desumanas, como também pela ira de divindades, a qual era manifestada por epidemias, secas, chuvas, como acreditavam os povos primitivos.

Primeiramente, **inexiste diferença entre Direito Civil e Direito Penal**. O ilícito era confundido com o pecado, sendo que a noção de culpabilidade lhe é estranha, respondendo o criminoso pelos seus atos, independentemente de *culpa*, juntamente com sua família, sendo destruídos todos os seus pertences; da mesma forma, quem não cumprisse com sua obrigação (*não pagasse um débito*) era considerado pecador, e o devedor faltoso era sacrificado pela prestação não executada.

O formalismo jurídico, conforme preleciona Cagliolo,

> "compõe-se de duas partes distintas: atos e palavras. Em princípio, o ato destaca-se, depois são mais importantes as palavras fielmente pronunciadas. Da palavra surgiu Direito, da fórmula, a ação judicial".

A palavra e as fórmulas perderam o significado arcaico, porém foram mantidas pelo uso, como em certos negócios jurídicos, como no caso do

compromisso de casamento, da formalidade da escritura pública de venda e compra de bens imóveis e da própria locação.

O Direito romano é o direito que teve a vocação jurídica, pois efetivou a distinção entre o *direito moral e o direito da religião.*

Em sua origem, o Direito romano não se afastou do Direito de outros povos, pois, sendo o direito um princípio sagrado, o conhecimento era exclusivo de pontífices[(2)] que o aplicavam, o qual estava ligado aos direitos con-suetudinários e jurisprudenciais, ou seja, suas origens estavam nos costumes e nas decisões de pontífices.

A Lei das XII Tábuas, que codificou o Direito romano primitivo, inclusive do cidadão romano, aliás, foi-se aprimorando mais por obra de juristas (denominados prudentes) do que pelos legisladores.

Na verdade, as obscuridades e lacunas da lei e o desenvolvimento dos negócios levaram **a ação à criação, em 367 a.C.**, da figura do pretor, que, em seus éditos, indicava a ação cabível, a ser instruída pelas partes, com produção de provas, julgada por um árbitro.

O édito, que tornava menos draconiana, menos severa, a lei, e preenchia lacunas, a princípio estabelecido para o caso submetido ao pretor, adquiriu, depois, força de lei, não podendo ser modificado nem mesmo por aquele que o baixou, muito menos por seus sucessores.

Esse movimento fez surgir o *ius praetorium,* que, a pretexto de interpretar a Lei das XII Tábuas, a corrigiu, ampliou e a simplificou, tornando-a menos formalista e menos obscura. Isso porque surge o pretor da cidade, competente para apreciar litígios entre cidadãos romanos, resultando na *ius civile,* que é o direito do cidadão romano, e também o pretor para estrangeiros, criado em 242 a.C., o qual era competente para litígios entre estrangeiros e entre estes e os romanos. Isso fez nascer um direito novo, fruto da equidade, desprovido de formalismo, *o jus gentium.*

Surgimento da teoria da aparência

A teoria da aparência tem origem em Roma quando o escravo *Barbarius Phillipus*, sem revelar sua condição, se apresentava como um pretor e nessa condição praticava atos que os escravos não podiam praticar.

---

(2) Sacerdotes patrícios. Os plebeus desconheciam o direito a que estavam submetidos, determinando os conflitos entre patrícios e plebeus, que foram pacificados com a compilação do direito consuetudinário (Lei das XII Tábuas).

Descoberto que era escravo, para que não fossem prejudicados terceiros de boa-fé, foram mantidos seus atos, atos que somente poderiam ter sido praticados por homens livres e autorizados para exercerem a atividade de pretor.

No Brasil, a teoria da aparência é recepcionada em alguns artigos do Código Civil de 1916 e repetida na Lei n. 10.406, de 2002. A teoria da aparência consiste na atribuição, pelo direito, de valor jurídico a determinados atos, que em princípio não teriam validade, mas que devem ser considerados válidos para proteger a boa-fé e a condução habitual dos negócios.

A boa-fé e a aparência

Sendo universal a sociedade, porquanto o homem só pode viver em sociedade, como já havia afirmado Aristóteles, as relações da vida social são constituídas de uma rede de relações sociais que tem aproximação baseada na confiança legítima das pessoas e na regularidade do direito de cada uma, pelo tipo aproximação de um contrato social. O princípio das relações sociais é o de não gerar ameaças de paz, de ordem social e de não violar obrigações.

Portanto, as relações sociais se baseiam na confiança legítima das pessoas e naquilo que devemos aplicar do Direito. A todo cidadão consiste a obrigação de não iludir os outros, porém, se por sua atividade ou inatividade violar uma obrigação, deverá suportar as consequências legais de sua atitude.

A teoria da aparência, representada pela boa-fé, é requisito indispensável nas relações estabelecidas pelas pessoas para revestir de segurança as obrigações assumidas. Na formação do nexo obrigatório, não se pode deixar de considerar o respeito mútuo e especialmente a intenção de um vínculo jurídico sério capaz de se aperfeiçoar na medida em que sobressaia a importância dada à boa-fé.

A formação de um contrato exige a aplicação da boa-fé e também protege o cidadão quando este se conduz à aquisição de um direito. É com base na boa-fé como princípio que se procura fazer reinar a justiça, impondo-se a existência de certo grau de credibilidade mútua nos **relacionamentos *sinalagmáticos*, para tornar possível a vida social dentro de um padrão médio de honestidade e moralidade**.

Essa relação de aproximação, de respeito que deve imperar entre os cidadãos, acaba relacionando as normas, e, a partir dessa conjuntura, procurar-se-á demonstrar o que é a *aparência* do Direito. Aparência significa o que se mostra à primeira vista, mas em verdade é ilusão e fingimento.

Por isso, um cidadão pode ser tido, não raras vezes, como integrante titular de um direito, quando, em verdade, não o é; ainda aparece agindo como se fosse proprietário de um valor ou de um bem, mas encontra-se em posição que não representa o verdadeiro titular e muito menos que possa considerar-se gerindo o negócio alheio.

Esse procedimento determina que as manifestações de vontade, as declarações e os atos produzidos não correspondem à realidade e o direito resolveu proteger o terceiro interessado, passando a denominar essas manifestações e esses atos de teoria da aparência, pela qual uma pessoa, considerada por todos como titular de um direito, embora não o seja, leva a efeito um ato jurídico com terceira pessoa pela boa-fé desta.

A pessoa apresenta-se quando os atos são realizados por uma outra que finge ser a titular de uma situação jurídica que se contraria com a realidade, embora se apresente, exteriormente, com todas as características de uma situação jurídica verdadeira.

A teoria da aparência apresenta-se como um verdadeiro fenômeno que, na verdade, não existe, mas as circunstâncias causam a convicção de ser ela real. Alguns casos práticos ilustrarão melhor o tema abordado. Consideremos que o obrigado assente no adimplemento de um dever em relação à outra parte porque todas as evidências causaram a convicção de ser ela a verdadeira titular de um direito.

Em outra situação, um mandatário atua com poder ou capacidade aparente, ou excede o limite das faculdades recebidas, tendo o terceiro contratado confiado na capacidade de representação em vista da aparência que revelava, convalesce o ato jurídico surtindo efeitos e obrigando o verdadeiro titular a respeitar o convencionado.

Ao titular, caberá apenas o direito de acionar, pelo direito de regresso, os fictícios mandatários, pois o respaldo jurídico se encontra sustentado na firmeza do negócio e na necessidade de se emprestar proteção à boa-fé que se manifesta por meio da confiança depositada na aparência.

Os aplicadores do Direito entendem como válidas as consequências decorrentes de certos fatos que levaram a parte a depositar confiança no ato realizado. Quem sempre cumpriu com os compromissos assumidos verbalmente, saldando suas prestações sem exigir recibo de quitação, em conivência com o credor, tudo na base da confiança, tem a seu favor a equidade que leva a admitir o adimplemento de sua obrigação, como no caso de locação em que o locatário cumpre sua obrigação sem exigir recibo, tendo inclusive contrato de locação verbal.

Assim, deve-se atribuir valor ao ato perpetuado por alguém enganado por uma situação jurídica contrária à realidade, mas revestida exteriormente por características de uma situação jurídica verdadeira, pois quem dá lugar a uma situação jurídica enganosa, ainda que sem o deliberado propósito de induzir a erro, não pode pretender que seu direito prevaleça sobre o direito de quem depositou confiança na aparência.

Fundamentos que justificam a teoria da aparência

O tema é controvertido, existindo quem defenda com insistência razões contrárias à admissão da teoria da aparência, pois atenta contra a liberdade do consentimento e, dessa forma, utilizando-se da força para fazer o verdadeiro titular do negócio jurídico respeitar uma operação realizada em seu prejuízo e sem o concurso de sua vontade.

Esse procedimento de transferir direito, que não seja seu, constitui uma ofensa a todas as regras. Por outro lado, os que sustentam a necessidade, o fazem com força de uma ordem social, a qual deve conferir segurança às operações jurídicas, especialmente pela complexidade cada vez maior das relações humanas que dizem respeito às relações jurídicas.

O princípio da proteção aos terceiros de boa-fé e a necessidade de imprimir segurança a todas as relações jurídicas determinam e justificam a teoria da aparência. Orlando Gomes aponta três razões principais, as quais servem de fundamento, e que são:

a) para não criar surpresas à boa-fé nas transações do comércio jurídico;

b) para não obrigar os terceiros a uma verificação preventiva da realidade do que evidencia a aparência; e

c) para não tornar mais lenta, fatigante e custosa a atividade jurídica.

Por isso, os costumes ou a tradição não impõem que se solicite a um caixa de estabelecimento bancário a exibição de seu contrato de trabalho, nem em qualquer repartição pública e nível, o ato de nomeação do funcionário, muito menos quais sejam suas atribuições e competências.

Habitualmente, efetuamos pagamentos aos representantes de credores, como advogados, mandatários, prepostos, e não existe a preocupação de examinar ou solicitar a autorização de poder receber.

A teoria da aparência no Código Civil de 2002

O Código Civil, Lei n. 10.406, de 2002, embora tenha trazido diversas modificações em seu contexto, referente à teoria da aparência, segue o mesmo princípio do código anterior. Vejamos alguns artigos:

O art. 180 do CC assim dispõe:

> "O menor, entre 16 e 18 anos, não pode, para eximir-se de uma obrigação, invocar a sua idade se dolosamente a ocultou quando inquirido pela outra parte, ou se, no ato de obrigar-se, declarou-se maior."

O art. 637 do CC assevera:

> "O herdeiro do depositário, que de boa-fé vendeu a coisa depositada, é obrigado a assistir o depositante na reivindicação, e a restituir ao comprador o preço recebido."

O contrato de depósito voluntário obriga ao depositário restituir o objeto móvel quando o depositante o reclamar.

No pagamento indevido, a condição de boa-fé faz-se presente na primeira parte do art. 879 do CC, que afirma, "se aquele que indevidamente recebeu um imóvel o tiver alienado em boa-fé, por título oneroso, responde somente pela quantia recebida".

O art. 1.201, parágrafo único do CC, constante do direito das coisas, mais especificamente da posse, estabelece:

> "É de boa-fé a posse, se o possuidor ignora o vício, ou o obstáculo que impede a aquisição da coisa. Parágrafo único O possuidor com justo título tem por si a presunção de boa-fé, salvo prova em contrário, ou quando a lei expressamente não admite esta presunção."

Não se pode, portanto, deixar de **considerar a aparência**, pois os arts. 1.214 e 1.219 complementam o art. 1.201 do CC.

No casamento e na filiação, o tema da aparência está presente no Código Civil, que reproduz o Código anterior, e contempla, portanto, a boa-fé, a qual sobressai nos arts. 1.545, 1.547, 1.561, § 1º e 1.597, incisos I e II do CC.

A boa-fé visa, unicamente, a dar proteção aos terceiros aos quais se concebe a eficácia da aparência, permitindo-lhes alegá-la de modo que se tenham de considerar produzidos os efeitos do ato jurídico, quer se trate de direitos ou de obrigações, ou a que se lhe preste a indenização pelo **ato ilícito absoluto em conformidade com o art. 186 do CC** — "aquele que, por ação ou omissão voluntária, negligência ou imprudência, violar direito e causar dano a outrem, ainda que exclusivamente moral, comete ato ilícito".

A proteção aos terceiros é necessária para o bem da sociedade, como um todo, e para a firmeza dos negócios, exigindo-se, somente, que seu erro provenha de circunstâncias aptas para enganar o cidadão.

Por isso, a aparência substitui a realidade em favor do que agiu levado por bons princípios, boa-fé e honestidade.

Teoria da aparência para Álvaro Malheiros é assim conceituada:

> "Nela, um fenômeno materialmente existente e imediatamente real manifesta um outro fenômeno — não existente materialmente nem imediatamente real. Esse fenômeno se manifesta de modo objetivo

através de sinais, de signos aptos a serem apreendidos pelos que dele se acercarem, e não através de símbolos, mas pelos próprios fatos e coisas, com base num comportamento prático, normal. O fenômeno manifesta-se como real, conquanto não o seja, porque essa base de relações e de ações, abstratamente verificável na generalidade dos casos, vem a falhar no caso concreto".

DA TRANSAÇÃO E DO COMPROMISSO

Os temas propostos neste capítulo em verdade serão apenas para um estudo inicial, pois a necessidade de estudar-se um extenso conteúdo de obrigações contratuais, no semestre, torna obrigatória essa divisão.

Da transação

A transação é um negócio jurídico bilateral pelo qual as partes envolvidas previnem ou extinguem relações jurídicas duvidosas, por meio de concessões recíprocas, ou, ainda, em troca de determinadas vantagens pecuniárias — tipificação nos arts. 840-850 do CC.

Os elementos constitutivos da transação estão vinculados ao acordo de vontades entre os interessados; à existência de um litígio ou de uma dúvida; à intenção de finalizar a discussão em torno do litígio, ocorrer a reciprocidade de concessões; e tem como fim a extinção ou a prevenção da demanda. Um aspecto relevante é o princípio da renúncia de direitos mesmo que parcial, e essa a razão pela qual a transação não pode ser ampliada analogicamente.

A transação é indivisível e o negócio é ato jurídico declaratório. **A transação pode ser judicial ou extrajudicial**: **judicial** — será judicial quando for realizada no curso de um processo, **extrajudicial** — será extrajudicial quando ocorrer com concessão mútua, por meio de documento como escritura pública ou particular, as partes prevenirem, evitando uma demanda judicial, mediante acordo.

Tanto na judicial como na extrajudicial, o objeto da transação somente pode versar sobre direitos patrimoniais de caráter privado.

Para a transação, podem ser aplicadas a nulidade absoluta (arts. 848 e 850 CC) e nulidade relativa (art. 849 do CC).

Do compromisso

O compromisso é um ato de vontade capaz de criar relações na órbita do Direito e, por conseguinte, é negócio jurídico. Ele se ultima pelo consenso de vontades de duas ou mais pessoas que indicam árbitros e se vinculam a acatar a decisão por eles proferida. Deve-se estudar, além dos arts. 851-853 do CC a Lei n. 9.307/96.

Trata-se de ato jurídico bilateral que cria obrigações para cada um dos envolvidos e compromissados. O compromisso é um misto de contrato e de pagamento.

A Lei n. 9.307, de 23 de setembro de 1996,estabelece em suas disposições gerais que as pessoas capazes de contratar poderão valer-se da arbitragem para dirimir litígios a direitos patrimoniais disponíveis.

O art. 18 da Lei n. 9.307/96 dispõe que o árbitro é juiz de fato e de direito, e a sentença que proferir não fica sujeita a recurso ou a homologação pelo Poder Judiciário. A lei deu efetivo sentido ao juízo arbitral.

Na verdade, a lei veio para proporcionar uma alternativa aos que buscam os seus direitos. Porém, foi muito criticada em razão de que teria a função de eliminar a justiça pública. O tempo vem demonstrando que não era esse o propósito, mas sim apenas e tão somente uma alternativa para quem assim entendesse.

No MERCOSUL, atualmente, para resolver as questões de litígios entre os Estados ou entre os Estados e os cidadãos, vem sendo utilizada a arbitragem.

Uma vantagem do compromisso é o fato de que o Estado consentiu que as partes sub-rogassem um juízo privado ao juízo público. A questão essencial é a de que, via juízo privado, ocorresse uma maior celeridade e uma menor quantidade de formalismo para resolver as pendências entre os particulares.

Tem-se ainda de distinguir o compromisso judicial, que se celebra por termo nos autos do processo judicial, do extrajudicial, o qual se aperfeiçoa por escritura pública ou particular assinada pelas partes e duas testemunhas.

Alguns pontos importantes da Lei n. 9.307/96

Da convenção de arbitragem e seus efeitos

As partes interessadas podem submeter a solução de seus litígios ao juízo arbitral previamente escolhido, mediante convenção de arbitragem. Entende-se por arbitragem a cláusula compromissória e o compromisso arbitral.

O compromisso arbitral poderá ser judicial ou extrajudicial.

O compromisso arbitral *judicial* será celebrado por termo nos autos perante o juízo ou tribunal, onde tem curso a demanda.

O compromisso arbitral *extrajudicial* será celebrado por escrito particular, assinado por duas testemunhas, ou por instrumento público.

No compromisso arbitral, obrigatoriamente constarão o nome, a profissão, o estado civil, o domicílio das partes, e dos árbitros, a denominação da pessoa jurídica, a matéria objeto da arbitragem e o lugar em que será proferida a sentença arbitral.

A extinção do compromisso arbitral ocorre em três circunstâncias, como no caso da escusa do árbitro indicado, no caso de falecimento ou de impossibilidade em darem o voto alguns dos árbitros indicados e no caso em que tenha expirado o prazo para apresentação da sentença arbitral, em conformidade com o art. 11 inciso III, da Lei n. 9.307/96.

Dos árbitros

A lei admite que qualquer pessoa capaz possa ser árbitro, desde que tenha a confiança e indicação das partes.

Os procedimentos de indicação estão formalizados, podendo ser arguidos os impedimentos assim como a recusa, por ter interesse direto no litígio. Os árbitros no exercício de suas funções ficam equiparados aos funcionários públicos para os efeitos da legislação penal, bem como o árbitro é juiz de fato e de direito, e a sentença que proferir não fica sujeita a recurso ou a homologação pelo Poder Judiciário.

Do procedimento arbitral

A lei considera instituída a arbitragem quando aceita a nomeação pelo árbitro ou árbitros, a qual pode ser entendida como tribunal arbitral.

Ocorrendo a arguição de suspeição ou impedimento, será o árbitro substituído, se for reconhecida a incompetência do árbitro ou do tribunal arbitral, bem como a nulidade, invalidade ou ineficácia da convenção de arbitragem, e serão as partes remetidas ao órgão do Poder Judiciário competente para julgar a causa. Da mesma forma, em não sendo acolhida a arguição, terá normal prosseguimento a arbitragem.

Da sentença arbitral

A decisão arbitral será proferida no prazo estipulado pelas partes. Porém, nada tendo sido convencionado, o prazo para a apresentação da sentença é de seis meses, contado da instituição da arbitragem ou da substituição do árbitro.

Quando for proferida a sentença, obrigatoriamente deverão constar os requisitos, como o relatório contendo o nome das partes e um resumo do litígio, o fundamento da decisão com análise do fato e de direito, o dispositivo em que apreciaram e resolveram o litígio, bem como a data e o lugar em que foi proferida a sentença.

Após o prazo de cinco dias, a contar do recebimento da notificação da sentença, a parte interessada, mediante procedimento legal, poderá solicitar ao árbitro ou ao tribunal que corrija erro material da sentença ou esclareça alguma obscuridade, dúvida ou contradição da sentença, assim como algum ponto que tenha ocorrido em caso de omissão.

Será nula de pleno direito a sentença nos casos em que for nulo o compromisso; se a decisão emanou de quem não podia ser árbitro; for proferida fora dos limites da convenção; não decidir todo o litígio submetido à arbitragem; se comprovado que foi proferida por prevaricação, concussão ou corrupção passiva; proferida fora do prazo legal; ou então descumpridas as regras do princípio do contraditório, da igualdade das partes, da imparcialidade do árbitro e de seu livre convencimento.

Do reconhecimento e execução de sentenças arbitrais estrangeiras

A lei da arbitragem cuidou e dispôs sobre o cumprimento de execução de sentenças estrangeiras. A sentença estrangeira será reconhecida e executada no Brasil, sempre em conformidade com os tratados internacionais com eficácia no ordenamento interno, e, na sua ausência, estritamente de acordo com os termos da lei de arbitragem.

A lei impõe uma única exigência para que possa ser reconhecida ou executada no Brasil a sentença arbitral estrangeira, ou seja, estará sujeita à homologação do Supremo Tribunal Federal. Posteriormente, pela Emenda n. 45 da CF, a competência passou a ser do Superior Tribunal de Justiça, conforme **art. 105, inciso I, letra "i" da CF**.

DOS ATOS UNILATERAIS

Os atos unilaterais permitem que se faça um estudo das obrigações extracontratuais. Obrigações que nascem de fontes não contratuais via declaração unilateral de vontade ou do ato ilícito, as quais se encontram regidas pelos dispositivos legais.

A declaração unilateral de vontade é uma das fontes das obrigações resultantes da manifestação ou da vontade de uma só pessoa, formando-se no instante em que o sujeito se manifesta, age ou pratica um ato com intenção de se obrigar.

A obrigação nasce independentemente da existência de uma relação creditória, que poderá surgir posteriormente e com esse surgimento é que ocorre o vínculo jurídico. Os atos unilaterais previstos são: da promessa de recompensa; da gestão de negócios; do pagamento indevido; e do enriquecimento sem causa.

DA PROMESSA DE RECOMPENSA

A promessa de recompensa nasce a partir do momento em que o sujeito declara sua vontade de gratificar quem venha a praticar determinado ato ou encontrar certo objeto, independentemente de consentimento do futuro e eventual credor. Necessário estudar-se os arts. 854-860 do CC.

Na promessa de recompensa, os requisitos exigidos são a capacidade do policitante, a licitude e possibilidade do objeto e a publicidade. Portanto, deve o promitente da recompensa ser maior e estar plenamente em sua capacidade, como o objeto ou o ato a ser praticado devem obedecer aos princípios dos bons costumes e ser lícitos, e, por fim, a publicidade deve ser mediante anúncio público, via órgãos de comunicação existentes.

Os efeitos da promessa de recompensa estão na vinculação mediante a oferta ao público, no direito do credor a receber o prêmio se comprovar a realização do serviço ou a satisfação da condição exigida, na revogabilidade da promessa, mas deve ser utilizado o mesmo procedimento de publicidade, e antes da conclusão da realização ou satisfação da condição exigida e, por fim, na possibilidade de concorrerem ao prêmio dois ou mais credores.

Portanto, o aperfeiçoamento do negócio ocorre com a mera promessa, por se tratar de um negócio unilateral. Cumpridas as formalidades, poderá o promitente revogar a recompensa, pois, no caso, presume o legislador que não ocorrerá qualquer prejuízo de quem quer que seja, por isso, é possível e lícito o arrependimento.

No caso de **concurso público**, o fato de escritores poderem apresentar monografias. Portanto, os participantes concorrem com o seu trabalho monográfico para alcançar o prêmio oferecido, desta forma, tanto pode ver seus esforços coroados de êxitos pela obtenção de fama e recompensa, como pode sofrer o vexame de ver seu trabalho rejeitado pela comissão julgadora. Nesse caso, temos um esforço considerado perdido.

DA GESTÃO DE NEGÓCIOS

A gestão de negócios é a administração voluntária de um negócio alheio, feita sem que se tenha autorização — tipificação nos arts. 861-875 do CC.

É o caso em que alguém age em nome de outrem sem ter autorização escrita ou verbal. Distingue-se do contrato por mandato, por exemplo. A gestão de negócio ocorre quando alguém, presenciando o estrago em propriedade alheia, ausente, procura reparar os estragos, mesmo sem autorização do proprietário do imóvel.

A distinção essencial que se deve fazer é entre a gestão de negócio e o mandato. Na gestão de negócio, tem-se a realização de **um *ato material***, porquanto no mandato tem-se por objeto a realização de **um *ato jurídico***.

Os pressupostos da gestão de negócio dizem respeito à ausência de qualquer convenção ou obrigação legal entre as partes, à inexistência de proibição por parte do dono do negócio, à vontade do gestor de gerir o negócio alheio, o caráter necessário da gestão, à licitude e fungibilidade do objeto de negócios e à ação limitada aos atos de natureza patrimonial.

As consequências jurídicas surgem, inicialmente, das obrigações do gestor perante o dono do negócio. As consequências são de administrar negócio alheio de acordo com o interesse e a possível vontade do dono, de realizar o comunicado da gestão ao dono assim que lhe for possível, de velar pelo negócio até a sua conclusão, de aplicar toda a sua diligência habitual na administração do negócio, de responder pelas faltas do substituto se assim ocorrer e no caso fortuito, e, por fim, de vincular-se solidariamente, como prestar contas de sua gestão.

Como não poderia ser diferente, também nascem os direitos do gestor, como os do reembolso das despesas feitas na administração da coisa, os de reaver a importância que pagou com as despesas de funerais e ter a restituição do que desembolsou com alimentos.

DO PAGAMENTO INDEVIDO

O pagamento indevido é uma das formas pelas quais o sujeito pode enriquecer ilicitamente. Assim, o legislador tipificou-o nos arts. 876-883 do CC para permitir que o lesado possa buscar os seus direitos legalmente.

O pagamento indevido decorre do pagamento de uma prestação feita indevidamente para o sujeito que não credor, gerando, desta forma, por imposição legal, o dever de restituir.

Duas são as espécies de pagamento indevido: a primeira, por indébito objetivo, que significa: se o *solvens* paga a dívida inexistente, ou existente, mas que já foi extinta, e a segunda, o indébito subjetivo, que significa: se há uma dívida que é paga por quem não é devedor ou por quem não é credor.

Os requisitos do pagamento indevido são, essencialmente, o enriquecimento patrimonial do *accipiens* à custa de outrem, o empobrecimento do *solvens*, a existência de relação de imediatidade, ausência de culpa, a falta de causa jurídica justificativa e a subsidiariedade da ação *in rem verso*. É permitido o direito de repetição, ou seja, exigir a restituição do que se pagou indevidamente por erro.

Como é permitido o direito de repetição, também existem as impossibilidades de repetição do indébito, como no caso de quem recebeu o pagamento indevido ao título, deixou prescrever a ação ou abriu mão das garantias que asseguravam o seu direito, da mesma forma não terá direito à repetição aquele que pagou com o propósito de obter fins ilícitos, imorais ou proibidos em lei.

DO ENRIQUECIMENTO SEM CAUSA

Se o *pagamento indevido* representa o gênero, o *enriquecimento sem causa,* por outro lado, não passa de espécie, de acordo com os arts. 884-886 do CC, o qual trouxe a solução da equidade, ou seja, que ninguém pode locupletar-se com o empobrecimento injusto de outrem.

Para que possa ser proposta ação *in rem verso*, é necessária a existência dos pressupostos, que são o enriquecimento por parte do réu, o empobrecimento por parte do autor, a existência de uma relação de causalidade entre os dois fatores e, finalmente, se o nexo de causalidade não estiver presente, a ação será incabível.

a) Enriquecimento por parte do réu — o sujeito passivo da ação terá de ter sofrido um aumento de seu patrimônio, de seu ativo, ou uma diminuição de seu passivo;

b) Empobrecimento por parte do autor — o sujeito ativo da ação, para que seja considerado como tal, terá de ter sofrido uma diminuição de seu patrimônio, ou seja, um empobrecimento patrimonial;

c) Existência de uma relação de causalidade entre os dois fatos — a causalidade determinada pelo enriquecimento de um deve ao mesmo tempo determinar o empobrecimento do outro;

d) Ausência de causa que os justifique — o sentido que se deve dar é o de que não pode haver nenhuma causa legal, ou inerente ao contrato, que justifique o empobrecimento do autor e o enriquecimento do réu. Se houver motivo dessa natureza, não se trata de enriquecimento sem causa, como é o exemplo das ARRAS.

Por fim, há de se ter a certeza de inexistência de qualquer outra ação cabível e que a única saída é a ação *in rem verso*, por isso, tem um caráter subsidiário.

Segundo Caderno

CONTRATOS — RESPONSABILIDADE CIVIL

PRIMEIRA AULA

Dos contratos em geral

A partir deste capítulo, vamos estudar a figura jurídica que reputo ser uma das mais importantes de todo o direito civil, afinal, quem não firmou algum tipo de contrato em algum momento da vida, com certeza firmará alguma espécie dos contratos previstos legalmente.

Por isso, parcela de doutrinadores afirma que o CONTRATO está para o **civilista**, assim como o **crime** está para o penalista.

Nos estudos jurídicos, existe a necessidade da convicção, e a convicção completa-se com subsídios de outras ciências humanas, **especialmente** com a *sociologia*, a *política* e a *economia*, as quais permitem que se tenha uma melhor distinção do *direito privado*, dentre os quais o *contrato*.

O contrato é uma das espécies mais difundidas, isso porque, na realidade, o contrato é a força da engrenagem socioeconômica do mundo pela excelência da circulação de riquezas, com o suporte em um contrato.

Mas, antes de adentrarmos no contrato, necessário fazer-se uma revisão dos aspectos sociológicos, políticos e econômicos.

Sociologia

A sociologia estuda entre outros temas o da integração [...]studa a relação contratual, especialmente do vínculo empregatício, entre [...]ador e empregado. Também estuda o desemprego que é um fator de in[...]medos e violência da sociedade como um todo. Esse estudo permite u[...]ito entre o direito público e privado e sua efetiva integração social.

Política

A política é exercida [...] Estado vem multiplicando esforços para encontrar soluções, m[...]s modelo vem sucumbindo, pois tanto no lado capitalista com[...]sta as dificuldades são praticamente as mesmas.

Porquanto um não tem o acesso à liberdade, do outro lado, a liberdade é mais palpável. Países que cumprem sua Constituição são mais democráticos, mais livres. O Estado muitas vezes se intromete demasiadamente nas relações contratuais privadas, como, por exemplo, taxando por lei o salário mínimo.

Economia

Na economia, modelos econômicos são defendidos. Alguns entendem que o Estado deva gerenciar a totalidade dos negócios, outros entendem que o Estado deve limitar-se a gerenciar as atividades de interesse concentrado, como a educação, a saúde e a segurança.

As demais atividades, mesmo sob o controle do Estado, devem ser exercitadas pela iniciativa privada, via concessão. Hoje já existem defensores do que se passou a denominar de uma parceria entre o Estado e a iniciativa privada. É uma discussão que com toda certeza não terá conclusão.

Conceito de Arnoldo Wald

Para o civilista Wald,

> "poucos institutos sobreviveram por tanto tempo e se desenvolveram sob formas tão diversas quanto o CONTRATO, que se adaptou a sociedades com estruturas e escalas de valores tão distintas quanto às que existiam na Antiguidade, na Idade Média, no mundo capitalista e no próprio regime comunista".

Esse conceito faz refletir que o direito de propriedade encontra no contrato um in... mento efetivo de sua concretização e muito mais ainda por ser o direito de prop... complexo e que congrega a faculdade do uso, do gozo e/ou da fruição, o de ...or e o de reivindicar a coisa, onde ela estiver.

Desta for... necessário que est...ra o sujeito dispor da propriedade, em sua plenitude, é pode-se exercer os di...sentes a posse, o domínio e a ação. Assim, pelo contrato, mais variadas formas. ...ais, a saber, *o de disposição da propriedade em suas*

Contrato de adesão

No início não se tinha ao cert... era nitidamente de adesão e, embora ... adesão permanece e com maior rigor. ...matização jurídica, mas o contrato ...o, conclui-se que o princípio da

O contrato, como o conhecemos, tornou-se mais nítido no Direito Romano e foi **Gaio** quem catalogou as denominadas ***fontes das obrigações contratuais***.

Gaio, em verdade, foi quem sistematizou e distribuiu o contrato em quatro categorias: a) o contrato, que representava as convenções, as avenças firmadas entre duas partes; b) o quase-contrato, que representava atos assemelhados aos contratos, os denominados atos humanos lícitos, como a gestão de negócios (**exemplo do art. 861 do CC**); c) o delito, que consistia no ilícito doloso cometido e causador de prejuízos para outrem; e d) o quase-delito, que configurava os ilícitos culposos, classificados por meio de negligência, imprudência ou imperícia.

Porém, para entender o contrato, sua origem, alguns sustentam que **não foi o Direito Romano que fez originar o que hoje denominamos de contrato, mas sim o movimento iluminista francês**, que apregoava que *firmada a vontade racional do homem como centro do universo, determinava a força do contrato, consagrando o princípio da* pacta sunt servanda, que nada mais era do que cumprir o que havia sido pactuado, com isso enfraquecendo o princípio da igualdade formal.

Na modernidade, o princípio da igualdade formal, que era considerado absoluto, converteu-se em um princípio de faz de conta ou um princípio apenas de retórica, isso em razão de que os contratos, como os de fornecimento de água, luz, telefonia, cartões de crédito, empréstimos em geral, seguros, transporte, concessão de serviços públicos e privados, são pactuados, hoje, sob a forma de contratos de adesão.

Código Civil — Lei n. 10.406

O Código Civil brasileiro de 2002 nos contratos estabelece o que se denomina como a parte geral e as várias espécies de contratos, **deixando, porém, de regular modalidades contratuais**, como o *leasing*, *franchising*, *factoring*, consórcio, contratos bancários, eletrônicos e até mesmo contratos de relações jurídicas homoafetivas.

DOS CONTRATOS PROPRIAMENTE DITOS

Os contratos em geral possuem diversas etapas, as quais são importantes e fundamentais para que possamos analisá-los e interpretá-los.

O primeiro aspecto é o da noção; o segundo, o da função social; o terceiro, o do fundamento da obrigatoriedade; o quarto, o dos elementos constitutivos e pressupostos de validade; e, por fim, o quinto, que compreende os princípios do direito contratual.

Noção do contrato

O direito civil é o principal ramo do direito PRIVADO. Trata-se do conjunto de NORMAS ou regras que regulam as relações jurídicas entre PARTICULARES que se encontram em uma situação de equilíbrio de condições negociais.

Como se sabe, as demais vertentes do direito privado, como o DIREITO DO TRABALHO, o DIREITO COMERCIAL e o DIREITO DO CONSUMIDOR, encontram sua origem no direito CIVIL, sendo dele separados com a finalidade de buscar-se a proteção das partes envolvidas, ou, ainda, a proteção de uma das partes, como no caso do TRABALHADOR e/ou CONSUMIDOR.

O direito civil tem como objetivo estabelecer regramentos nas relações jurídicas das pessoas FÍSICAS e JURÍDICAS, nas mais variadas formas de relacionamento, como à pessoa, à família, aos bens quanto a sua forma de aquisição, à sucessão (bens destinados depois da morte do possuidor), às obrigações de fazer ou não fazer e aos CONTRATOS.

Por isso, na noção dos contratos, o importante é ter-se a distinção entre atos *unilaterais* e os atos *bilaterais*, dos negócios jurídicos ou simplesmente contratos.

Porquanto os contratos ***unilaterais* se aperfeiçoem** pela manifestação da vontade de uma das partes, os contratos *bilaterais* dependem da coincidência de dois ou mais consentimentos, para que possam considerar-se aperfeiçoados.

Os contratos devem obedecer a uma estrutura, a qual passa pela natureza jurídica, aos elementos constitutivos e à validade do contrato. Portanto, o contrato é um negócio jurídico em que as partes contratantes, limitadas pelos princípios da função social e da boa-fé objetiva, regulam os efeitos patrimoniais que pretendem atingir, segundo a autonomia das suas próprias vontades, mas sempre respeitando as regras legais existentes.

Assim, a manifestação da vontade é essencial e, por isso se diz, **não havendo negócio, não há contrato.**

Por isso, podemos afirmar que o contrato *é o acordo de vontades para o fim de* ***adquirir, resguardar, modificar ou extinguir direitos***.

Portanto, *adquirir* refere-se especialmente aos contratos de compra e venda; *resguardar* refere-se ao princípio da tradição solene ou da tradição pela entrega do objeto; *modificar* refere-se à oportunidade de que os contratos podem sofrer modificações, desde que admitidas em lei ou por convenção das partes; e a *extinção* refere-se ao cumprimento da obrigação contratual ou extracontratual.

Aspectos civil-constitucionais e função social do contrato

O contrato deve ser um instrumento que tenha como propósito eminente o de conciliação de interesses contrapostos, manejado com vistas à pacificação e ao desenvolvimento social e econômico das partes contratantes.

O contrato, desta forma, não pode ser considerado um instrumento de opressão, mas sim de realização e satisfação entre as partes.

A **função social** deve ser respeitada pelo contrato, visto que existe previsão legal de tal princípio. Assim, a socialização do contrato não se harmoniza ao limite da ideia de interesses contrapostos, mas também à necessidade de verificação efetiva da função social da propriedade, com isso, revisando a ideologia acerca do contrato.

Desta forma, sem prejuízo ao exercício da autonomia privada, o contrato somente atenderá a sua função social quando contiver em sua redação o respeito à dignidade da pessoa humana; quando admitir a relativização do **princípio da igualdade das partes**, pelo princípio paritário (*embora seja muito complexa a aplicabilidade desse princípio*). Deve-se, desta forma, consagrar a cláusula da boa-fé, como a lealdade, a confiança, a assistência, a confidência e a informação, sem deixar de respeitar o meio ambiente e o valor social do trabalho.

Planos aplicáveis ao contrato

O contrato é uma das espécies de negócios jurídicos e reflete o pensamento dos sujeitos contratantes. O núcleo do negócio jurídico é o consentimento e sem essa manifestação o negócio será considerado inexistente, razão pela qual devemos perceber que o contrato deverá ter os elementos existência, validade e eficácia.

Da existência

Um negócio jurídico não surge do nada, exigindo-se, para que seja considerado como tal, o atendimento a certos requisitos mínimos, como o de manifestação de vontade, a presença de um agente/parte, o objeto do contrato, que consiste na prestação, e uma forma.

Da validade

O fato de um negócio jurídico ser considerado existente não quer dizer que ele seja perfeito, ou seja, com aptidão legal para produzir efeitos, o que exige o atendimento de determinados pressupostos legais representados pela existência de um contrato realizado de forma livre e de boa-fé e, ainda, que as partes tenham capacidade e legitimidade.

Da eficácia

Assim, ainda que o negócio jurídico existente seja considerado válido, ou seja, perfeito para o sistema que o concebeu, isto não importa em produção imediata de efeitos, pois estes podem estar limitados por elementos acidentais da declaração.

Portanto, o habitual é que o contrato passe a produzir efeitos imediatamente, todavia, em certos contratos, se inserem os elementos acidentais e que são o termo, a condição ou o modo/encargos que também devem ser cumpridos para que ele seja considerado válido.

OS PRINCÍPIOS CONTRATUAIS

Em regra, o contrato tem o princípio da liberdade na sua forma, portanto, admitindo-se os casos em que o sujeito lhe empreste um livro na sala de aula, temos um contrato de comodato; o ônibus que o estudante toma todos os dias, fazendo com que este PARE com um simples gesto, temos um contrato de transporte; no caso em que o sujeito entrega o jornal ao assinante todos os dias, temos um contrato de **compra e venda**; e por que não dizer também um contrato de prestação de serviços; e, ainda, se o sujeito, por sua liberalidade, no dia do lançamento do seu livro presentear o seu amigo, temos uma doação.

As formas contratuais estão previstas nos arts. 107 e 108 do CC, porquanto a prova, e que deve ser escrita para efeito probatório, está disposta nos arts. 227 do CC e 401 do CPC. Os princípios contratuais são a autonomia da vontade, o consentimento, a força obrigatória, a boa-fé, a função social e a equivalência material, os quais passamos a verificar individualmente.

Do princípio da autonomia da vontade

O princípio da autonomia da vontade é a liberdade de contratar e manifesta-se pela liberdade de contratar propriamente dita; liberdade de estipular o contrato; e pela liberdade de determinar o conteúdo do contrato.

Quando estamos a expressar *liberdade de contratar propriamente dita*, devemos observar que existem as limitações à liberdade de contratar. Essas limitações dizem respeito às leis de ordem pública e aos bons costumes, sendo necessária uma boa observação ao princípio, em virtude da complexidade e especialmente pela constante mutação das teorias, como dos contratos de adesão, representados pelos contratos bancários e pelos cartões de créditos; e dos contratos coativos, representados pelos contratos de prorrogação de locação urbana e rural.

Do princípio do consentimento ou consensualismo

No princípio do consentimento, a ideia do *simples consentimento* basta para formar-se o contrato. Trata-se de um princípio que recentemente vem sendo introduzido no pensamento jurídico. Portanto, pelo princípio do consentimento,

o acordo de vontades é suficiente à perfeição do contrato. Isso quer dizer que, se as partes são capazes de manifestar sua vontade, que é o consentimento, nada poderá tornar imperfeito o contrato.

Do princípio da força obrigatória ou da obrigatoriedade da convenção

O princípio da força obrigatória determina como regra principal que o *contrato é lei entre as partes*. Portanto, firmado o contrato e estando presentes todos os pressupostos e requisitos necessários a sua *validade, existência e eficácia*, o contrato passa a ter a regra que é a força obrigatória do contrato, **significando a *irretratabilidade do acordo de vontades***.

Princípios da relatividade dos efeitos do contrato

Por esse princípio, a avença apenas vincula as partes que nela intervieram, não APROVEITANDO nem prejudicando TERCEIROS, salvo raras exceções.

Da função social, da equivalência material e boa-fé objetiva

O contrato sofreu mudanças significativas, especialmente de mudanças de mentalidade jurídica. O negócio jurídico era avaliado sob o prisma formal dos seus pressupostos, como os de validade por ser agente capaz; objeto lícito e a forma prescrita em lei, com reflexos ambientais, trabalhistas, sociais e morais (como dos direitos da personalidade).

Desta forma, o contrato, para ser chancelado pelo PODER JUDICIÁRIO, deveria respeitar as regras formais de validade jurídica, mas MODERNAMENTE se deve ter presentes, além dos princípios tradicionais, **os princípios da *função social, da equivalência material e da boa-fé objetiva***.

Função social

Embora se tenha tipificado o princípio da função social no atual Código Civil, a socialização da ideia do contrato não é recente, pois já fazia parte e era praticada via jurisprudência pelos nossos Tribunais.

Paulo Nalin delimitou a função social ao afirmar que dois seriam os aspectos necessários para sua configuração: **o aspecto intrínseco e o extrínseco**.

No intrínseco, impõe-se a necessidade da lealdade negocial e da boa-fé objetiva.

No extrínseco, é necessário abranger o coletivo, desta forma, verifica-se o impacto eficaz na sociedade em que fora celebrado. Assim, obrigações contratuais que ESTAVAM esquecidas pelo individualismo, como DEVERES DE INFORMAÇÃO, CONFIDENCIALIDADE, ASSISTÊNCIA e LEALDADE, ressurgem e dão maior proteção à dignidade da pessoa humana, de acordo com o art. 421 do CC.

Assim, dois aspectos dos efeitos do negócio jurídico devem ser verificados e interpretados, e que dizem respeito aos dois defeitos que foram disciplinados, o da lesão e o do estado de perigo, de acordo com os arts. 156 e 157 do CC.

Exemplo: suponhamos que se tenha pactuado um contrato para a instalação de uma fábrica. Mesmo que formalmente a sua instalação esteja perfeita, mas, no caso, a legislação ambiental ou de segurança no trabalho tenha sido violada, não respeitando a função social, o PODER JUDICIÁRIO ACIONADO PODERÁ não chancelar a sua INSTALAÇÃO EM CONFORMIDADE com o previsto no art. 166, inciso IV do CC.

Equivalência material

Na equivalência, busca-se preservar o equilíbrio real de direitos e deveres no contrato, antes, durante e após a sua execução.

Da boa-fé

O princípio da boa-fé determina a necessidade de se interpretar o contrato. Isso quer dizer que devemos analisar cuidadosamente o contrato, devendo prevalecer a *intenção manifestada na declaração de vontades,* a qual consta do contrato, e não *a linguagem do contrato*.

Portanto, **boa-fé** parte do princípio de que os contratantes agem com lealdade e confiança recíprocas, sem o propósito de prejudicar quem quer que seja, mesmo terceiros na relação negocial. Para confirmar o princípio da boa-fé, o Código Civil fez dispor no art. 113. Para concluir o estudo, deve-se ver os arts. 421-426 do CC brasileiro.

2

SEGUNDA AULA

Da teoria da imprevisão

A teoria da imprevisão foi introduzida no direito brasileiro, de forma expressa e de caráter geral, inicialmente pela jurisprudência e depois pelas *leis especiais*.

A teoria da imprevisão está expressa na Lei n. 8.078/90, que é o Código de Defesa do Consumidor, e na Lei n. 8.245/91 de Locações Urbanas, com as alterações da Lei n. 12.112, de 9 de dezembro de 2009.

Para entender melhor a teoria da imprevisão, torna-se necessário retornar ao estudo do princípio da obrigatoriedade das convenções, isso porque, em tal princípio, o contrato vincularia as partes, que só se liberariam pelo distrato do contrato ou pela **impossibilidade de a prestação ser cumprida, e essa impossibilidade deveria ter sido provocada por caso fortuito ou por força maior**.

Na verdade, a doutrina resolveu reviver a tendência da velha cláusula *rebus sic stantibus,* que, em outras palavras, se consolida por meio da moderna teoria da imprevisão.

Porém, segundo o entendimento de Sílvio Rodrigues, não é mister que a prestação se torne impossível para que o devedor se libere do liame contratual. Basta que, por meio de fatos extraordinários e imprevisíveis, ela se torne excessivamente onerosa para uma das partes contratantes. Isso ocorrendo, pode o prejudicado pedir a rescisão do negócio.

Para Washington de Barros Monteiro, embora espose opinião contrária, a tese acolhedora da imprevisão vem sendo vitoriosa na doutrina e na jurisprudência, portanto, sua aplicabilidade não pode ser contestada.

Nesse particular, o **Código de Defesa do Consumidor** trouxe a inovação que é a possibilidade de *revisão dos contratos* pelo juiz, infirmando assim o princípio da força vinculante do contrato, criando um reforço para a chamada teoria da superveniência, via regramento legal.

Da possibilidade de revisão contratual

O advento da Constituição Federal do Brasil de 1988 normatizou que haveria a necessidade de se editar legislação em defesa do consumidor. Nasce, então, o Código de Defesa do Consumidor, Lei n. 8.078/90.

Portanto, o legislador estabeleceu critérios no **art. 6º, inciso V, do CDC**, possibilitando o direito de as partes proporem a *revisão contratual* e, desta forma, enfraquecendo o princípio da força vinculante do contrato, defendida por larga parcela dos doutrinadores e estudiosos do Direito.

Dispõe o art. 6º, inciso V, do CDC:

"São direitos básicos do consumidor: V — a modificação das cláusulas contratuais que estabeleçam prestações desproporcionais ou sua revisão em razão de fatos supervenientes que as tornem excessivamente onerosas."

O Código Civil brasileiro de 2002 incorporou a teoria da revisão contratual.

Desta forma, devemos estudar detalhadamente os artigos do Código Civil, que são:

"Art. 478. Nos contratos de execução continuada ou diferida, se a prestação de uma das partes se tornar excessivamente onerosa, com extrema vantagem para a outra, em virtude de acontecimentos extraordinários e imprevisíveis, poderá o devedor pedir a resolução do contrato. Os efeitos da sentença que a decretar retroagirão à data da citação."

"Art. 479. A resolução poderá ser evitada, oferecendo-se o réu a modificar equitativamente as condições do contrato."

As cláusulas que trazem onerosidade excessiva a uma das partes podem ser modificadas, para restabelecer o equilíbrio entre estas. O procedimento pode ser judicial ou espontâneo.

"Art. 480. Se no contrato as obrigações couberem a apenas uma das partes, poderá ela pleitear que a sua prestação seja reduzida, ou alterado o modo de executá-la, a fim de evitar a onerosidade excessiva."

Cabe, aqui, citar o art. 126 do CPC:

"O juiz não se exime de sentenciar ou despachar alegando lacuna ou obscuridade da lei. No julgamento da lide caber-lhe-á aplicar as normas legais; não as havendo, recorrerá à analogia, aos costumes e aos princípios gerais de direito."

Referente aos costumes, à analogia e aos princípios gerais de direito, constam no art. 4º da Lei de Introdução ao Código Civil.

Da teoria rebus sic stantibus e pacta sunt servanda

A teoria *rebus sic stantibus* consiste em que os contraentes se comprometem apenas *enquanto as circunstâncias se mantiverem*. Por isso, a teoria é defendida pelos *economistas*.

A teoria *rebus sic stantibus* também significa o direito de revisão dos contratos. Por seu turno, os *juristas* dirão que a manifestação de vontade dos contratantes é preciso respeitar, ou seja, o princípio da convenção-lei *pacta sunt servanda*, que significa ser necessário *respeitar a palavra dada*.

Assim, a teoria *pacta sunt servanda* significa a obrigatoriedade entre as partes. Portanto, temos duas teorias que permitem uma longa discussão, gerando muitas controvérsias jurídicas, sendo que as duas são admissíveis, dependendo sua aplicação dos fatores da conjuntura social e política.

Do caráter obrigatório do contrato

Com a constante discussão sobre qual das teorias se deva aplicar, torna-se necessário indagar "o que é que funda o caráter obrigatório do contrato?" A resposta não é assim tão fácil, isso porque há de se fazer uma distinção entre a teoria *rebus sic stantibus* e a teoria *pacta sunt servanda*.

A teoria *rebus sic stantibus, enquanto as circunstâncias se mantiverem*, tem aplicabilidade nos contratos firmados pelas associações, empresas, instituições e ainda nos contratos de trabalho. Nesses contratos, mesmo existindo a manifestação dos contratantes, não se pode pretender que essas vontades os obriguem eternamente.

A teoria *pacta sunt servanda respeita a palavra dada* e tem aplicabilidade em contratos que observam os princípios formais estabelecidos na legislação em vigor, pois, do contrário, temos o caos da organização do contrato social, formalizado via Constituição Federal.

Por isso, é preciso que a confiança nas virtualidades do futuro, que são representadas pelo crédito do tempo (contrato formal), seja observada, pois, não sendo assim e permitindo-se a cada instante um tipo de interpretação, não teremos como exigir o princípio da legalidade.

Vejamos o que dispõe o art. 180 do CC: "o MENOR, entre 16-18 anos, não pode, para eximir-se de uma obrigação, INVOCAR a sua idade se dolosamente a OCULTOU quando inquirido pela outra parte, ou se, no ato de obrigar-se, declarou-se maior".

DA CLASSIFICAÇÃO DOS CONTRATOS

A finalidade do estudo da classificação dos contratos é para acentuar as semelhanças e dessemelhanças entre suas múltiplas espécies. Num primeiro momento, os contratos parecem não possuir dessemelhanças, mas, ao estudar a sua classificação, vamos deparar com a existência destas entre as diversas espécies de contratos.

Portanto, a classificação permitirá uma visualização da **natureza dos contratos, o aperfeiçoamento, as regras para sua distinção, a consideração de uns em relação a outros e a separação para a formação dos contratos.**

Da natureza dos contratos

Os contratos comportam uma classificação no tocante a sua natureza e dividem-se em:

Unilaterais: São os contratos que se aperfeiçoam com a manifestação da vontade de uma das partes, como nos exemplos da doação pura, do comodato, do mútuo, do mandato, do depósito e da fiança: ou **Bilaterais:** São os contratos que se aperfeiçoam, quando a prestação for recíproca, ou seja, tanto comprador como vendedor realizam manifestações e possuem responsabilidades, como nos exemplos dos contratos de compra e venda, na troca, na locação e no transporte.

Onerosos: São os contratos em que ambas as partes sofrem sacrifício patrimonial, ou seja, a relação jurídica deve ser de equivalência, como nos casos da locação de imóvel, da empreitada e da compra e venda; ou **Gratuitos:** São os contratos em que somente uma das partes sofre sacrifício patrimonial, enquanto a outra apenas obtém benefício, como, por exemplo, a doação sem encargo, o comodato, o mútuo.

Comutativos: Os contratos onerosos subdividem-se em comutativos e aleatórios.

Os contratos comutativos são os de prestações certas e determinadas. Portanto, são contratos em que as partes têm conhecimento do valor da prestação e do objeto, como, por exemplo, na locação de imóveis e/ou móveis e na compra e venda pura; ou **Aleatórios:** São contratos em que pelo menos uma pessoa não pode antecipar o montante da prestação que receberá ou pagará. Portanto, são contratos que dependem de um fato futuro e imprevisível, como nos contratos de seguro de vida ou de coisa, de loteria, do jogo e da aposta.

Causais: São contratos que dão origem ao próprio contrato, e que é a obrigação; ou **Abstratos:** São contratos que em nosso meio são denominados de cambiais, como, por exemplo, a nota promissória, cuja força decorre da sua própria forma, independentemente da sua origem ou causa geradora.

Do aperfeiçoamento dos contratos

Os contratos, para que sejam admitidos e aperfeiçoados, devem cumprir algumas formalidades, e assim se distinguem:

Consensuais: São os contratos que se ultimam pelo mero consentimento das partes, independentemente da entrega da coisa, como a compra e venda de móveis; e **Reais:** São os que dependem para o seu aperfeiçoamento da entrega da coisa feita por um contratante ao outro e o consentimento. Esses contratos não se formam sem a tradição da coisa, como, por exemplo: o comodato, o mútuo e o depósito.

Solenes: São os contratos que dependem de formalidades como da escritura pública para se aperfeiçoar, como, por exemplo, os atos de escritura pública de compra e venda de imóveis, a escritura de pacto antenupcial e o testamento público; e **Não solenes:** São os contratos realizados de forma livre, em que apenas o consentimento é necessário para a sua formação. Os contratos mais comuns são os de locação, de comodato e de arrendamento rural de pequenas áreas.

Os contratos apresentam regras necessárias a sua distinção

Nesses contratos, as regras necessárias são apresentadas nos nominados ou típicos e inominados ou atípicos.

Nominados ou típicos: São contratos previstos na lei, como, por exemplo, a doação, o empréstimo, a permuta, o transporte, o seguro, a compra e venda, entre outros.

Inominados ou atípicos: São contratos não previstos na lei, ou seja, não estão disciplinados expressamente, mas são permitidos em razão de sua peculiaridade, como, por exemplo: o contrato de locação de caixa forte.

Não existe lei, mas são juridicamente permitidos pelo princípio da autonomia contratual, que é a vontade das partes, e por não contrariar os bons costumes.

Os contratos possuem uma consideração uns em relação aos outros

Quando nos contratos existem as denominadas considerações uns em relação aos outros é justamente para classificá-los em principais e acessórios. O contrato principal independe do acessório, porém, o acessório depende do principal.

Desta forma, o contrato principal tem existência própria, porquanto o acessório depende da existência do principal para sua existência. Os contratos considerados principais são, por exemplo, os de compra e venda, de locação, porquanto os acessórios estão subordinados ao contrato principal, como no caso da cláusula penal e da fiança.

Da separação para sua formação

É importante que se tenha o conhecimento de que os contratos possuem uma separação para a sua formação. Essa formação é denominada de contratos paritários, que são aqueles em que se supõe a igualdade entre as partes interessadas e as divergências são eliminadas pela transigência.

Nesses contratos, prevalece a autonomia da vontade, são os considerados contratos tradicionais; porquanto os contratos de adesão são aqueles em que uma das partes impõe à outra suas condições, como um todo, sem que a outra parte possa recusar qualquer cláusula ou condição do contrato.

O contrato de adesão é aquele em que as cláusulas são previamente estipuladas por apenas uma das partes, geralmente o fornecedor do contrato.

O **contrato de adesão** é na verdade uma mera anuência, como ocorre nos contratos bancários, de seguro, de arrendamento mercantil, de consórcio, de transporte e os celebrados com as concessionárias de serviços públicos, como de fornecimento de água, energia elétrica e gás.

Os contratos existentes, e que estudaremos em cada um de seus capítulos, são os de prestação de serviço; os de execução imediata, que são representados pelos contratos de compra e venda à vista; e os de execução continuada, como os contratos de compra e venda a prazo e os contratos de locação de imóveis.

Classificação quanto ao tempo

Os contratos podem ser instantâneos, que são os de execução imediata ou diferida, e os de duração determinada ou indeterminada. Os contratos possuem aspectos e função econômica que se subdividem em **cinco elementos**, quais sejam:

a) de troca, representados pela permuta de bens;

b) os associativos, que representam a coincidência de fins, como o caso da sociedade e da parceria;

c) de prevenção de riscos, que é o resguardo de dano futuro e eventual, como no caso do contrato de seguro;

d) de crédito caracterizado pela obtenção de um bem para ser restituído posteriormente, como no mútuo (empréstimo); e

e) de atividade, que é a prestação de uma conduta de fato, como no caso dos contratos de emprego, prestação de serviços, etc.

DA INTERPRETAÇÃO DOS CONTRATOS

Ao examinarmos a interpretação dos *contratos* ou da *lei*, nasce a necessidade de esclarecer o *exato* sentido de uma norma jurídica. Para que o estudo possa fluir, o entendimento será por meio da hermenêutica.

A hermenêutica é o campo da tecnologia jurídica dedicada ao estudo dos métodos de interpretação, como afirma Fábio Ulhoa Coelho. Esses métodos de interpretação são o gramatical, o lógico, o sistemático, o teleológico e o histórico.

Da interpretação gramatical

Pela interpretação gramatical, a mais elementar, o intérprete sustenta o sentido da norma interpretada a partir do exame de seus vocábulos, com vistas a precisar-lhe o significado e, quando necessário, a categoria morfológica ou função sintática.

Da interpretação do método lógico

O emprego do método lógico revela as incongruências nas normas jurídicas, isto é, imprecisões nos enunciados normativos que obstam um raciocínio rigorosamente lógico acerca de seu significado. A ambiguidade no uso das expressões é exemplo desse tipo de imprecisão que o método lógico está apto a desnudar.

Da interpretação do método sistemático

O emprego do método sistemático tem por pressuposto um ordenamento dotado de logicidade interna. Aceita a premissa, segue-se que as normas devem ser interpretadas sempre em consonância com as demais integrantes do mesmo ordenamento. O método sistemático, assim, recomenda a articulação das normas jurídicas entre si e com os princípios do direito como forma de encontrar seu significado.

Da interpretação do método teleológico

Pelo método teleológico, interpreta-se a lei tendo em vista os objetivos que nortearam sua edição. As normas do Código de Defesa do Consumidor, por exemplo, devem ser teleologicamente interpretadas como preceitos destinados à proteção dos consumidores em suas relações com os fornecedores.

Da interpretação do método histórico

O método histórico procura desvendar, na interpretação da lei, a intenção do legislador. Parte do pressuposto de que a lei deve ser aplicada tal como pretendido pela autoridade que a editou. O método histórico objetiva garantir estrita observância à divisão de competência entre legisladores e juízes.

Com a existência de diversos métodos, cada defensor terá argumentos capazes de convencer que a sua é a mais indicada, porém, não existe o melhor método de interpretação, isso porque, qualquer um deles pode ser legitimamente empregado quando estiver em análise a norma jurídica.

Nesse sentido, Fábio Ulhoa Coelho afirma que não existe a interpretação verdadeira ou mais correta — **como exemplo, temos é os repositórios de jurisprudência**, que estão repletos de julgados que conferem sentidos diferentes às mesmíssimas disposições legais.

Portanto, com a hermenêutica, procura o intérprete não apenas descobrir qual foi a vontade do legislador, mas especialmente qual foi a vontade concreta da lei. Nesse particular, o art. 112 do CC é um exemplo por dispor que "nas declarações de vontade se atenderá mais à intenção nelas consubstanciada do que ao sentido literal da linguagem".

Da interpretação dos contratos

A constatação da necessidade de interpretação da lei faz com que tenhamos o seu conhecimento para poder ter uma boa interpretação dos contratos. Não se pode interpretar o contrato sem que se tenha conhecimento da lei e isso faz com que estejamos atentos aos princípios subjetivos e objetivos postos no contrato.

Primeiramente, faz-se alusão às regras de caráter subjetivo, as quais dizem respeito à análise da intenção das partes. Cumpre ao Magistrado, no caso de divergências entre os contratantes e a obscuridade do texto, estabelecer e procurar o que as partes efetivamente pretendiam.

Em **segundo momento, para que se possa interpretar** o contrato, deve-se estabelecer quais são as regras de caráter objetivo, que dizem respeito ao exame das cláusulas em si mesmas.

Isso delimitado, observam-se as principais regras do contrato, partindo sempre das regras de caráter subjetivo e de caráter objetivo, que são de duplo efeito, de cláusulas ambíguas, de expressão, cláusulas impressas e de boa-fé:

Duplo efeito — Quando o contrato apresenta duplo sentido, deve-se interpretá-lo de maneira que possa gerar algum efeito.

De cláusulas ambíguas — As cláusulas ambíguas interpretam-se de acordo com o costume do lugar.

De expressão — As expressões, em caso de dúvidas, devem ser interpretadas conforme a natureza e o objeto do contrato.

De cláusulas impressas — As cláusulas impressas ou formuladas por um dos contratantes interpretam-se, na dúvida, em favor do outro.

Da boa-fé — A boa-fé também deve estar presente na interpretação do contrato. Isso porque nenhum contrato é firmado com o pressuposto da má-fé.

Da hermenêutica — A hermenêutica vem a ser o exercício quotidiano do jurista; a contribuição eficaz de ligação intertemporal. Não é o Magistrado chamado a decidir casos de hoje com a ajuda de textos e uma legislação de ontem, tendo simultaneamente em mente o precedente que a sua decisão poderá representar para o amanhã.

A reinterpretação da doutrina, da legislação, dará vida a soluções que não tinham a princípio solução aparente. A hermenêutica encontra-se entre o mundo da legislação e dos textos e o mundo do intérprete.

O Código Civil brasileiro não reservou capítulo especial à interpretação do contrato, mas nominou diversos artigos que devem ser analisados, especialmente os arts. 112, 113, 114, 423 e 819 e também o art. 47 da Lei n. 8.078/90, o art. 4º da Lei n. 9.610/98, a jurisprudência e a doutrina que criam regras de hermenêutica, para facilitar a aplicação do direito.

TERCEIRA AULA

Das fontes das obrigações contratuais

Do fato jurídico natural ou humano

As fontes das obrigações e/ou fatos jurídicos dão origem aos direitos subjetivos, dentre eles os obrigacionais. Para essa realização, deve existir uma força de propulsão ou uma causa, que se denomina *fato jurídico*.

Portanto, temos como fonte das relações **obrigacionais o *fato jurídico***, o qual deve ser devidamente qualificado como uma *vontade humana* ou, então, prevista na *lei*.

O fato jurídico divide-se em **natural ou humano**. Relembrando que o *fato natural* advém de fenômenos naturais, sem que haja a intervenção da vontade humana, mas que produz efeito jurídico. Como exemplo desse fenômeno temos o caso do raio que atinge um barco. O barco, quando atingido pelo raio, estava tripulado por pessoas e os efeitos deste poderão produzir direitos e deveres jurídicos.

O raio determina que teremos os efeitos jurídicos da destruição do bem e, no caso dos tripulantes do barco, o advento de lesões corporais ou de morte. No caso de morte, haverá a necessidade da realização do procedimento jurídico do inventário. Para o barco, se estava garantido com seguro, haverá por parte da seguradora a responsabilidade de indenizar no valor pactuado.

Por outro lado, o ***fato humano*** depende da vontade do homem. Portanto, o fato só ocorrerá com a participação do homem e divide-se em **voluntário e involuntário**.

O fato é *voluntário* quando produz os efeitos jurídicos desejados pelo agente, no caso de pretender atingir com violência certa e determinada pessoa.

O fato é *involuntário* quando acarreta as consequências jurídicas alheias à vontade do agente. Os atos ilícitos produzem efeitos previstos na norma jurídica, como a sanção. **Exemplo: acidente de trânsito**.

O cumprimento da obrigação pode ocorrer de forma obrigatória ou facultativa. Na forma obrigatória, haverá a necessidade da intervenção do Poder Judiciário. Na forma facultativa, haverá o acordo e/ou a transação das partes envolvidas.

Do contrato

O contrato é o acordo de duas ou mais vontades, na conformidade da ordem jurídica, destinado a estabelecer uma regulamentação de interesses entre as partes contratantes, com a finalidade de **adquirir, modificar ou extinguir relações jurídicas de natureza patrimonial**.

Os requisitos do contrato encontram-se previstos no art. 104, incisos I, II e III, do CC, os quais se dividem em subjetivos e objetivos. Portanto, para a validade do contrato, os requisitos necessários são de agente capaz, objetos lícitos, possíveis, determinados ou ao menos determináveis, e a forma prescrita ou não defesa em lei.

Dos requisitos subjetivos

Os requisitos são subjetivos, porque deverão estar representados por, no mínimo, *duas pessoas*; pessoas que deverão possuir *capacidade genérica* para praticar os atos da vida civil, conforme dispõem os arts. 3º e 4º do CC; as partes deverão *estar aptas* para contratar, portanto, não pode haver nenhuma *proibição*, como no caso do art. 496 do CC; e o *consentimento das partes*, as quais deverão estar isentas de vícios, como do erro, dolo, coação, lesão, estado de perigo, simulação ou fraude a credores.

Dos requisitos objetivos

Os requisitos são objetivos, porque é fundamental que estejam presentes a *licitude do objeto* do contrato, como no caso de moeda nacional, isso porque a atual legislação contém proibição às moedas estrangeiras; a *possibilidade física* ou jurídica do objeto do negócio jurídico, como exemplo o art. 426 do CC; e o *objeto* do contrato que deverá ser *determinado* ou ao menos determinável.

No contrato determinado, temos como exemplo um veículo marca X, com chassi, placas e demais descrições.

No contrato ao menos determinável quando apenas se faz referência, como, por exemplo, de um veículo marca X; e que o *objeto tenha valor econômico*. Portanto, o bem deve ser de apreciável valor econômico e poderá ser convertido em moeda.

Da formalidade

O terceiro requisito é o da formalidade do contrato. O Código Civil brasileiro estabelece as regras da formalidade em seus arts. 107 e 108. Portanto, a validade da declaração de vontade não dependerá de forma especial, senão quando a lei expressamente a exigir.

Por isso, no caso de compra e venda de bens imóveis, para a validade do negócio jurídico, os quais visem à constituição, transferência, modificação ou renúncia de direitos reais, o instrumento essencial é o público e lavrado em Cartório competente.

Da origem do contrato

A obrigação contratual propriamente dita tem origem em um fato humano ou na lei. Por isso, torna-se necessário que tenhamos conhecimento de que essa origem pode ser de fonte mediata, a qual ocorre do fato humano, como o contrato, a declaração unilateral de vontade e os atos ilícitos, ou de fonte imediata, que nasce pela lei, porque só a lei empresta eficácia ao fato humano ou a qualquer manifestação volitiva.

Portanto, o nosso estudo propriamente dito tem **três grandes temas**. O primeiro é o estudo da *teoria das obrigações contratuais*, o segundo, o estudo da *teoria das obrigações extracontratuais*, e o terceiro diz respeito à *responsabilidade civil*.

A função da teoria das obrigações contratuais é a de constatar que o contrato como negócio jurídico é resultante de acordos de vontades, de modo a uniformizar sua feição e excluir qualquer controvérsia, seja qual for o tipo de contrato, desde que se tenha uma manifestação de vontades, e que no mínimo essa manifestação seja bilateral, e, ainda, a de verificar se o vínculo obrigacional decorrente do contrato resulta de lei.

DA FORMAÇÃO DOS CONTRATOS

O nascimento de um contrato segue um verdadeiro processo de formação, e o seu início (nascimento) ou negociação ocorre com as tratativas preliminares. A formação do contrato enseja a interpretação.

Exemplo: Suponhamos um contrato unilateral em que se pretenda observar a *simulação*, como no caso da emissão de um *cheque*.

Assim, o ***cheque, como um título*** de crédito e de pagamento à vista, é regulado pela Lei n. 7.357/85, porém, na interpretação da emissão de um cheque pós-datado, dependendo da circunstância, não será possível aplicar somente o que dispõe a lei. Isso porque, em alguns aspectos, como da forma como foi emitido o cheque, da sua quitação e, especialmente, do prazo de sua liquidação, com força processual, deverá ser buscada a solução no Código Civil, no Código de Processo Civil brasileiro e na própria lei do cheque.

Desta forma, inicialmente se deve ter em mente que o Código Civil transformou a *simulação de anulabilidade*, de acordo com o art. 102 do CC de 1916, em hipótese de *nulidade pleno iuris*, de conformidade com o art. 167 do CC de 2002.

Assim, o art. 167 do CC diz *ser nulo o negócio jurídico simulado*. Parte-se desta forma, para o caso de um cheque pós-datado. Para uma boa interpretação, torna-se necessário que se observe se o cheque teve contratação de prazo ou a termo. Necessário, ainda, que se verifique o município que será descontado o cheque, no mesmo município, o prazo é de 30 dias, se em outro município, o prazo será de 60 dias para ser descontado.

Ainda, não se pode esquecer o que dispõe o art. 32 da Lei do Cheque, de ser uma *ordem de pagamento à vista*, ou seja, não permite que se estipule prazo para o seu pagamento. E, por fim, necessário nominar corretamente o *cheque pós-datado*.

Verifica-se ainda que correntes doutrinárias afirmam que o cheque pós-datado se caracteriza pela *dissimulação* e não pela *simulação*. Sustentam, os defensores da tese, que a lei do cheque não *veda* (não proíbe) a emissão do título com data futura, por isso, não se pode afirmar-lhe a *ilicitude*.

Mas a sua licitude ocorreu da apreciação pelo Superior Tribunal de Justiça, que fora questionado e assim se posicionou:

> *"O cheque pós-datado emitido em garantia de dívida não se desnatura como título cambiariforme, tampouco como título executivo extrajudicial. Portanto o cheque não perde a cambialidade e a executoriedade, em acordo com o art. 585, inciso I do CPC".*

Portanto, admite-se a licitude do cheque, mesmo que pós-datado, embora o cheque tenha por determinação legal a condição de um título de crédito de pagamento à vista.

Da formação

Na formação dos contratos, vamos encontrar e analisar o consentimento, a proposta e a aceitação, que fazem parte da interpretação dos contratos. Temos ainda os **elementos essenciais, acidentais e específicos do contrato**.

Elementos ESSENCIAIS são as partes capazes, vontade livre (sem vícios), objeto lícito, possível, determinado ou determinável, e forma prescrita e não defesa em lei.

Elementos ACIDENTAIS do contrato estão no plano da eficácia, caso da condição, termo e encargo.

Elementos ESPECÍFICOS do contrato são os elementos naturais, que o identificam, caso do preço na compra e venda e do aluguel na locação.

Do consentimento

Não havendo forma especial, o contrato poderá ser celebrado por escrito, mediante escritura pública ou instrumento particular, sendo aceito o verbal em algumas situações. Quando as partes aplicam e aceitam o contrato verbal, denominam-se esses negócios jurídicos de *costume "contra legem"* (*costume contra a lei*).

Da proposta

É uma declaração receptiva de vontade, dirigida por uma pessoa a outra, manifestando sua intenção de vínculo jurídico, se a outra parte aceitar, conforme o que dispõe o art. 427 do CC.

Entre presentes, pelo contato direto; entre ausentes, deverá o contato ser obrigatoriamente por carta, telegrama ou outra forma eletrônica. Para a formação dos contratos entre ausentes, **duas teorias são aceitas**, a teoria da cognição, em que a resposta do aceitante deve chegar ao conhecimento do proponente, e a teoria da agnição, que dispensa que a resposta chegue ao conhecimento do proponente.

Surgem, ainda, as subteorias da declaração, da expedição e da recepção.

Cognição = resposta deve chegar ao conhecimento do proponente; e

Agnição = dispensa que a resposta chegue ao proponente.

Da aceitação

Tanto na proposta como na aceitação haverá a necessidade de estar presente a manifestação de vontade da parte. A aceitação é a manifestação da vontade que pode ser expressa ou tácita.

A aceitação pode ser tardia; modificativa, quando ocorre uma contraproposta; e a aceitação pode ser tácita, como no caso da reserva de acomodações em um hotel. Na aceitação pode ocorrer a retratação.

Contrato pela Internet *— Eletrônicos*

Embora a legislação não tenha avançado na normatização da contratação pela *Internet*, o contrato celebrado por essa via pode ser firmado entre presentes, como por meio de *chat*, teleconferência, salas de bate-papo.

Pode também ser celebrado entre ausentes, como é o caso de negócio celebrado via *e-mail*, não havendo comunicação imediata entre as partes.

Enunciado n. 173 do CJF:

"A formação dos contratos realizados entre pessoas ausentes, por meio eletrônico, completa-se com a recepção da aceitação pelo proponente."

Aplica-se a teoria da agnição na subteoria da aceitação.

Lugar da formação do contrato

Aplica-se o art. 435 do CC.

Proposta no Código de Defesa do Consumidor

Quanto à informação ou publicidade, aplica-se o art. 30 do CDC que assim dispõe:

"Toda informação ou publicidade, suficientemente precisa, veiculada por qualquer forma ou meio de comunicação com relação a produtos e serviços oferecidos ou apresentados, obriga o fornecedor que a fizer veicular ou dela se utilizar e integra o contrato que vier a ser celebrado".

Tem-se, ainda, no art. 35, o caso em que, se houver a recusa do fornecedor quanto ao cumprimento da oferta, o consumidor poderá exigir o cumprimento forçado, aceitar outro produto ou rescindir o contrato.

DOS CONTRATOS BILATERAIS

Os contratos bilaterais possuem dois aspectos considerados relevantes e que merecem nossa atenção.

1º) Os contratos bilaterais são aqueles ajustes que envolvem prestações recíprocas de cada uma das partes contratantes, pois cada qual das partes do contrato se obriga a determinado sacrifício, como exemplo, nos contratos de compra e venda em que o vendedor entrega a coisa vendida e o comprador paga o preço pela coisa e dela toma posse.

2º) Os contratos bilaterais, em razão da reciprocidade e se nada se estipulou quanto ao instante de seu cumprimento, há de se entender serem devidos simultaneamente.

Comporta, porém, uma exceção. Para melhor entendimento, transcreve-se a definição de Carvalho Mendonça, afirmando que "uma parte demandada pela execução do contrato pode excluir a ação invocando o fato de não ter a outra também satisfeito a prestação". Esse ato é um meio de defesa processual. Desta forma, enquanto a AÇÃO representa processualmente falando um meio de ataque, a EXCEÇÃO É NA VERDADE A DEFESA.

Conclui-se o estudo dessa parte dos contratos com a leitura dos arts. 427-435 do CC.

4

QUARTA AULA

Das estipulações contratuais

Os contratos em regra só devem gerar efeitos entre os próprios sujeitos contratantes. Porém, como toda boa regra comporta as **denominadas exceções**, vamos estudar as **três modalidades de estipulações contratuais** relacionadas com terceiros sujeitos da relação jurídica: *são elas a estipulação em favor de terceiro, promessa de fato de terceiro e contrato com pessoa a declarar.*

DA ESTIPULAÇÃO EM FAVOR DE TERCEIRO

Os contratos de estipulação em favor de terceiro ocorrem quando, num contrato entre duas pessoas, se pactua que a vantagem resultante do ajuste reverterá em benefício de um terceiro que é pessoa estranha à convenção e nela sequer é representada.

Nessa relação jurídica, aparecem três figuras, que são o estipulante, o promitente e o beneficiário: estipulante é aquele que estabelece a obrigação; promitente, o que se compromete a realizar o benefício; e o beneficiário, o destinatário final da obrigação. O estipulante obtém do *prominente* a promessa em favor do *beneficiário.* Pode-se citar como exemplo mais evidente de *estipulação em favor de terceiro* o do seguro de vida. Nesse caso, a pessoa — *estipulante* —, mediante o pagamento de prêmios anuais, consegue da seguradora — *promitente* — a promessa de pagar a terceira — *beneficiária* —, em razão de evento futuro e incerto, uma indenização previamente estipulada.

Nessa modalidade, *o terceiro beneficiário* não é parte no *negócio jurídico*, mas apenas se beneficia do estipulado no contrato.

Da natureza jurídica

Quando se enfrenta o tema sobre a natureza jurídica da estipulação de terceiro, também se faz necessário acrescentar que tanto o estipulante como o terceiro beneficiário podem exigir o cumprimento da obrigação, em conformidade com o que preceitua o art. 436 do CC, que dispõe: "o que estipula em favor de terceiro pode exigir o cumprimento da obrigação".

O Código Civil dispõe ainda que, *se porventura ocorrer a exoneração do obrigado*, esta *equivalerá à revogação do negócio jurídico*. O Código Civil também admite ser possível o surgimento de algumas possibilidades, como a da substituição do terceiro por ato entre vivos ou por disposição de última vontade.

No primeiro caso, teremos a substituição do terceiro, pelo estipulante, mas que deve ser previamente estipulado. Portanto, se não existir a ressalva, o terceiro beneficiado terá um direito irremovível à prestação estipulada.

Por outro lado, existem os defensores da tese de que ao estipulante é possível a qualquer momento revogar ou inovar o terceiro, desde que o faça antes do cumprimento da obrigação, quando se tratar de estipulação gratuita.

Porém, na estipulação onerosa, o procedimento terá de obedecer ao ajustado. Para a substituição do terceiro quando a estipulação for remunerada, a liberalidade do estipulante desaparece em virtude do interesse do beneficiário. Para ocorrer a substituição, somente se o beneficiário anuir no contrato.

A estipulação em favor de terceiro também ocorre frequentemente nas convenções coletivas de trabalho, em que os acordos realizados pelos Sindicatos da categoria beneficiam a todos os trabalhadores.

Ver arts. 436-438 do CC.

DA PROMESSA DE FATO DE TERCEIRO

Trata-se em verdade de um negócio jurídico submetido a um fator de eficácia ligado a um elemento acidental que não se limita ao débito, mas sim à obrigação pelo não cumprimento do contrato.

Assim, quando alguém se compromete em nome de outro a ministrar uma palestra em um encontro estudantil, caso o palestrante não realize a sua tarefa, ou seja, de comparecer no dia marcado para palestrar, é óbvio que, não tendo participado do ACORDO, não poderá ser compelido a fazê-lo, porém, caso tenha acordado, teremos outra relação jurídica.

A promessa de fato de terceiro é uma obrigação de FAZER que, não sendo executada, se resolve em perdas e danos.

Da liberação do promitente

O Código estabelece o caso de *assunção da obrigação* pelo terceiro, que é o de liberar o promitente, pois, tendo assumido a obrigação, o terceiro passou a ser o principal devedor. A assunção da obrigação pelo terceiro, seja qual for ela, libera o promitente.

Portanto, no caso de alguém prometer levar um clube de futebol com atleta de renome para uma determinada partida de futebol, sem ter obtido do Clube e do atleta a devida autorização, e não sendo cumprida a obrigação, responderá por perdas e danos perante os contratantes, no caso, os promotores do evento.

Da distinção de outras figuras contratuais

O contrato que promete fato de terceiro tem semelhança com o contrato de *fiança*, mas não pode ser confundido, isso porque a garantia fidejussória é um contrato acessório é a promessa de fato de terceiro é principal. Da mesma forma não pode ser confundido com o *mandato*, por faltar ao contrato de promessa de fato de terceiro a *representação*. Apenas dois arts. 439-440 do CC fazem referência ao assunto.

DO CONTRATO COM PESSOA A DECLARAR

Ao lado da estipulação a favor de terceiro e da promessa de fato de terceiro, o legislador contempla o contrato *com pessoa a declarar*, que se relaciona com o *mandato*, conforme o art. 685 do CC, e com a *gestão de negócios*, de acordo com o art. 861 do CC, mas sem se confundir com esses contratos. Por outro lado, o contrato com pessoa a declarar é similar ao contrato de *cessão de crédito e débito*.

Tais contratos são admitidos na área mercantil e na área de exportação e importação.

O contrato com pessoa a declarar é uma das inovações do Código Civil e nessa modalidade de contratos existe o interesse de um dos contratantes em ocultar a pessoa, a qual poderá ser substituída.

Trata-se de uma cláusula inserida no contrato, pela qual, no momento da conclusão deste, uma das partes *reserva a si o direito de indicar a pessoa* que deverá adquirir direitos ou assumir as obrigações, tudo de acordo com o que dispõe o art. 467 do CC.

Do prazo

O prazo para que seja indicado o substituto é de cinco dias, conforme dispõe o art. 468 do CC, para o efeito de declarar se aceita a estipulação. Da mesma forma o efeito da aceitação, em que, sendo aceito, produz efeito ex tunc, em conformidade com o art. 469 do CC, isso porque, feita validamente a nomeação e manifestada a aceitação, a pessoa nomeada adquire os direitos e assume as obrigações do contrato, desde a data de sua celebração.

Trata-se, desta forma, de contrato no qual se introduz a cláusula especial **PRO AMIGO ELIGENDO**, pela qual uma das partes se reserva a faculdade de nomear quem assuma a posição de contratante.

Da eficácia e validade do contrato

Por fim, deve ser salientado que a eficácia do contrato só terá validade entre os contratantes originários nos seguintes casos: não havendo indicação da pessoa a declarar, art. 470, I (1ª parte) do CC; se o nomeado se recusar a aceitar sua nomeação, art. 470, I (2ª parte) do CC; e se a pessoa indicada for insolvente, art. 470, II.

O contrato de promessa de fato de terceiro ocorre quando alguém promete em nome de outrem, sem a devida concordância, sendo assim, o que prometeu responderá por perdas e danos. Portanto, a pessoa só se torna devedora de uma obrigação por manifestação de sua própria vontade, por força da lei ou em decorrência de ato ilícito por ela praticado.

Desta forma, se alguém promete ato de terceiro, este não se obriga, a menos que dê sua anuência à proposta. Razão pela qual a pessoa se tornará devedora de uma obrigação por manifestação de sua própria vontade, por força de lei, ou em decorrência de ato ilícito por ela praticado.

Em verdade, pode existir a uma das partes que o negócio deva-se manter no anonimato durante a fase das tratativas, até o momento da conclusão do contrato, quando então será revelada a identidade à outra parte contratante.

Diversas seriam as razões que poderiam justificar tal comportamento, mas destacamos duas:

1ª impedir a supervalorização do preço da mercadoria ou serviço, devido à situação financeira privilegiada do proponente; e

2ª evitar, por questões estratégicas de mercado, que sejam descobertas, de antemão, as pretensões empresariais de uma das partes envolvidas em um determinado negócio.

Distinção de cessão de contratos e de pessoa a declarar

Na cessão, o cedente transfere a sua própria posição contratual de crédito e débito ao cessionário, que passará a substituí-lo na relação jurídica, porquanto no de pessoa a declarar a faculdade de indicação já vem prevista originalmente, embora podendo não ser exercida.

Conclui-se o estudo referindo-se aos arts. 467-471 do CC, devendo-se ter em mente sobre a existência do contrato de **PROMESSA DE COMPRA E VENDA**, previsto nos arts. 1.417 e 1.418 do CC.

5

QUINTA AULA

Dos vícios redibitórios

Os vícios redibitórios são defeitos ocultos, pelos quais a *coisa recebida em virtude de contrato comutativo* por estes pode ser enjeitada, e que a tornem imprópria ao uso a que se destina, ou lhe diminuam o valor. Constatado o vício redibitório, *pode ser enjeitada pelo adquirente, desde que não sirva para os fins a qual foi pretendida a sua aquisição, ou lhe diminua o valor.*

O fundamento da responsabilidade do alienante repousa no princípio da garantia — GARANTIA que é do adquirente.

Por isso, a coisa recebida em virtude de contrato comutativo pode ser enjeitada por vícios ou defeitos ocultos que a tornem imprópria ao uso a que é destinada, ou lhe diminuam o valor. A exceção existente encontra-se prevista no art. 442 do CC, ou seja, o adquirente tem o direito da opção de ficar com o objeto ou de reclamar apenas o abatimento no preço.

Desta forma, tanto o vício redibitório como a evicção são institutos jurídicos que têm a finalidade de resguardar ou garantir o adquirente de determinada coisa em contratos translativos da posse ou da propriedade, inclusive nas doações onerosas.

Do fundamento jurídico

O vício é posterior à aquisição da coisa, assim, o defeito acompanha a coisa quando da sua tradição.

Os doutrinadores procuram explicar a teoria dos vícios redibitórios, via teoria do erro, teoria do inadimplemento contratual, teoria dos riscos e ainda a teoria da equidade.

Cabe ressaltar que se deve fazer a distinção entre o vício redibitório e o inadimplemento contratual.

No vício redibitório, o contrato é cumprido de maneira imperfeita, porquanto, ocorrendo inadimplemento, o contrato é descumprido. Exemplo típico: na compra de trigo com específico para farinha, porém, recebe trigo de outro tipo, não há vício redibitório, mas inadimplemento contratual. Lembramos que o trigo tem uma classificação especial, denominada de *específico,* que determina a qualidade e o preço do produto.

No caso do inadimplemento contratual, o negócio pode ser desfeito com perdas e danos, por não haver uma das partes cumprido com sua obrigação, nos termos do art. 389 do CC.

Da distinção entre vício redibitório e erro

Mesmo com a semelhança entre vício redibitório e erro, existem diferenças pontuais. No erro, a diferença diz respeito à *qualidade essencial* do objeto principal da declaração, conforme art. 139, I do CC, que afirma que *o erro é substancial* quando ocorre como o disposto no inciso I do artigo referido, ou seja, *interessa à natureza do negócio, ao objeto principal da declaração, ou a alguma das qualidades a ele essenciais.*

Portanto, no erro, o defeito é de ordem *subjetiva*, porquanto no vício redibitório o defeito é de ordem *objetiva*.

No *erro*, podemos citar como exemplo o sujeito que adquire um relógio que funciona perfeitamente, mas não é de prata, como o adquirente havia imaginado (admitindo-se que o sujeito o adquiriu por ser de prata), nesse caso, trata-se de erro quanto à qualidade essencial do objeto.

Porém, mesmo que o relógio fosse de prata, mas não funcionasse por causa de defeito de uma peça interna, configurar-se-ia a hipótese de vício redibitório. Portanto, o objeto não representa um defeito ou vício, mas sim erro (o relógio era de lata). O erro provoca o direito de anulação do negócio jurídico.

As ações edilícias dizem respeito à edificação de obras públicas e as suas normas. Ainda, podemos afirmar resumidamente que: a teoria da evicção parcial consiste na perda da propriedade de um bem móvel ou imóvel, por força do reconhecimento judicial ou administrativo do direito anterior de terceiros.

A teoria do erro tem dimensão subjetiva por incidir sobre a vontade do adquirente e, no caso do vício, dimensão objetiva. A teoria do risco admite duas linhas de aplicação, a que decorre da própria lei e a que decorre por definição em direito civil, devendo o risco traduzir uma ideia de perigo concreto.

Assim, erro é uma representação equivocada da realidade, uma opinião não verdadeira a respeito do negócio, que pode ser do objeto ou da pessoa, com quem se trava a relação jurídica. O vício é uma garantia legal prevista para os contratos comutativos em geral.

Dos prazos

No atual Código Civil, o prazo é de decadência e não de prescrição, como no anterior. O prazo decadencial é diferente para obter a redibição ou o abatimento, no caso de bens móveis e imóveis. Os prazos constam no art. 445 e parágrafos do CC.

Prescrição no Código Civil de 1916

No Código Civil de 1916, os prazos de prescrição constavam no art. 178 e seus parágrafos, ou seja, o prazo de prescrição para o erro, e que na realidade se trata de anulação, constava do art. 178, § 9º e a ação anulatória era de quatro anos; e o prazo de prescrição para os vícios redibitórios constava do art. 178, § 2º, sendo 15 dias para coisas móveis, e art. 178, § 5º, IV, de 6 meses para coisas imóveis.

Exemplo: suponhamos que João estivesse na posse de uma fazenda, pertencente a Raimundo, há 2 anos, na qualidade de ARRENDATÁRIO. O arrendatário resolve, então, comprá-la.

Em tal caso, se vier a perceber a existência de vício redibitório (defeito oculto) terá que prazo para reclamar? O prazo será de um ano, reduzido à metade a contar da data do REGISTRO do título de transferência no Cartório de Imóveis para propor a ação competente.

Do fundamento jurídico do CDC

A proteção dispensada pelo CDC ao consumidor é muito mais ampla do que aquela prevista no Código Civil. O sistema protetivo é verificado nos arts. 18, 24 e 25 da Lei n. 8.078/90.

Por isso, em um caso em que o erro, o defeito for de ordem subjetiva, existe um ato volitivo que se não teria externado se não viciasse a falsa concepção da realidade, enquanto no outro, ou seja, no de vício redibitório, o defeito é objetivo.

Assim, a coisa apresenta uma imperfeição a ela peculiar, produto do uso, ou da má fabricação. O CDC não cuida de diferenças dos vícios, diferentemente do Código Civil que estabelece diferenças, conforme já vistas.

Do procedimento processual

No procedimento processual, as espécies de ações para a defesa contra os defeitos admitidos ao adquirente de coisa portadora de vícios redibitórios são duas. A primeira de rescindir o contrato e a segunda de requerer o abatimento no preço.

Na primeira, se o sujeito rejeitar a coisa, poderá pleitear a rescisão contratual, com a devolução do preço pago, mediante o procedimento processual denominado ***ação redibitória***.

Na segunda, se o sujeito pretender conservar o objeto, poderá fazê-lo, reclamando apenas o abatimento no preço, mediante *ação de devolução de quantia ou estimatória*. Cabe ressaltar que o credor envolvido deverá optar pela redibição ou pela diferença de preço, mas, feita a escolha, não admite recuo, por ser irrevogável.

Assim, o **art. 503 do CC dispõe que nas coisas vendidas conjunta-mente**, o defeito oculto de uma não autoriza a rejeição de todas. Temos a hipótese de exceção de descabimento das espécies de ações de redibição e estimatória. Por isso, afirmam os doutrinadores que só a coisa defeituosa pode ser restituída e o seu valor deduzido do preço, salvo se formarem um todo inseparável.

Concluí-se o estudo dos arts. 441-446 do CC.

DA EVICÇÃO

A evicção é uma figura jurídica que lembra a ideia de perda. Evicção é a garantia contratual dos contratos onerosos, em que ocorre a perda pelo adquirente (evicto) da posse ou da propriedade da coisa transferida por força de uma sentença ou por ato administrativo que reconheceu o direito anterior de terceiro, denominado evictor. A evicção concede a terceiro seu verdadeiro dono com o reconhecimento legal (pelo juízo) da existência do ônus de garantia.

Assim, o fundamento jurídico da evicção vem a ser a perda da coisa, por força de sentença judicial fundada em motivo jurídico anterior, que confere a terceiro, seu verdadeiro dono, com o reconhecimento em juízo da existência de ônus sobre a mesma coisa, não denunciado oportunamente no contrato.

Portanto, ocorre a evicção quando da compra e venda feita de quem não era dono. O verdadeiro dono reclama judicialmente e obtém êxito na lide, e o comprador sofre a evicção.

Para se configurar a evicção, necessário que se tenha a aquisição do objeto, a PERDA DA POSSE ou da PROPRIEDADE e PROLAÇÃO DE SENTENÇA JUDICIAL ou EXECUÇÃO ADMINISTRATIVA.

Desta forma, na sentença judicial promulgada pelo juiz, administrativa, como exemplo, podemos informar a apreensão policial de bens, como no caso de contrabando.

Das partes da evicção

A evicção exige para sua formalização a presença de **três partes no evento:** o alienante, o evictor e o evicto.

O **alienante**, que responde pelos riscos da evicção e irá suportar as consequências da decisão judicial;

O **evictor**, o terceiro que reclama e é bem-sucedido, ou seja, vencendo a ação de forma parcial ou total;

O **evicto**, o adquirente vencido na demanda movida por terceiro que é o evictor.

A responsabilidade da evicção decorre da lei e independe de previsão contratual. **Exemplo:** Suponhamos o caso em que João venda para José certo bem, e posteriormente Pedro, dizendo-se proprietário do objeto alienado, venha a acionar José mediante uma ação que se denomina de ação reivindicatória. José, para exercer o direito resultante da evicção, deverá dar conhecimento da ação a João.

Temos na relação a denunciação à lide, que vem a ser o ato pelo qual o autor ou o réu chama a juízo a terceira pessoa. A terceira pessoa que garante o seu direito, a fim de resguardá-lo no caso de serem vencidos na demanda, de acordo com o previsto nos arts. 70 a 76 do CPC.

Da responsabilidade pela evicção

Para que possa ser configurada a responsabilidade na evicção, é necessário que o contrato provenha de título oneroso, derive de sentença judicial, ocorra a denunciação à lide e tenha ocorrido a perda total.

Por outro lado, são necessários quatro fatos para a configuração da evicção: a onerosidade da aquisição do bem, de acordo com o que dispõem os arts. 447 e 552 do CC; a sentença judicial, transitada em julgado; o chamamento à autoria do alienante (denunciação à lide), conforme os arts. 456 do CC e 70 do CPC; e a perda parcial ou total da propriedade ou da posse da coisa alienada pelo adquirente. Não ocorrendo a perda, também não ocorrerá a evicção. A perda pode ser total ou parcial.

Da perda total ou parcial

Ocorre a evicção por perda total com a restituição integral do preço e com indenização prevista no art. 450, I e III do CC.

Ocorre a evicção por perda parcial quando o adquirente for privado do gozo de uma servidão ativa, nesse caso, poderá optar entre a rescisão contratual ou o abatimento no preço, de forma proporcional, conforme o art. 455 do CC. Portanto, perda, parcial ou total, é a que sofre o adquirente de uma coisa, em consequência da reivindicação judicial promovida pelo verdadeiro dono ou possuidor.

Transcreve-se a definição de Coelho da Rocha sobre evicção dizendo

> "ser a evicção a perda de que o possuidor de uma coisa sofre em parte ou em todo, em virtude de sentença obtida por um terceiro que a ela tinha direito anterior à venda".

Do reforço, da redução e da exclusão da responsabilidade pela evicção

A evicção é decorrente natural do contrato de compra e venda e de todos os demais contratos resultantes da aquisição do *domínio* ou da *posse*, de acordo com os arts. 448 e 449 do CC, os quais afirmam que as partes podem estabelecer a responsabilidade pela coisa ou receber o preço que pagaram pela coisa.

Do direito do evicto

Na evicção, pode-se verificar os direitos do evicto, os quais são em número de três, sendo o primeiro de demandar, o segundo, de reclamar e o terceiro, de obter o valor das benfeitorias:

a) Demandar pela evicção, exceto conforme o previsto no art. 449 do CC, que observa a exclusão, em caso de não ter sido privado pelos meios judiciais, mas por *caso fortuito, força maior, roubo* ou *furto*;

b) Reclamar indenização em conformidade com o disposto no art. 450 e seus incisos do CC;

c) Obter o valor das benfeitorias necessárias ou úteis que não lhe foram abonadas, pois, se é possuidor de boa-fé, deverá receber do alienante o valor delas, conforme o que dispõem os arts. 96, §§ 2º, 3º, 453 e o 1.221 do CC, ou, então, o direito de reter as benfeitorias de acordo com o art. 1.219 do CC.

O art. 96 do CC dispõe que as *benfeitorias podem ser voluptuárias, úteis ou necessárias:* as voluptuárias são as de mero deleite, como exemplo, a construção de uma piscina; as úteis são as que aumentam ou facilitam o uso do bem, como exemplo, a construção de um banheiro; as necessárias têm por finalidade a conservação do bem, como exemplo, a troca do telhado.

Por fim, cabe, ainda, ressaltar que, em caso de deterioração do bem, ocorrendo sua demolição aplica-se a redução do valor, como exemplo, o que preceitua o art. 452 do CC, se *foi vendido material resultante da demolição do prédio, o valor será reduzido da quantia do negócio.*

O estudo da evicção conclui-se com os arts. 447-457 do CC.

DOS CONTRATOS ALEATÓRIOS

O contrato aleatório opõe-se aos contratos comutativos. Nos contratos comutativos, as prestações apresentam uma relativa equivalência, como também as partes podem avaliar, desde logo, o seu montante.

Por isso, possui características como as de ser oneroso e bilateral. Nos contratos aleatórios, o montante da prestação de uma ou de ambas as partes não pode ser desde logo previsto, por depender de um risco futuro, capaz de provocar sua variação.

O contrato aleatório significa *perigo, azar, incerteza de fortuna*, portanto, um ato que depende do acaso. O contrato aleatório é um negócio que está ligado à ideia de risco de perder ou de ganhar, de um ou de ambos os contratantes, e, por depender de um evento incerto, que pode dar lucro ou pode dar prejuízo, caracteriza que a incerteza do evento tem de ser das partes, sob pena de não subsistir a obrigação.

Da espécie

Os contratos aleatórios em sua espécie podem ser devido a sua natureza, como a *rifa, o bilhete de loteria, a constituição de renda*, conforme o art. 806 do CC; e do jogo e aposta, de acordo com os arts. 814 e 817 do CC; e, por outras circunstâncias, por terem as espécies como objeto coisa incerta ou ainda de valor incerto, como o *contrato de garimpo, o de pesquisa, e o de direito à herança ignorada.*

O legislador disciplinou as vendas aleatórias em *emptio spei, emptio rei speratae e a venda de coisa já existente*, porém, exposta a risco.

Da venda emptio spei

A venda *emptio spei* significa que *o adquirente compra o risco de as coisas compradas virem ou não virem a existir*, sendo, por isso, denominada da *esperança* ou da probabilidade de as coisas existirem.

O art. 458 do CC dispõe: "se o contrato for aleatório, por dizer respeito a coisas ou fatos futuros, cujo risco de não virem a existir um dos contratantes assuma, terá o outro direito de receber integralmente o que lhe foi prometido, desde que de sua parte não tenha havido dolo ou culpa, ainda que nada do avençado venha a existir."

A venda da esperança ocorre quando a pessoa se propõe a pagar determinada importância ao pescador pelo que ele apanhar na rede que está na iminência de lançar ao mar; mesmo que, ao retirá-la, constate não ter apanhado nenhum peixe, terá o pescador direito ao preço integral, se agiu de forma habitual e diligente.

Da venda de coisa já existente, mas exposta a risco

A venda de coisa já existente vem *a ser o objeto que se perdeu, danificou, ou, ainda, sofreu depreciação*, de acordo com os arts. 460 e 461 do CC. Trata-se da venda de coisas futuras que versam sobre bens existentes, as quais podem estar sujeitas ao risco de se perderem, danificarem ou, ainda, sofrerem depreciação.

Como exemplo da venda da coisa já existente, mas exposta a risco, temos o da *mercadoria vendida e embarcada em navio, assumindo o comprador a responsabilidade de ela chegar ou não ao seu destino, mesmo que ela desapareça ou tenha perecido, a venda será válida e o vendedor terá o direito ao preço ajustado.*

Da venda emptio rei speratae

A venda *emptio rei speratae* significa o risco assumido pelo adquirente e não diz respeito à existência futura da coisa comprada, mas à sua existência em maior ou menor quantidade. É a venda denominada de *esperada*.

Pode-se definir a venda esperada assim se exemplificando: se alguém adquiriu a safra de soja do ano vindouro, seja qual for a quantidade, pelo preço de R$ 5.000,00 (cinco mil reais), se nada se colher, desfeito estará o contrato, porém, em se colhendo alguma coisa, ainda que *ínfima*, o contrato produzirá efeitos e o vendedor receberá o preço ajustado da venda e compra.

Portanto, estudamos **DUAS vendas aleatórias**: a) Venda de coisas futuras quanto à existência (art. 458 do CC) e quanto à quantidade (art. 459 do CC); e b) Venda de coisas existentes, mas expostas a risco (art. 460 do CC).

Desta forma, os contratos aleatórios estão previstos nos arts. 458-461 do CC.

6 SEXTA AULA

Do contrato preliminar

Quando se pretende definir um instituto jurídico não é uma tarefa que se possa dizer definitiva, havendo, portanto, sempre a possibilidade de divergências para a fixação dos limites de sentido e significado.

Desta forma, o contrato preliminar é um acordo por meio do qual as partes criam em favor de uma ou mais pessoas a faculdade de exigir o cumprimento de um contrato apenas projetado, ou seja, um contrato em que se tem a obrigação de FAZER um contrato definitivo.

O contrato preliminar, exceto quanto à forma, deve conter todos os requisitos essenciais ao contrato a ser celebrado, de acordo com o art. 462 do CC. Quando o **artigo se refere à dispensa**, faz menção à escritura pública que é dispensável nos contratos preliminares.

Pontos relevantes

O art. 108 do CC dispõe sobre a necessidade de escritura pública a certos tipos de contratos:

> "não dispondo a lei em contrário, a escritura pública é essencial à validade dos negócios jurídicos que visem à constituição, transferência, modificação ou renúncia de direitos reais sobre imóveis de valor superior a 30 (trinta) vezes o maior salário mínimo vigente no País."

O contrato preliminar será utilizado quando o contrato for provisório, em virtude, por exemplo, do elevado número de prestações ou, ainda, pela necessidade de aguardar a liberação de financiamento. O contrato preliminar pressupõe a efetivação de um contrato definitivo. Pode-se, ainda, mencionar que o contrato preliminar é um contrato-promessa.

Outros **dois aspectos relevantes:** o primeiro, que o contrato preliminar também pode ser nominado de pré-contrato; o segundo, o de que o legislador poderia ter aproveitado e unificado essa espécie de contrato com o contrato de promessa de compra e venda, o qual vem elencado nos arts. 1.417 e 1.418 do CC.

Do arrependimento

Se as partes contratantes não fizerem constar a cláusula de arrependimento, qualquer dos sujeitos terá a prerrogativa de exigir da outra a celebração do contrato definitivo, em conformidade com o art. 463 do CC.

Duas reflexões

A primeira reflexão que se faz é referente ao art. 463 do CC, cujo parágrafo único deve ser interpretado como fator de eficácia perante terceiros, se deve verificar a palavra **DEVE** que na verdade é **PODE**. Desta forma, se o contrato não for registrado, haverá compromisso BILATERAL gerando uma obrigação de **FAZER**, porém, se houver o REGISTRO, haverá direito REAL de aquisição, gerando obrigação de **DAR**.

A segunda reflexão diz respeito ao art. 1.088 do CC de 1916. O referido artigo dispunha que:

> "Quando o instrumento público for exigido como prova do contrato, qualquer das partes pode arrepender-se, antes de o assinar, ressarcindo à outra as perdas e danos resultantes do arrependimento, sem prejuízo do estatuído nos arts. 1.095 a 1.097."

Do prazo e da natureza

Como qualquer contrato, o prazo e a natureza são elementos importantes, isso porque o prazo pode ser convencionado pelas partes ou então estar previsto legalmente, já a natureza da obrigação preliminar é somente de contratos de DAR, portanto, não cabem contratos de obrigaçao de fazer. **Nas obrigações de fazer,** a parte pode reclamar apenas perdas e danos, conforme previsto no art. 465 do CC combinado com os arts. 402 a 405 do CC que normalizam os *lucros cessantes* e os *danos emergentes*, como as demais cominações dos juros legais, da correção monetária e dos honorários.

Por fim deve-se fazer a leitura dos arts. 462-466 do CC.

DA EXTINÇÃO DO CONTRATO

Estudamos até agora os atos e fatos jurídicos. Desta forma, se o ato/fato jurídico é todo o ato lícito que tenha por fim imediato adquirir, resguardar, transferir, modificar, resta agora, antes de estudar as espécies contratuais, abordarmos a extinção dos direitos contratuais.

Na extinção do contrato, cabe analisar o distrato, art. 472 do CC; a resilição unilateral, art. 473 do CC; a cláusula resolutiva, art. 474 do CC; assim como a exceção de contrato não cumprido, art. 476 do CC e estabelecer critério para a resolução por onerosidade excessiva, art. 478 do CC. Os contratos, em geral, têm um período de existência, portanto, os contratos nascem do acordo de vontades, produzem os efeitos que lhes são próprios por sua espécie e, cumprido o seu ciclo, extinguem-se.

Humberto Theodoro Júnior ressalta que:

> "Ao contrário dos direitos reais, que tendem à perpetuidade, os direitos obrigacionais, gerados pelo contrato, caracterizam-se pela temporalidade. Não há contrato eterno. O vínculo contratual é, por natureza, passageiro e desaparece naturalmente, tão logo o devedor cumpra a prestação prometida ao credor."

Apresenta-se aqui um resumo das formas de extinção dos contratos

Extinção dos contratos			
Formal	**Atos anteriores**	**Atos posteriores**	**Morte**
Cumprimento da obrigação como pactuado	a) invalidade contratual b) cláusula de arrependimento c) cláusula resolutiva expressa	1. Resolução = descumprimento 2. Resilição = direito da parte	Contratos
Art. 319/320 Ver exemplo art. 940, CC	a) nulo/anulável b) art. 420 CC e 49 CDC c) art. 128/474 - opera de pleno direito	1.a) inexecução voluntária b) inexecução involuntária c) cláusula resolutiva tácita d) resolução por onerosidade excessiva	1 — personalíssimos/ cessação contratual 2 - pela sucessão
		2.a) bilateral b) unilateral	

Inexecução voluntária — inadimplemento culposo — art. 389 do CC. Involuntário a = força maior/caso fortuito. Cláusula resolutiva tácita com notificação.

Bilateral pelo distrato — art. 472. Unilateral pela denúncia (Lei n. 8.245/91 cheia e vazia), revogação (mandante), renúncia (mandatário) e exoneração unilateral (fiança — art. 835).

A extinção dos contratos ocorre, em regra, pela execução, que pode ser de forma instantânea, diferida ou continuada, liberando o devedor e satisfazendo o credor. Portanto, a forma normal de extinção do contrato é a sua execução e comprova-se o pagamento pela quitação fornecida pelo credor.

Não sendo cumprida de forma normal, a extinção pode ocorrer via *extinção anormal*. A extinção dos contratos pode ocorrer pelo distrato, pela resilição e pela resolução, e, ainda, é permitida pela rescisão contratual.

Ocorre a extinção do contrato pelo distrato desde que o acordo seja efetivado entre as partes contratantes, extinguindo o vínculo estabelecido no contrato; a extinção do contrato pela resilição dá-se pela dissolução do contrato feita por ambas as partes, que demonstram o desejo de romper o pactuado; a extinção do contrato pela resolução, pela necessidade de recorrer à dissolução contratual via sentença judicial.

Doutrinadores sustentam que a *rescisão* não é uma extinção do contrato, isso porque a interrupção do vínculo contratual ocorre por iniciativa de uma das partes. Portanto, se a extinção normal do contrato ocorre por sua execução, a qual deverá ser atestada pelo credor, e o devedor a comprova via pagamento e documento de quitação, conforme o que dispõem os arts. 319, 320, 322 e 323 do CC —, temos aqui a quitação.

Por isso, a rescisão não pode ser considerada uma extinção, mas uma interrupção contratual de forma unilateral.

Da dissolução

As causas de dissolução dos contratos podem ser anteriores à formação do contrato ou posteriores à sua formação.

A extinção contratual anterior à celebração do contrato ocorre por nulidade, cláusula resolutória, arrependimento e redibição.

Desta forma, primeiramente estão incluídos os defeitos decorrentes do não preenchimento dos requisitos, como os subjetivos, os objetivos e a formalidade, que afetam a validade, acarretando, assim, a nulidade absoluta ou relativa do contrato.

Por outro lado, temos os casos do implemento da condição resolutiva que poderá ser tácita ou expressa, sendo que, na tácita, se aplica o art. 475 do CC; e na expressa, os contratantes podem estipular que, em caso de rescisão contratual, seja necessária a interpelação judicial, sujeitando-se o faltoso às perdas e danos.

No terceiro caso, está o exercício do direito de arrependimento convencionado entre as partes. Pode, ainda, a parte interessada recorrer ao art. 49 da Lei n. 8.078/90 e ao art. 420 do CC e, por fim, o contrato pode ser extinto pela redibição, art. 441 do CC.

A extinção contratual posterior à celebração do contrato ocorre por resilição, resolução, rescisão ou morte do contratante.

No caso da resolução por inexecução voluntária do contrato, opera-se quando houver inadimplemento culposo do contrato por parte de um dos contratantes; resolução por inexecução contratual involuntária, em caso de força maior ou caso fortuito, a resolução opera-se de pleno direito, sem ressarcimento de perdas e danos; resolução por onerosidade excessiva, conforme o disposto nos arts. 478 e seguintes do CC, porém, deve-se estar atento ao evento que impossibilite o adimplemento do contrato por uma das partes, em que se terá a resolução contratual.

O art. 128 do CC afirma que:

> Sobrevindo a condição resolutiva extingue-se, para todos os efeitos, o direito a que ela se opõe; mas, se aposta a um negócio de execução continuada ou periódica, a sua realização, salvo disposição em contrário, não tem eficácia quanto aos atos já praticados, desde que compatíveis com a natureza da condição pendente e conforme aos ditames de boa-fé."

Na resilição bilateral ou unilateral, três são as circunstâncias a serem enfrentadas:

— Resilição bilateral ou distrato — ocorre o rompimento do negócio jurídico pela vontade de ambos os contratantes, como dispõe o art. 472 do CC;

— Resilição unilateral — é a dissolução do contrato pela simples declaração de uma das partes, art. 473 do CC. Pode-se citar como exemplo a resilição no mandato, no comodato, no depósito, conforme os arts. 653, 579 e 627 do CC respectivamente;

— Morte de um dos contratantes — só será causa extintiva de contrato **se este for personalíssimo**. Se ocorrer essa hipótese, o contrato extingue-se de pleno direito, produzindo efeitos *ex nunc*.

No caso de rescisão contratual, trata-se de uma interrupção do vínculo contratual, por uma das partes. Portanto, a interrupção não é uma extinção do contrato.

Na verdade, a rescisão contratual é usada como **sinônimo de *resolução* e de *resilição*** e deve ser empregada em hipóteses de contratos que sofreram algum tipo de lesão ou que foram celebrados em estado de perigo, conforme o que dispõe o art. 157 do CC.

Outras maneiras de interpretação da extinção

Os contratos extinguem-se por diferentes formas, e cada uma destas formas podem ou não trazer satisfação do crédito.

Vamos apontar uma sequência de extinção, como no caso da quitação, da denúncia, revogação, renúncia, arrependimento, distrato, rescisão, cessação, nulidade, anulabilidade, resolução e resilição, inadimplemento absoluto, relativo, adimplemento ruim antecipado.

A quitação não se confunde com obrigação — quitação ou pagamento é o cumprimento da obrigação.

Denúncia pode ocorrer no contrato de prestação de serviços — art. 599 do CC; na empreitada suspensa pelo dono — art. 623 do CC; no de depósito — art. 633 do CC. A denúncia ainda pode ocorrer nos contratos de locação, como cheia ou vazia — art. 47, III da Lei n. 8.245/91; na revogação dos mandatos conforme o art. 682, I, do CC.

Arrependimento é uma manifestação unilateral da vontade de um dos contratantes, conforme já relatado.

Distrato é um acordo entre as partes contratantes, pelo qual elas extinguem o contrato, é vontade bilateral dirigida expressamente à extinção da relação contratual.

Cessação é a extinção pela morte de um dos contratantes ou, ainda, quando se trata de um contrato personalíssimo.

Nulidade ou anulabilidade: a nulidade é vício insanável, nem mesmo o decurso do tempo o convalesce, de sorte que ação respectiva é imprescritível. Por outro lado, a anulabilidade é vício sanável, portanto, capaz de gerar efeitos e sofrer ratificação.

Inadimplemento absoluto — art. 389 do CC (não cumprida a obrigação, responde o devedor por perdas e danos) — relativo art. 394 do CC (da mora do devedor que não efetuar o pagamento e o credor que não quiser recebê-la) — antecipado art. 331 do CC (não tendo sido ajustada a época para pagamento, pode o credor exigi-lo imediatamente.

Conclui-se, remetendo o leitor aos arts. 472-480 do CC.

SÉTIMA AULA

Das várias espécies de contratos

Mesmo que o legislador tenha tipificado no Código Civil brasileiro diversos contratos, os quais serão estudados, inovou ao preceituar no art. 425 que ***é lícito às partes estipular contratos atípicos, observadas as normas gerais fixadas neste Código***.

A multiplicação e complexidade das operações econômicas, determinadas pela crescente expansão das atividades de produção, de troca e de distribuição de serviços, as quais não mais estão atreladas a um consumo interno, mas também externo, pela crescente globalização, fazem surgir os denominados contratos atípicos, sendo inegável a necessidade de ampará-los em legislação.

Essas relações jurídicas determinam a necessidade da criação da teoria geral, na lei, para regulamentar todos os novos negócios, dando guarida, ao menos pelo que ora dispõe o Código Civil, quando assegura a obrigatoriedade de ser enfocada a liberdade de contratar, a qual será exercida nos limites da função social, como dos princípios de probidade e boa-fé e de estipular contratos atípicos.

Apresentação dos contratos de compra e venda:

Contrato pelo qual o vendedor se obriga a transferir o domínio ao comprador, mediante uma remuneração					
Compra e Venda	**Elementos**	Partes	Coisa	Preço	
	Natureza Jurídica	Bilateral Oneroso	Consensual Comutativo	Ou aleatório	Formal Informal
	Limitações	Venda ascendente	Entre cônjuges	Sob administração	E sob condomínio
	Regras especiais	Venda por amostras	Protótipos Modelo	Por medida *Ad mensuram*	
	Cláusulas especiais ou pactos adjetos	Venda a contento Retrovenda	Preempção Preferência	Com reserva de domínio	Venda s/ Documentos

DA COMPRA E VENDA

O contrato de compra e venda é um negócio jurídico em que o vendedor se obriga a transferir ao comprador o domínio de uma coisa corpórea ou incorpórea, mediante o pagamento de certo preço em dinheiro.

O art. 481 do CC conceitua os elementos do contrato de compra e venda, ao afirmar que o vendedor transfere o domínio da coisa e o comprador realiza o pagamento do preço.

O contrato de compra e venda é o mais importante no atual mercado de consumo e de forte capital, em que são partes o vendedor (pessoa jurídica) e um adquirente, que é o destinatário final.

Corpórea: bens móveis, imóveis e semoventes.

Incorpórea: valores cotados na bolsa, direitos de invenção.

Desta forma, o princípio da operabilidade de compra e venda é um contrato pelo qual alguém (o vendedor) se obriga a TRANSFERIR ao comprador o domínio de coisa móvel ou imóvel mediante contrato TRANSLATIVO, mas por si só não gera a transmissão da propriedade, que é transmitida pela TRADIÇÃO, que é essencial.

Da natureza jurídica

No contrato de compra e venda, a natureza jurídica deve estar definida. Na sua caracterização jurídica, dizem os doutrinadores ser um contrato bilateral perfeito, *por gerar obrigações recíprocas;* ser consensual, *em oposição aos contratos reais, porque se aperfeiçoam com o acordo de vontades, independentemente da entrega da coisa;* ser oneroso, *pois ambos os contratantes obtêm proveito;* ser comutativo, *porque de imediato se apresenta certo o conteúdo das prestações;* ou pode ser aleatório, e isso ocorre *quando tem por objeto coisas futuras ou coisas existentes, mas sujeitas a risco;* e pode ser solene, *por exigir em certos casos um caráter solene para sua celebração, como escritura pública para compra e venda de imóveis;* e, por fim, o contrato é translativo do domínio, por servir de título ao adquirente, pois a entrega da coisa alienada ocorre pela transferência e pelo fundamento da tradição.

Não se pode esquecer de que o princípio da **tradição brasileira** se dá pela entrega de bens móveis e pela solenidade da matrícula (registro) do imóvel perante o Cartório de Registro de Imóveis, tudo pelo que dispõe o art. 1.267 do CC.

Dos elementos constitutivos

Os elementos constitutivos da compra e venda são os que defluem e devem estar presentes na celebração do contrato: **coisa, preço e consentimento:** da coisa, pela existência de um objeto que seja individuado e de dar, que esteja disponível no comércio e da possibilidade de ser transferida ao comprador; do preço que tenha, portanto, pecuniariedade, ou seja, uma soma em dinheiro, mas que pode ser pago em cheque, nota promissória, por exemplo. O preço deve possuir seriedade de real e verdadeiro e da certeza, ou seja, certo e determinado; do consentimento, representado pela legitimidade para contratar, visto que existem pessoas que não podem comprar ou vender, em razão de sua peculiar condição ante o negócio, como nos casos de ascendentes para descendentes, no caso de tutores/curadores/administradores e no caso de servidores públicos — ver art. 497 do CC.

Por isso, bastará o acordo de vontades das partes sobre o preço e a coisa. Essa vontade deve ter como pressupostos necessários que o vendedor possua *capacidade de alienar* e o adquirente a *capacidade* de obrigar-se.

Os efeitos do contrato de compra e venda são meramente obrigacionais e não reais. Torna-se necessário entender que no sistema brasileiro a compra e venda não transfere por si só o domínio da coisa vendida, mas gera apenas, para o vendedor, a obrigação de transferi-la.

Dos negócios e preços do CDC

O Código de Defesa do Consumidor em seu art. 41 dispõe que:

> "No caso de fornecimento de produtos ou de serviços sujeitos ao regime de controle ou de tabelamento de preços, os fornecedores deverão respeitar os limites oficiais sob pena de, não o fazendo, responderem pela restituição da quantia recebida em excesso, monetariamente atualizada, podendo o consumidor exigir, à sua escolha, o desfazimento do negócio, sem prejuízo de outras sanções cabíveis."

Das consequências jurídicas

Como em qualquer contrato, as consequências jurídicas derivadas do contrato de compra e venda são a obrigação acessória, as despesas, os riscos e as garantias:

- nas obrigações acessórias, como no caso da responsabilidade pela evicção ou pelos vícios redibitórios;
- nas das despesas, aplica-se o princípio da autonomia contratual, facultada aos contratantes, conforme dispõe o art. 490 do CC, ou seja, registro e escritura a cargo do comprador, e a cargo do vendedor as da tradição;
- no caso dos riscos, as consequências jurídicas dizem diretamente que até o momento da tradição os riscos correm por conta do vendedor e o preço corre por conta do comprador, art. 492 do CC;

• nas de garantia, o vendedor tem o direito assegurado de retenção do objeto, que é a sua garantia legal, ou seja, de recusar-se a entregar a coisa, se o preço não for pago.

Não se pode deixar de considerar outras circunstâncias inseridas nos contratos de compra e venda, como o exemplo dos contratos de natureza aleatória, conforme os arts. 458 e 459 do CC.

Do lugar da venda

Em regra, a coisa vendida deve ser entregue no lugar e ao tempo onde se encontrava, podendo as partes convencionar de forma diversa. Ocorrendo a última hipótese, o comprador assume a responsabilidade pelo transporte da coisa.

Da anulabilidade das vendas pela incapacidade do agente

O Código Civil brasileiro, especialmente em seus arts. 171, 172, 176 e 179, verifica com profundidade a anulabilidade dos negócios jurídicos. No caso de incapacidade do agente, pelos vícios, ressalva os direitos de terceiros e fixa o prazo para se pleitear a anulação do negócio.

Das vendas especiais

No contrato de compra e venda, duas questões merecem distinção a serem analisadas — a venda de coisa alheia e a de coisa futura.

A venda de coisa alheia em tese é nula, pois ninguém pode alienar coisa que não é sua; e a venda de coisa futura é um negócio lícito já verificado nos contratos aleatórios, conforme disposto no art. 458 do CC. Portanto, diz respeito à venda de coisas ou fatos futuros, cujo risco de não virem a existir um dos contratantes assuma. A compra e venda como contrato tipificado estabelece limitações, decorrentes da falta de legitimação de uma das partes, conforme os arts. 496, 497 e 504 do CC.

Das modalidades de venda

A compra e venda estabelece regras sobre algumas modalidades de venda, entre elas a venda por amostra, a venda *ad corpus* e a venda *ad mensuram*.

A venda por amostra, conforme o art. 484 do CC, entende-se como aquela em que a coisa exibida pelo vendedor provocou o consentimento do comprador. No caso de a coisa ser diferente *da amostra*, configurar-se-á inadimplemento do vendedor.

Aplica-se o que dispõe o art. 39, III e parágrafo único do CDC que afirma:

"É vedado ao fornecedor de produtos ou serviços, dentre outras práticas abusivas:

III — enviar ou entregar ao consumidor, sem solicitação prévia, qualquer produto, ou fornecer qualquer serviço.

Parágrafo único. Os serviços prestados e os produtos remetidos ou entregues ao consumidor, na hipótese prevista no inciso III, equiparam-se às amostras grátis, inexistindo obrigação de pagamento."

Da **venda ad corpus** — nessa espécie de venda, o imóvel é adquirido como um todo, como corpo certo e determinado, como exemplo, a Fazenda Mimosa.

Da **venda ad mensuram** — quando o preço é estipulado com base nas dimensões do imóvel, como exemplo, o da compra da Fazenda Mimosa, estipulada entre os contratantes em hectare, ao preço de R$ 3.000,00 (três mil reais).

Das garantias do vendedor

Nos contratos de compra e venda a prazo, é usual que as partes, especialmente o vendedor, exijam garantias do comprador. Portanto, o vendedor possui algumas alternativas para fazer a venda, como as do compromisso de venda e compra, a *venda de bens imóveis a prazo:*

- a venda com garantia hipotecária comum na venda e compra de imóvel com financiamento pelo Sistema Financeiro (CEF);
- a venda com reserva de domínio, utilizada na *venda de móveis, especialmente eletrodomésticos;* e
- a venda com alienação fiduciária utilizada para financiamento bancário.

Quando o contrato não é cumprido pelo comprador, ocorre o inadimplemento e, nesses casos, duas são as hipóteses do vendedor: a primeira, de pleitear o pagamento das obrigações vencidas e vincendas; e a segunda, considerar rescindido o contrato e pleitear a reintegração na posse, aplicando-se o art. 523 do CC e os arts. 1.070 e 1.071 do CPC.

Veja-se o que dispõe o art. 1.070 do CPC:

"Nas vendas a crédito com reserva de domínio, quando as prestações estiverem representadas por título executivo, o credor poderá cobrá-las, observando-se o disposto no Livro II, Título II, Capítulo IV."

E o art. 1.071 do CPC:

"Ocorrendo mora do comprador, provada com o protesto do título, o vendedor poderá requerer, liminarmente e sem audiência do comprador, a apreensão e depósito da coisa vendida."

Aspectos relacionados à compra e venda

Da legitimação — outorga conjugal para vendas de imóveis — art. 1.647, I e art. 1.649 do CC.

Havendo vícios do consentimento, como do erro, da coação, o contratro é anulável. Exemplo: a venda de um bem inalienável, caso do bem de família voluntário ou convencional — arts. 1.711 a 1.722 do CC, é considerada nula.

Das restrições à compra e venda:

Art. 496 — da venda de ascendente à descendente.

Art. 499 — venda entre cônjuges.

Art. 497 — venda de administração.

Art. 504 — venda em condomínio.

Das regras especiais à compra e venda:

Art. 484 — da venda por amostra.

Art. 509 — da venda a contento.

Art. 500 — venda por medida, ou por extensão.

Art. 505 — Retrovenda.

Art. 513 — Preempção.

Por fim, deve-se fazer a leitura dos arts. 481-504 do CC.

DA ALIENAÇÃO FIDUCIÁRIA

Alienação fiduciária é negócio jurídico mediante o qual o adquirente de um bem transfere o domínio deste ao credor, que emprestou o dinheiro para pagar-lhe o preço; continuando, entretanto, o alienante poderá possuí-lo pelo *constituto possessório*.

Resolve-se o *domínio*, quando o adquirente pagar o débito — exemplo típico é o do financiamento de veículo, conforme o art. 1.361 e seguintes do CC.

A alienação fiduciária é de competência das instituições financeiras e tem sua utilização no campo dos bens móveis, porém, com o advento da Lei n. 9.514, de 20 de novembro de 1997, a alienação fiduciária em garantia também passou a ser possível para os bens imóveis, via financiamento da denominada "casa própria".

Em regra, na alienação fiduciária em garantia, o alienante transfere ao credor o domínio resolúvel e a posse indireta da coisa móvel alienada, independentemente da tradição efetiva do bem.

Da alienação de imóveis

A Lei n. 9.514, de 20 de novembro de 1997, estabeleceu a alienação fiduciária de coisa imóvel, via Sistema de Financiamento Imobiliário. As operações de financiamento imobiliário em geral poderão ser garantidas via hipoteca, cessão fiduciária de direitos creditórios decorrentes de contratos de alienação de imóveis, alienação fiduciária de coisa imóvel.

A alienação fiduciária poderá ser contratada por pessoa física ou jurídica, não sendo privativa das entidades que operam no Sistema de Financiamento Imobiliário.

Da mora

Em caso de vencida e não paga, no todo ou em parte, a dívida, e constituído em mora o fiduciante, consolidar-se-á a propriedade do imóvel em nome do fiduciário. Para que se possa caracterizar a mora do fiduciante, este deverá ser intimado pessoalmente ou ao seu representante legal.

A intimação poderá ser via oficial do Registro de Imóveis, por oficial de Registro de Títulos e Documentos da comarca da situação do imóvel ou do domicílio de quem deva recebê-la, ou pelo correio, com aviso de recebimento.

Se o fiduciante se encontra em outro local, incerto e não sabido, a intimação será via edital, publicado por 3 dias, em um jornal de grande circulação. No caso de purgada a mora, o oficial do Registro de Imóveis fará a entrega da importância paga, deduzidas as despesas de cobrança e de intimação.

Porém, decorrido o prazo sem a purgação da mora, o oficial competente promoverá o registro, na matrícula do imóvel, da consolidação da propriedade em nome do fiduciário, com a prova do pagamento do imposto de transmissão *inter vivos*. O regramento para o leilão público para a alienação do imóvel consta do art. 27 da Lei n. 9.514/97.

Da locação

No caso de o imóvel alienado com garantia fiduciária estiver locado, a locação poderá ser denunciada com o prazo de 30 dias para desocupação, salvo se tiver havido aquiescência por escrito do fiduciário, devendo a denúncia ser realizada no prazo de 90 dias a contar da data da consolidação da propriedade no fiduciário.

DAS CLÁUSULAS ESPECIAIS À COMPRA E VENDA

O capítulo das cláusulas especiais à compra e venda teve significava alteração, em consideração ao Código Civil de 1916, permanecendo das cláusulas especiais à compra, apenas a da *retrovenda*, da venda a *contento* e da *sujeita à prova,* da *preferência*, e foram incluídas as da venda *com reserva de domínio* e da venda *sobre documentos*.

Da retrovenda

O vendedor reserva-se o direito de recobrar em certo prazo o imóvel que vendeu, em conformidade com o que dispõe o art. 505 do CC. O resgate é um direito personalíssimo e o prazo extintivo é de três anos.

O resgate ou retrato distingue-se da retrovenda propriamente dita, isso porque, no exercício de resgate, basta uma *declaração* de vontade do vendedor, enquanto, para a retrovenda, é necessário o *consentimento* do comprador. O exercício do direito da retrovenda é transmissível por ato intervivos.

Da natureza jurídica

A natureza jurídica da retrovenda é a de um pacto acessório, que sempre deverá ser incluído como pacto ao contrato de compra e venda de objeto imóvel.

Na verdade, é uma cláusula resolutiva expressa, pois, sendo exercido o direito de retrato ou então de resgate em três anos, este será o prazo que o vendedor poderá recobrar a coisa vendida.

Portanto, no sistema jurídico pátrio, o direito de retrato pode ser empenhado, arrestado, penhorado, executado ou dado em pagamento.

Da decadência

O vendedor reserva-se no direito de reaver o imóvel no prazo máximo decadencial de três anos, restituindo o preço mais despesas feitas pelo comprador.

O art. 890 do CPC dispõe que: "nos casos previstos em lei, poderá o devedor ou terceiro requerer, com efeito de pagamento, a consignação da quantia ou da coisa devida."

Complementa-se com os arts. 505-508 do CC.

Da venda a contento e da sujeita à prova

A venda a contento é o contrato que se realiza sob a condição de só se tornar perfeita e obrigatória após declaração do comprador de que a coisa o satisfaz, de acordo com o art. 509 do CC.

A venda a contento do comprador constitui-se no denominado pacto adjeto a contratos de venda e compra que dizem respeito a gêneros alimentícios, a bebidas e a vestuário em geral sob medida. Portanto, trata-se da venda pelo comércio.

Do direito pessoal

O direito que resulte da venda a contento é pessoal, não se transferindo a outras pessoas, quer por ato *inter vivos,* quer por ato *causa mortis*.

Portanto, o contrato extingue-se se o comprador falecer antes de exercer o seu direito, porém, o contrato subsistirá e terá validade perante os herdeiros do vendedor, se este vier a falecer.

Da aquisição do direito

Subordinando-se a eficácia dos negócios jurídicos à condição suspensiva, enquanto esta se não verificar, não se terá adquirido o direito, a que ele visa, conforme o que dispõe o art. 125 do CC.

Do prazo

Transcorrido o prazo para que o comprador se manifeste declarando sua aceitação ou devolução da coisa e havendo omissão, o vendedor poderá intimá-lo judicial ou extrajudicialmente, adquirindo o direito de promover ação possessória contra o comprador.

Complementa-se com os arts. 509-512 do CC.

Da preempção ou preferência

A preempção é o pacto adjeto do contrato de compra e venda pelo qual o comprador se obriga a oferecer ao vendedor a coisa que lhe comprou, quando queira vendê-la, para que este, a quem foi reservado o direito de preferência, preço por preço, o exerça em relação a eventuais adquirentes.

A preferência pode ser *convencional*, porque convencionada mediante acordo ao pacto adjeto do contrato de compra e venda, e *legal*, que ocorre especialmente na desapropriação.

Portanto, não sendo dado o destino a que se desapropriou, o poder expropriante é obrigado a oferecer o imóvel desapropriado ao ex-proprietário, cuja prerrogativa se denomina retrocessão.

Dos requisitos da preferência

Para que se configure a preferência, três requisitos são indispensáveis: primeiramente, *que o comprador queira vender o bem;* em segundo lugar, *que o vendedor queira readquirir a coisa, dispondo-se a oferecer o preço do objeto;* e, por terceiro, *que exerça esse direito dentro de determinado prazo, conforme preceitua o* art. 513 do CC — como exemplo, os contratos de locação, em que a lei estabelece que o locatário possui direitos em caso de venda do imóvel, na qualidade de preferente da compra, conforme o art. 27 da Lei n. 8.245/91.

Complementa-se com os arts. 513-520 do CC.

Da venda com reserva de domínio

No contrato de compra e venda com reserva de domínio, o comprador só adquire a propriedade da coisa ao integralizar o pagamento do preço, não obstante poder investir-se na *posse* do bem desde o momento da celebração do contrato.

O contrato tem como modalidade especial a venda a prazo, na qual o preço é devido em prestações a serem satisfeitas em determinado prazo.

O contrato de venda com reserva de domínio constitui uma modalidade especial de venda de coisa móvel, como, por exemplo, o da aquisição de um veículo em que as partes do contrato estipularam o pacto da reserva de domínio ou na venda a prazo de eletrodomésticos, no qual é comum as empresas venderem sob a condição de contrato com reserva de domínio.

A cláusula de reserva de domínio deverá ser estipulada por escrito e, para que possa valer contra terceiros, o contrato realizado entre as partes deverá ser registrado no Cartório de Títulos e Documentos, onde o comprador tiver o domicílio.

Dos elementos da compra e venda com reserva de domínio

Os doutrinadores descrevem como sendo ***cinco os elementos*** que caracterizam o contrato de compra e venda com reserva de domínio, ou seja:

1º) a compra e venda deve ser a crédito;

2º) a venda recaia sobre objeto individuado, coisa móvel;

3º) ocorra a entrega do objeto pelo vendedor ao comprador;

4º) o pagamento do preço convencionado prevaleça em prestações periódicas; e

5º) da obrigação do vendedor de transferir o domínio ao comprador tão logo se complete o pagamento do preço estipulado, na forma convencionada.

O contrato de reserva de domínio tem sua maior incidência na venda e compra de bens móveis, especialmente no comércio de eletrodomésticos, porém, inexiste proibição de sua aplicação no campo dos bens imóveis.

O art. 1.070 do CPC:

> "Nas vendas a crédito com reserva de domínio, quando as prestações estiverem representadas por título executivo, o credor poderá cobrá-las, observando-se o disposto no Livro II, Título II, Capítulo IV."

Integra o estudo a leitura dos arts. 521-528 do CC.

Contratos com cláusulas e suas distinções

A cláusula de venda com reserva de domínio NÃO pode ser confundida com a alienação fiduciária em garantia ou com o *leasing* ou arrendamento mercantil. Vejamos as principais diferenças.

CLÁUSULA DE VENDA COM RESERVA DE DOMÍNIO — o vendedor mantém o domínio resolúvel, enquanto o comprador tem a posse direta da coisa alienada. Pagas as parcelas de forma integral, o comprador adquire a propriedade plena da coisa. A ação cabível para reaver a coisa é a de busca e apreensão, prevista no CPC, e não cabe prisão civil.

ALIENAÇÃO FIDUCIÁRIA EM GARANTIA — constitui direito real, arts. 1.361-1.368 do CC, Decreto-lei n. 911/69 e Lei n. 9.514/97. O devedor fiduciante compra o bem de terceiro, mas, como não pode pagar o preço, aliena-o, transferindo a propriedade ao credor fiduciário. O proprietário do bem é o credor fiduciário, mas a propriedade é resolúvel, a ser extinta se o preço for pago de forma integral pelo devedor fiduciante. A ação cabível para reaver a coisa móvel é a de busca e apreensão, não cabe prisão segundo o STJ e do STF.

***LEASING* OU ARRENDAMENTO MERCANTIL** — Trata-se de contrato típico ao atípico (divide as opiniões). Constitui uma locação com opção de compra, com o pagamento do VRG (valor residual garantido). A jurisprudência vem entendendo que o VRG pode ser diluído nas parcelas ou no pagamento final do contrato de arrendamento. A ação para reaver a coisa é a de reintegração de posse. Não cabe prisão civil.

Da venda sobre documentos

A venda sobre documentos tem sua utilidade na transação comercial, sendo mais comum no comércio de negócios mercantis e, por sua natureza, podem ser objetos que versem sobre bens móveis. A utilização da venda sobre documentos dá-se no comércio marítimo, na venda entre nações ou países distantes.

Conforme o dispositivo legal, o vendedor, entregando os documentos, libera-se da obrigação e tem o direito de receber o preço; por seu turno, o comprador, de posse do documento, pode exigir a entrega da mercadoria com quem estiver, seja o transportador ou depositário.

A venda sobre documentos é um título representativo, pois, enquanto na compra e venda PURA o vendedor se obriga a fazer a entrega efetiva da coisa ao comprador, na **VENDA SOBRE DOCUMENTOS**, essa obrigação se reduz à entrega efetiva do título que o represente, além dos documentos, conforme a previsão contratual.

Tópicos relevantes

Os títulos utilizados nessa espécie de contrato são os de conhecimento de transporte, embarque, podem ser ainda os de depósito, as notas de penhor e de ordem de entrega.

Nesses contratos, a tradição é substituída pela entrega da coisa, pelo título representativo. Desta forma, de posse do título, o possuidor tem ação real contra aquele que detenha a coisa. Os atos mais comuns de transação são os comerciais, negócios mercantis que versem sobre bens móveis e do comércio marítimo.

Do pagamento por banco

O comprador pode autorizar o banco a assumir o encargo de lhe efetuar a entrega, obrigando-se a pagar o preço, ao lhe serem confiados os documentos. Portanto, ao banco cabe verificar os documentos, especialmente sua exatidão, e desta forma, estando em ordem os documentos, efetuará o pagamento, a débito do comprador.

Assim, haverá uma operação bancária, com crédito documentado em que as partes ficam garantidas, com a confirmação do banco de que fará o pagamento ou aceitará a letra contra a entrega do documento, desta forma, o vendedor estará protegido, da mesma forma o comprador, pois o pagamento somente será realizado pelo banco depois de examinado o documento e comprovada sua legalidade.

Deve-se fazer a leitura dos arts. 529-532 do CC.

DA TROCA OU PERMUTA

TROCA	CONCEITO	As partes se obrigam a dar uma coisa por outra, desde que não seja dinheiro
	NATUREZA JURÍDICA	Bilateral, oneroso, consensual e formal ou informal
	APLICAÇÃO RESIDUAL	Aplicam-se, no que couber, as regras previstas da compra e venda

A legislação atualizada define a *troca* ou permuta como sendo um contrato no qual os contratantes se obrigam a dar uma coisa por outra que não pode ser dinheiro. Por isso, não será considerada permuta quando ocorrer, por exemplo, a inclusão da prestação de serviço.

A troca ou permuta será de móveis por móveis, móveis por imóveis, imóveis por imóveis, coisa corpórea por coisa corpórea, coisa por direito e direito por direito.

Portanto, a *permuta* difere da *venda e compra* no seguinte aspecto: na compra e venda, a prestação de uma das partes envolvidas na transação consiste em entregar uma determinada soma em dinheiro e a outra a receber o objeto comprado, porquanto na permuta ocorre a troca ou a entrega de um objeto por outro objeto. Na permuta, aplicam-se as mesmas regras pertinentes à compra e venda.

Das observações da troca

Em regra, qualquer coisa ou objeto é suscetível de troca. Portanto, tudo o que pode ser vendido pode ser trocado. Uma permuta que ocorre com frequência é aquela em que o sujeito entrega um terreno — *de sua propriedade* — para uma construtora, e esta se compromete a entregar um apartamento do prédio que nele será construído, pela construtora incorporadora, a qual se denominará de permutante.

Também quando se faz reposição de parte em dinheiro, a troca não se transforma em compra e venda, porém, se o valor ultrapassar a metade do pagamento, terá havido compra e venda e não permuta.

UM FATOR importante na troca é evitar o pagamento de impostos e tributos que é em muitos casos dispensado. A troca consta apenas do art. 533 do CC.

OITAVA AULA

Do contrato estimatório

Contrato estimatório ou venda em consignação		
	CONCEITO	Contrato pelo qual o consignante transfere ao consignatário bens móveis, com duas opções: pagar o preço ou devolver a coisa.
	NATUREZA JURÍDICA	Bilateral, oneroso, real, comutativo e informal.
	POLÊMICA	Pode ser alternativa ou facultativa.

A venda em consignação tem natureza mercantil. O contrato de venda estimatória em regra denomina-se contrato de *venda em consignação* e tem natureza mercantil.

O contrato estimatório é uma obrigação facultativa, isso porque o consignatário pode devolver o bem, pode vendê-lo ou então adquiri-lo pelo preço acordado com o consignante.

O consignante entrega bens móveis ao consignatário, que fica autorizado a vender, pagando o preço ou *restituindo-lhe* a coisa consignada.

O principal efeito da consignação é o da não perda do domínio dos bens consignados pelo consignante. O contrato estimatório determina a presença das figuras do *consignatário* e do *consignante* e do *objeto* que é a consignação.

Para que se possa denominar como sendo um contrato estimatório, há a necessidade de que tenha ocorrido a entrega do objeto e esse objeto deve ser bens móveis.

Existe também a necessidade de que o consignatário fique na obrigação de restituir ou indenizar o preço do objeto, de que o preço deva ser previamente estipulado e, por fim, de que o bem seja transferido e disponibilizado do consignante ao consignatário.

Das observações da consignação

O contrato estimatório ou em consignação não permite qualquer consequência jurídica no caso de não venda do objeto consignado. O contrato estimatório ou consignatório é de natureza real, pois se aperfeiçoa pela entrega do objeto consignado ao consignatário; é oneroso, porque ambas as partes obterão proveito; comutativo, por não envolver qualquer tipo de risco; e é bilateral, por acarretar obrigações para as partes envolvidas.

No contrato estimatório, o consignante transfere ao consignatário, temporariamente, o poder de alienação da coisa consignada com opção de pagamento do preço de estima ou sua restituição ao final do prazo ajustado.

Portanto, o contrato estimatório exige a entrega do objeto, o qual deve ser bem móvel, sendo que o consignatário assume a obrigação de restituir ou pagar o preço do objeto previamente estipulado; da mesma forma, trata-se de contrato a termo, devendo ser cumprido o prazo firmado, pois é contrato que transfere ao consignatário a disponibilidade da coisa consignada.

PORTANTO, O CONTRATO PODE TRATAR APENAS DE COISAS MÓVEIS; QUE ESTEJAM NO COMÉRCIO, PARA SEREM ALIENADAS; desta forma, as coisas imóveis estão excluídas porque elas não permitem a tradição REAL.

O contrato permite que o consignatário fique autorizado a VENDA DO OBJETO e/ou a RESTITUIÇÃO, assim, a obrigação do consignatário é de restituir a coisa e/ou então pagar o valor do objeto e, no caso de dano, indenizar o valor correspondente.

UM ASPECTO RELEVANTE — no contrato estimatório, a obrigação que tem o consignatário de devolver o BEM ou PAGAR o preço é uma obrigação ALTERNATIVA ou FACULTATIVA?

As duas estão corretas, desde que se faça a justificativa apropriada. VEJAMOS: ALTERNATIVA porque contrai uma dívida; FACULTATIVA porque o termo determina uma condição.

Aspectos do CDC

Alguns aspectos significativos estão previstos no CDC — Lei n. 8.078/90, como o da proteção contratual — arts. 46-50; das cláusulas abusivas — art. 51; dos contratos de adesão — art. 54 e da coisa JULGADA — art. 103, que, em verdade, estão elencados no art. 267, V do CPC: ou seja, extingue-se o processo sem resolução do mérito; e arts. 300/301, VI do CPC, ou seja, antes de discutir o mérito, pode-se apresentar as exceções do inciso VI da coisa julgada.

Os contratos estimatórios estão previstos nos arts. 534-537 do CC.

DA DOAÇÃO

DOAÇÃO	CONCEITO	Contrato pelo qual o doador transfere bens ou vantagens do seu patrimônio ao donatário, s/ remuneração.
	NATUREZA JURÍDICA	Unilateral, gratuito, consensual, comutativo e solene ou não solene.
	MODALIDADE DE DOAÇÃO	Diversas.
REVOGAÇÃO DA DOAÇÃO	FORMA DE RESILIÇÃO UNILATERAL	Forma de resilição unilateral por ingratidão ou inexecução do encargo ou modo.

A doação ocorre quando uma pessoa, por liberalidade, transfere do seu patrimônio bens ou vantagens para o de outra pessoa. A natureza jurídica da doação em verdade é uma liberdade que a pessoa possui, podendo transferir do seu patrimônio bens ou algum tipo de vantagens para o de outra pessoa, que o deverá aceitar, de acordo com o estabelecido na legislação em vigor.

Desta Forma, vamos esmiuçar o tema da doação de acordo com a legislação, fazendo-se necessário saber que a doação em regra é um contrato unilateral, gratuito, consensual e solene: é unilateral, porque cria obrigações apenas para uma das partes, porém, será bilateral, quando a doação for modal ou com encargo; é gratuito, quando não for imposto qualquer ônus ou encargo ao beneficiário; é consensual porque se aperfeiçoa pela conjunção das vontades do doador e do donatário; é solene, em se tratando de bens imóveis.

Da aceitação

A aceitação pode ser expressa, tácita, presumida ou ficta, mas é indispensável para o aperfeiçoamento do negócio.

Será expressa quando revelada de forma *verbal* ou *escrita*; escrita, quando o donatário comparece à escritura e declara que aceita o benefício; tácita, quando resulta de um comportamento do donatário, por exemplo, embora o donatário não declare aceitar a doação de um automóvel, passa a utilizá-lo e encaminha a regularização da documentação em seu próprio nome.

A doação permite a *aceitação presumida pela lei*, como nas hipóteses do *silêncio* do donatário que vale como manifestação de sua vontade, como no caso de o doador ter fixado prazo ao donatário, para declarar se aceita ou não a liberalidade, e no caso da *celebração de casamento*, se essa foi a condição imposta.

Realizando-se o casamento, gera a presunção de aceitação, não podendo ser arguida qualquer ilegalidade. E, ainda, *aceitação ficta* é o consentimento para a doação ao incapaz. Sendo o donatário incapaz e a doação pura, a aceitação é dispensada.

Por isso, no caso do silêncio do beneficiário, induz a presunção de aceitação, pois só lhe resulta benefício, conforme o disposto no art. 539 do CC. Da mesma forma a presunção, em sendo beneficiário incapaz, sempre lhe será favorável em virtude de sua proteção.

E mais, sendo doação pura, nenhum tipo de compromisso lhe será devido, apenas os benefícios, conforme o art. 543 do CC.

No caso de *casamento futuro* com certa e determinada pessoa, se o casamento se realizar, presume-se que ocorreu a aceitação. Nesse caso, a revogação só se admite em não se realizando o matrimônio, conforme o art. 546 do CC.

Da formalidade

A formação do contrato de doação tem como parâmetro o art. 108 do CC, o qual assevera que, se a lei não dispor em contrário, a escritura pública é essencial à validade do negócio jurídico, mas também se pode realizar por instrumento particular, como dispõe o art. 541 do CC.

Das espécies

A legislação contempla várias espécies de doação:

a) doação condicional (depende de acontecimento futuro e incerto), conforme os arts. 545, 546 e 547 do CC;

b) doação remuneratória, embora tenha a aparência de mera liberalidade, há firme propósito de o doador *pagar o serviço prestado* — art. 540 do CC;

c) doação de pais a filhos e de um cônjuge ao outro, de acordo com os arts. 544, 1.829, I, 2002, 1847 e 2005, será considerada como adiantamento de legítima;

d) doação conjuntiva, conforme o art. 551 do CC, é feita em comum a mais de uma pessoa, sendo distribuída por igual entre os diversos donatários;

e) doação com cláusula de retorno em caso de o doador sobreviver ao donatário — art. 547 do CC;

f) a doação será pura, quando não constar nenhum tipo de encargo, como previsto no art. 540 do CC;

g) doação com encargo ou modal, como dispõem os arts. 553, 562 e 1.938 do CC, *quando fica estabelecido algum tipo de encargo, especialmente de doação em que serão beneficiadas terceiras pessoas.*

Doação em que o doador impõe ao donatário uma incumbência ou um dever a ser cumprido, como no caso em que o doador faz a doação de um terreno ao município, que passa a ser o donatário e obriga-se a construir uma *escola*, ou admite a *possibilidade de vagas* a título de bolsa de estudos.

Das restrições à liberdade de doar

Embora seja a doação uma liberalidade, nem todos podem doar, razão pela qual o legislador estabeleceu as regras e restringiu a doação, conforme os arts. 548, 549 e 550 do CC.

Portanto, é nula a doação de todos os bens *sem reserva* de parte ou renda suficiente para a subsistência do doador; também é nula a doação que *exceder à parte disponível* do doador; e também será nula a doação efetivada de *cônjuge adúltero* ao seu cúmplice.

Da revogação

A revogação da doação pode ocorrer por motivos comuns a todos os contratos, como nos casos do *erro, dolo, coação, simulação e fraude*, que podem determinar a *anulação* da doação.

Por ser resolúvel o negócio, caso do art. 547 do CC, pode ocorrer o *retorno ao donatário* do bem doado, isso no caso de o donatário falecer primeiro que o doador.

Por descumprimento do encargo, a doação com *encargo, modal* ou onerosa, de acordo com os arts. 553, 562 e 1.938 do CC, pode motivar a justificativa da revogação da doação, como no caso da doação de um terreno, no qual se impõe ao donatário a obrigação de nele construir uma escola, ou no do município que doa terreno para construção de uma sede esportiva beneficente em determinada comunidade. Não sendo cumprida a obrigação, poderá ser revogada a doação.

Para melhor entendimento da revogação, transcreve-se o conceito de Serpa Lopes, que afirma que "a revogação de um direito é a possibilidade de que um direito subjetivo, em dadas circunstâncias, por força de uma causa contemporânea à sua aquisição, possa ou deva retornar ao seu precedente titular".

Por isso, em virtude de ser comum a todos os contratos, existe a *admissibilidade* de revogação por *ingratidão do donatário*, conforme preceituam os arts. 555 ao 563 do CC.

Portanto, podem ser revogadas por ingratidão as doações: por inexecução do encargo; por atentado contra a vida do doador; por ofensa física ou injúria e calúnia, bem como pela recusa de alimentar o doador em este necessitando.

Porém, não se revogam por ingratidão as doações puramente remuneratórias, com encargos já cumpridos, as de obrigações naturais e por casamento, conforme o que preceitua o art. 564 do CC.

Das observações da doação

A doação é ato unilateral e voluntário que se realiza entre vivos. No caso de doação realizada ao nascituro, aplica-se o art. 878 do CPC que dispõe: ***apresentado o laudo que reconheça a gravidez, o juiz, por sentença, declarará a requerente investida na posse dos direitos que assistam ao nascituro***.

É permitida a doação e será válida a doação de ascendente para descendente, desde que não fira o quinhão dos demais herdeiros.

Ocorrendo condição resolutiva, aplica-se o disposto no art. 127 do CC: ***se for resolutiva a condição, enquanto esta se não realizar, vigorará o negócio jurídico, podendo exercer-se desde a conclusão deste o direito por ele estabelecido***.

A doação pode ser:

EXPRESSA	=	ESCRITA OU VERBAL
TÁCITA	=	PELO COMPORTAMENTO DE ATOS ENTRE DOADOR E DONATÁRIO
FICTA	=	PELA ACEITAÇÃO DE MENOR
PRESUMIDA	=	PELA LEI

Como se verificou, doação está prevista pelos arts. 538-564 do CC.

9

NONA AULA

Das locações

As locações dividem-se em locação de coisas (**arts. 565-578 do CC**), que tem como conteúdo principal o uso e gozo de bem infungível. A locação de serviços, hoje tipificada como prestação de serviços (**arts. 593-609 do CC**), tem como conteúdo a prestação de um serviço com interesse econômico, e a locação de obras ou empreitada (**arts. 610-626 do CC**) tem como conteúdo a execução de uma obra ou trabalho.

DA LOCAÇÃO DE COISAS

A locação de coisas prevista para bens móveis e imóveis no Código Civil, da locação de imóveis urbanos Lei n. 8.245/91, **com as alterações da Lei n. 12.112/09** e o Estatuto da Terra para imóveis rurais ou rústicos Lei n. 4.504/64.

Existem outras formas de locação não residencial que merecem tratamento especial pela lei, caso das LOCAÇÕES PARA ASILOS, ESCOLAS E HOSPITAIS.

O contrato de locação tem função criadora de deveres jurídicos, quais sejam os que são denominados de figuras de proteção.

Assim, os contratos possuem os anexos de proteção, e que são a lealdade e confiança recíproca, a assistência, a informação, e o sigilo ou a confidencialidade, as quais estão na força normativa criadora da boa-fé OBJETIVA, os denominados deveres invisíveis do contrato.

A locação é um contrato em que uma das partes **CEDE temporariamente o USO e a FRUIÇÃO ou GOZO** de um bem infungível à outra que, em contrapartida, se obriga a pagar uma remuneração que é o aluguel.

USO = para moradia

GOZO ou fruição = explorar economicamente a coisa.

O contrato de locação de coisas, na definição de Clóvis Beviláqua, é um "contrato pelo qual uma das partes, mediante remuneração paga pela outra, se compromete a fornecer-lhe, durante certo lapso de tempo, o uso e gozo de uma coisa infungível, a prestação de um serviço apreciável economicamente ou a execução de alguma obra determinada".

Porém, hoje a palavra locação tem o objetivo de designar unicamente o contrato que se destina a proporcionar a alguém o uso e gozo temporário de uma coisa não fungível, mediante contraprestação pecuniária. Orlando Gomes sustenta que locação é só de coisas.

Da espécie

A legislação anterior disciplinava num único conceito a locação, a qual se dividia em três espécies:

Locação de coisa;

Prestação de serviço; e

Locação de obra ou empreitada.

A princípio, as locações parecem não possuir distinção, porém, cada uma recebe uma denominação. A distinção das espécies de locação — prestação dá-se inicialmente pela remuneração:

— Para locação de coisas, denomina-se aluguel;

— Para prestação de serviço, denomina-se salário; e

— Para locação de obra ou empreitada, denomina-se preço.

Pelos novos rumos e especialmente pelo Código Civil de 2002, a locação de coisas é somente para coisas; a chamada prestação de serviços dividiu-se em duas figuras independentes: a primeira, pelo contrato de trabalho regido por leis especiais como a CLT, e a segunda, pelo contrato de prestação de serviços, juntamente os serviços não previstos na legislação trabalhista.

A locação de obra ou empreitada destinou-se apenas a regular os contratos da construção. Portanto, os contratos de serviços e de empreitada não mais fazem parte dos contratos de *locação*.

Da contratualidade

A contratualidade da locação de coisas consiste em um contrato bilateral, oneroso, comutativo, consensual e de execução sucessiva.

Da locação de coisas

Os elementos essenciais na locação de coisas são o *consentimento válido* e a *capacidade dos contraentes.* A legislação esparsa definirá a cessão de posse do objeto, a remuneração da locação, o lapso de tempo e a forma livre de convenção, as quais se encontram na Lei n. 8.245/91.

O contrato tem natureza bilateral, onerosa, consensual e comutativa, sendo que a locação, em virtude da Lei n. 8.245/91, se divide em *locação residencial, não residencial* (locação comercial) e a *temporária*.

A locação residencial pode ser com prazo determinado igual ou superior a trinta meses, conforme o art. 46 da Lei n. 8.245/91, ou então com prazo determinado, porém inferior a trinta meses, conforme o art. 47 da Lei n. 8.245/91.

As locações residenciais com prazo indeterminado não são usuais, pois permitem ao locador denunciar o contrato, a qualquer tempo, apenas notificando o locatário com trinta dias de antecedência, da data que deseja reaver o imóvel.

Para a locação não residencial, aplica-se o disposto nos arts. 51 e 52, da Lei n. 8.245/91. Por fim, temos a locação temporária, a qual é destinada para o lazer.

O locador poderá alienar o imóvel locado, porém deve *notificar* por escrito o locatário, sendo que este ato de preferência deve ser via cartório, constando na notificação a intenção de alienar o imóvel, o preço e as condições de pagamento, e com quem devem ser tratadas as negociações, como endereço e demais dados informativos do encarregado da transação imobiliária.

O direito de preferência previsto no Código Civil é reforçado pelos arts. 27 a 34, da Lei n. 8.245/91.

Dos procedimentos

Os procedimentos processuais que poderão ser adotados, em caso de descumprimento do contrato de locação, estão previstos na legislação processual, mas também deverão ser observados e aplicados conjuntamente com a Lei n. 8.245/91.

Os procedimentos na Lei n. 8.245/91 são os seguintes:

— *ação de despejo* — os procedimentos constam nos arts. 59-66, sendo a principal ação a ser promovida pelo locador para retomada do imóvel, podendo ser fundada em denúncia vazia (sem motivos) e cheia (com motivos), segue o rito ordinário.

— *ação de consignação de aluguel* e acessórios da locação — os procedimentos constam no art. 67 e seus incisos; ação que visa ao depósito judicial pelo locatário dos aluguéis e acessórios da locação. Ação segue rito especial próprio — art. 890 do CPC e art. 334 do CC.

— *ação de revisão contratual de aluguel* — os procedimentos constam nos arts. 68-70. O art. 19 da Lei n. 8.245/91 dispõe que, "não havendo acordo, o locador ou o locatário, após três anos de vigência do contrato ou do acordo anteriormente realizado, poderão pedir REVISÃO judicial do aluguel, a fim de ajustá-lo ao preço de mercado". Referida ação pode ser proposta tanto pelo locador como pelo locatário. O rito é sumário.

— *ação de renovação de contratos* — os procedimentos constam nos arts. 51-53 e 71-75, dentro do ordenamento jurídico brasileiro, possibilita-se ao locatário a renovação de locação não residencial, uma vez presentes os seguintes requisitos essenciais da formação do ponto comercial ou empresarial, conforme ao art. 51 da Lei n. 8.245/91. O rito da ação é especial.

Dos direitos e obrigações do locador

Na locação de coisas, existem as obrigações e os direitos do locador, os quais devem ser respeitados, quando da formalização do contrato de locação, sendo que os principais são:

1. O de receber o pagamento do aluguel é um direito do locador, de conformidade com o art. 1.467, II, do CC;

2. O de reaver a coisa locada após vencimento é um direito do locador, previsto na Lei n. 8.245/91. Porém, se ocorrer antes do vencimento, aplica-se o art. 571 do CC;

3. O de responder pelos vícios redibitórios trata-se de uma obrigação do locador, conforme o art. 568 do CC;

4. O de indenizar benfeitorias úteis e necessárias feitas pelo locatário de boa-fé é uma obrigação do locador, de acordo com o art. 1.219 do CC. Os demais direitos e obrigações do locador estão previstos na Lei n. 8.245/91.

Dos direitos e deveres do locatário

Como existem as obrigações e direitos do locador, também existem os direitos e as obrigações do locatário, sendo que os principais são:

1. O de reter o prédio alugado enquanto não for ressarcido pelo locador que pediu o bem antes *do vencimento* do prazo — direito do locatário, art. 571, parágrafo único do CC;

2. O da não respeitabilidade da locação em caso de alienação, de conformidade com o art. 576 e §§ do CC;

3. O de purgar a mora para evitar a rescisão contratual da locação — um direito do locatário; e

4. O de responder por *dano no prédio*, se não provar o caso fortuito ou força maior, de acordo com o art. 570 do CC — obrigação do locatário.

Da transferência do contrato

A transferência do contrato de locação pode ocorrer em três hipóteses, que são pela cessão, pela sublocação e pelo empréstimo.

A cessão de locação ocorre quando todos os direitos e deveres do contrato de locação são cedidos.

A sublocação é uma concessão do gozo e do uso da coisa locada, por parte de quem é por sua vez locatário dela mesma, em conformidade com o art. 570 do CC.

A legitimidade jurídica é do locatário.

O empréstimo gratuito é o que podemos afirmar como sendo o comodato, justamente para distinguir-se da forma de locação, a qual é onerosa.

Em caso de morte do locador ou locatário, aplica-se o previsto nos arts. 577, 1.784 e 1.792 do CC.

Da extinção

A extinção do contrato de locação ocorre com o distrato ou resilição bilateral; pela retomada do imóvel locado seja qual for a motivação; pelo vencimento do prazo, conforme os arts. 573 e 574 do CC; e, por fim, pela nulidade absoluta ou relativa do contrato locatício.

Da denúncia

A denúncia vazia no contrato de locação é a prerrogativa, concedida ao locador, de rescindir livremente o contrato sem qualquer justificativa.

A denúncia cheia no contrato de locação, para ser utilizada pelo locador rescindir o contato, terá de haver a justificativa.

Portanto, enquanto na denúncia vazia o locador não necessita de justificativa para rescindir o contrato, na denúncia cheia, há de ter uma justificativa para romper o contrato de locação.

Das observações da locação

No caso de haver a turbação por parte de terceiros, o locatário deverá noticiar ao locador o fato.

No caso de aplicação do sistema Jurídico Privado vigente, impõe-se às partes que resguardem os princípios da probidade e da boa-fé.

O art. 35 da Lei n. 8.245/91 dispõe que: "salvo expressa disposição contratual em contrário, as benfeitorias necessárias introduzidas pelo locatário, ainda que não autorizadas pelo locador, bem como as úteis, desde que autorizadas, serão indenizáveis e permitem o exercício do direito de retenção".

Contratos considerados de locação

São considerados contratos de locação o arrendamento Mercantil ou *leasing* e o arrendamento rural, Lei n. 4.504/64.

Conclui-se o estudo com a leitura dos arts. 565-578 do CC.

DA FIANÇA

O contrato de fiança ou caução fidejussória é a promessa, feita por uma ou mais pessoas, de satisfazer a obrigação do devedor principal. Se o devedor principal não a cumprir, fica o credor assegurado de que o fiador cumprirá a obrigação até o valor ajustado. Por isso, a fiança produz obrigações apenas para o fiador. A fiança é uma forma de garantir um estado de fato a que corresponda um direito. A garantia pode ser *real* ou garantia *pessoal* ou fidejussória.

A caução real caracteriza-se pela vinculação de um determinado bem ao cumprimento da obrigação pelo próprio devedor, porquanto, a garantia pessoal ocorre mediante compromisso assumido por terceiro, estranho à relação obrigacional, que assume a obrigação de pagar a dívida do devedor ao credor.

Das características jurídicas

Necessário se faz o conhecimento das características jurídicas da fiança, especialmente por ser um contrato acessório. Portanto, a fiança tem características jurídicas, de *acessoriedade*, por ser contrato acessório, devendo existir o contrato principal; de *unilateralidade,* por gerar obrigações apenas para o fiador; de *gratuidade*, em razão do significado de ajuda do fiador ao afiançado; e de *subsidiariedade*, em que o fiador só se obrigará se o devedor principal não cumprir a prestação devida.

O contrato de fiança oneroso é considerado um contrato unilateral, pois se efetiva entre o fiador e o credor, independentemente do consentimento do devedor da obrigação principal.

Porém, como não poderia ser diferente, existem os defensores de que a fiança é na verdade um contrato *bilateral imperfeito*. Imperfeito porque, se o fiador paga a dívida, se *sub-roga* no direito do credor.

Os doutrinadores contrários à tese da fiança como um contrato imperfeito justificam ser insustentável a tese de que passaria a ser uma sub-rogação, porque, cumprida a obrigação pelo fiador, esta se extingue. Extinguindo-se a obrigação, extingue-se o contrato de fiança.

Em virtude dessa operação, surge uma nova obrigação entre o devedor e o fiador, que passa a ser o credor em razão do pagamento.

Dos requisitos

Os requisitos da fiança estão representados pela subjetividade e pelas objetividades: os requisitos são subjetivos quando estiverem presentes as capacidades genéricas para praticar os atos da vida civil; a legitimação para afiançar; e o consentimento do credor e do fiador.

Quanto aos requisitos objetivos, a fiança poderá ser dada a qualquer tipo de obrigação; a fiança dependerá da validade e da exigibilidade da obrigação principal; a fiança poderá assegurar obrigação atual ou futura; e não poderá ultrapassar o valor do débito principal, nem ser mais onerosa do que ele.

Das formalidades

O contrato de fiança reclama a forma escrita, podendo ser particular ou pública. Na forma particular, firmado entre as partes em documento lavrado por ambos, e, na forma pública, firmado pelas partes, porém, lavrado pelos Tabelionatos.

Espécies de fiança

Em relação às modalidades, o contrato de fiança pode ser, quanto ao *objeto de fiança civil e mercantil*, e quanto à *forma*, *de fiança convencional, legal* e *judicial*.

A fiança, quanto ao objeto, pode ser civil, como exemplo, quando o fiador afiança um contrato de locação de imóvel; e mercantil, como exemplo, a utilizada pelos empresários, em que representam a pessoa jurídica na qualidade de sócios e devedores principais e pela pessoa física representam na qualidade de fiadores.

A fiança, quanto à forma, pode ser convencional, representada pela vontade das partes envolvidas; legal, quando decorre da lei, como exemplos os arts. 495 e

1.305, parágrafo único do CC, os quais observam o princípio da necessidade de prestar-se a caução; e a judicial, que é proveniente da exigência processual ou pela imposição judicial, conforme os arts. 588, I e 925 do CPC.

Do benefício de ordem

O benefício de ordem é o direito assegurado ao fiador de exigir do credor que acione, em primeiro lugar, o *devedor* principal, ou seja, que todos os bens passíveis de penhora do devedor sejam executados, antes dos bens do fiador; e somente esgotado o patrimônio do devedor principal é que será possível executar os bens do fiador.

Do benefício de divisão

No benefício de divisão, existindo mais de um fiador, cada um responderá solidariamente pela dívida do afiançado, se este não tiver meios para solver a prestação a que se obrigara de acordo com o art. 829 do CC.

A prescrição encontra-se definida no art. 204, § 3º do CC, portanto, a interrupção de prescrição produzida contra o devedor prejudicará o fiador.

Das ordens de efeitos produzidas

A fiança produz duas ordens de efeitos. A primeira de relação entre credor e o fiador e a segunda de relação entre o afiançado e o fiador.

Diferenças entre fiança e aval

Embora os institutos da fiança e do aval tenham semelhanças, não são iguais, razão pela qual a importância de destacar suas principais diferenças, com a ressalva de que tanto um como o outro exigem a outorga uxória, que é a anuência expressa do cônjuge, salvo no caso do regime da separação de bens do casal.

Do contrário, o ato será anulável em conformidade com o art. 1.647, inciso III do CC.

Principais diferenças:

a) na fiança o credor pode pedir substituição da fiança, no aval o portador do título não tem direito de substituição do aval;

b) na fiança o fiador pode estabelecer prazo de validade, no aval o avalista é devedor solidário até a liquidação do título;

c) na fiança o credor não pode executar o fiador antes do devedor principal, a não ser que o fiador renuncie ao benefício de ordem, no aval o credor pode executar o avalista antes mesmo do devedor principal;

d) a fiança complementa um contrato principal, e só é válida quando formalizado por escrito, no aval o avalista vincula-se solidariamente ao devedor, no próprio título avalizado; e

e) a fiança pode obrigar o fiador à totalidade ou parte da obrigação, no aval a obrigação do avalista é vinculada ao título avalizado.

Fiança bancária

A fiança bancária é um ato formal de garantia de compromissos assumidos pela parte, possibilitando também a substituição da caução em dinheiro, pela fiança bancária, não ocorrendo desembolso de imediato.

Esse tipo de fiança é destinado às empresas que necessitam de uma garantia bancária para participar, como em caso de concorrências públicas.

A fiança é um compromisso contratual, no qual o estabelecimento bancário, como fiador, garante o cumprimento de obrigações de seus clientes. As pessoas físicas e jurídicas têm acesso a esse tipo de fiança, cujos prazos são definidos em função da natureza da obrigação contratual a ser garantida.

A garantia de pagamento fornecida pelos agentes interessados é representada pela nota promissória, pelo aval, pela duplicata, pela alienação fiduciária e penhor.

A fiança bancária visa a proporcionar uma maior facilidade no fechamento dos negócios e com segurança para as partes envolvidas no processo.

Fiança mercantil

A fiança mercantil possui diversos instrumentos de garantia usados com a finalidade de defender os interesses das partes. As garantias são pessoais, na quais sobressaem a fiança e a carta de crédito; e nas reais, o penhor e a hipoteca. Essas garantias acessórias ao contrato principal asseguram o fiel cumprimento das obrigações contratuais pactuadas, pelo cumprimento pessoal do fiador com a dívida afiançada.

Do seguro de fiança para aluguel de imóveis

O seguro de fiança está previsto pela Lei n. 8.245/91, consistindo no pagamento de um prêmio, semelhante ao seguro de veículos, calculado com base no valor do aluguel, que garante ao proprietário o aluguel e demais encargos pactuados, como luz, água, IPTU, condomínio, entre outros. O seguro de fiança tem o propósito de substituir a figura do fiador.

Das circunstâncias da fiança

Alguns pontos relevantes da fiança se encontram no art. 2.036 do CC o qual dispõe que "a locação do prédio urbano, que esteja sujeita à lei especial, por esta continua a ser regida", desta forma, aplica-se o art. 39 da Lei n. 8.245/91, o qual dispõe que, "salvo disposição contratual em contrário, qualquer das garantias da locação se estende até a efetiva devolução do imóvel, ainda que prorrogada a locação por prazo indeterminado, por força desta lei".

Ocorrendo fato impeditivo, modificativo ou extintivo da fiança, aplica-se o art. 326 do CPC, que assim dispõe: "se o réu, reconhecendo o fato em que se fundou a ação, outro lhe opuser impeditivo, modificativo ou extintivo do direito do autor, este será ouvido no prazo de 10 (dez) dias, facultando-lhe o juiz a produção de prova documental."

Da extinção da fiança

A extinção do contrato de fiança encontra-se prevista no diploma legal, sendo suas principais causas as atreladas às obrigações de um modo geral, como a extinção da dívida principal, e o pagamento direto ou indireto.

Os modos extintivos próprios à natureza da fiança e que dizem respeito ao fiador são: a) o da expiração do prazo determinado para a sua vigência; b) o da existência de exceções pessoais ou extintivas da obrigação; c) o da ocorrência das situações previstas no art. 838, I a III do CC; e d) o do retardamento do credor na execução, *resultando na insolvência* do devedor, conforme o art. 839 do CC.

Os arts. 818-839 do CC completam o estudo da fiança.

10

DÉCIMA AULA

Da prestação de serviço

A prestação de serviço é um contrato em que uma das partes se obriga para com a outra a lhe fornecer a prestação de uma atividade, mediante remuneração. Contrato de prestação de serviço é bilateral, oneroso e consensual. É uma obrigação de FAZER.

Caio Mário da Silva Pereira ensina que a prestação de serviço "é um contrato em que uma das partes se obriga para com a outra a lhe fornecer a prestação de uma atividade mediante remuneração".

Os contratos de prestação de serviço devem possuir elementos bilaterais, onerosidade e a consensualidade. O contrato de prestação de serviço pode ser por escrito ou verbal, isso porque, mesmo na falta de contrato escrito, não pode o contratante que desfrutou dos serviços ficar isento de realizar o pagamento.

Assim, o contrato de prestação de serviços é aquele em que uma pessoa física se obriga mediante remuneração a FAZER algo do interesse do outro contratante, desde que não caracterizado o vínculo empregatício.

Das atividades lícitas e humanas

O contrato de prestação de serviço tem como objeto a prestação de uma atividade lícita não vedada pela lei e pelos bons costumes, oriunda da energia humana que será aproveitada por outrem, e que pode ser material ou imaterial, conforme o art. 594 do CC e o art. 7º, inciso XXXII da Constituição Federal do Brasil — como exemplo, temos a contratação de um jardineiro, o qual foi contratado para a realização de determinada tarefa.

Da remuneração

A remuneração deve ser em regra acordada em dinheiro, porém nada obsta que o pagamento seja em *alimentos, vestuário, condução, moradia*. Essa forma de pagamento foi introduzida nos arts. 596 e 597 do CC.

Do tempo de duração

O tempo de duração do contrato de prestação de serviço não pode ser superior a *quatro anos*, de acordo com o que prescrevem os arts. 598, 599, 600 e 602 do CC.

Pode ocorrer que a obrigação não possa ser cumprida. Nesse caso, deve-se verificar se ocorreu com culpa ou sem culpa o descumprimento da obrigação — pode-se citar como exemplo a convocação para o exercício militar das Forças Armadas do Brasil, se o sujeito não tiver culpa pela não apresentação, acresce-se ao final, porém, se for culpado pela não apresentação, o período faltoso será descontado.

Dos modos terminativos

Os modos terminativos existem para que se possa dar fim aos contratos. Os modos terminativos existentes são: a) por justa causa, sem culpa de qualquer dos contratantes; b) por justa causa, fundada em culpa de uma das partes; c) sem justa causa; d) conclusão da obra; e e) escoamento do prazo.

Pontos relevantes

Se o prestador de serviço for pessoa JURÍDICA, não se configura o contrato em exame, por existir legislação própria.

Também não existe contrato gratuito, ele sempre será oneroso se for gratuito, será voluntário e possui legislação própria.

No caso de prestação eventual e não subordinada tem-se uma prestação de serviço, caso contrário, existindo subordinação e não sendo eventual, passa a ser regido pela CLT.

CONTRATOS de serviço = de empreitada, de corretagem, mandato e de transporte.

NÃO SÃO contratos de prestação de serviços, porém muito semelhantes: o estacionamento de veículos, isso porque os aspectos jurídicos estão relacionados ao depósito. A edição — direitos autorais - Lei n. 9.610/98 e a dos representantes comerciais — Lei n. 4.886/65.

FATO RELEVANTE — A Emenda Constitucional n. 45/2004 estabeleceu que a prestação de serviços e a empreitada serão apreciadas pela Justiça do Trabalho.

Faz-se necessária a leitura dos arts. 593-609 do CC.

DA EMPREITADA

No contrato de empreitada, uma das partes, *o empreiteiro*, se compromete a executar determinada obra, pessoalmente ou por meio de terceiro, em troca de certa remuneração fixa a ser paga pelo dono da obra. Figura como uma espécie do gênero de locação de serviços, mas difere da locação.

A diferença entre o contrato de prestação de serviço e o contrato de empreitada encontra-se no fato de que:

a) na *empreitada*, a remuneração é a mesma, não importando o tempo da duração do empreendimento;

b) enquanto na *prestação de serviço* a remuneração é por mês e será respeitado o prazo de duração.

Também devemos considerar os riscos de subordinação entre as partes, isso porque, na prestação de serviços, o patrão assume os riscos do negócio e o empregado lhe está diretamente subordinado; porquanto na empreitada o empreiteiro assume os riscos da produção e da qualidade de empresário, desta forma, tirando-lhe qualquer subordinação com o dono da obra.

c) quando TIVER POR OBJETO a construção civil, como imóveis residenciais, comerciais, obras viárias, loteamentos, é típico contrato regido pelo Código Civil.

Da natureza jurídica

A natureza jurídica do contrato de empreitada em nada se diferencia dos demais, pois é um contrato bilateral, consensual, comutativo, oneroso e não solene. Quando o contrato não for solene, prova-se pela forma testemunhal.

O contrato de empreitada apresenta duas situações de segurança, sendo que a primeira diz respeito à questão de variação do preço dos salários e do material, e a segunda, ao aumento da obra após o contrato, conforme disposto nos arts. 619 e 620 do CC.

O contrato de empreitada pode ser em modalidades de administração, de mão de obra ou de lavor, e mista, ou de lavor ou/e de materiais. A primeira modalidade de empreitada sob administração é aquela que apenas administra as pessoas contratadas pelo dono da obra, que também fornece os materiais.

A segunda, de mão de obra ou de lavor, é aquela em que o empreiteiro fornece a mão de obra, contratando as pessoas que irão executar a obra. Os materiais, contudo, são fornecidos pelo dono da obra.

A terceira, que é a mista ou de lavor ou de materiais, é aquela em que o empreiteiro fornece tanto a mão de obra quanto os materiais, comprometendo-se a executar a obra inteira, tendo-se, então, uma obrigação de resultado perante o dono da obra, a qual se denomina Licitação.

A distinção dos efeitos da empreitada a lavor e mista consta no diploma legal, sendo que o art. 611 do CC dispõe quanto aos riscos, e quando o empreiteiro fornece os materiais, os riscos correm por sua conta até o momento da entrega da obra; e o art. 613 do CC dispõe quanto ao perecimento, no caso, o empreiteiro deve comprovar que os defeitos do perecimento ocorreram em virtude dos materiais e que havia reclamado contra sua qualidade e até mesmo quantidade. Se não ocorrer a reclamação, perderá a remuneração.

Da empreitada ad mensuram *e coisa certa*

A empreitada *ad mensuram* é o contrato de empreitada em que o empreiteiro assume por medida, conforme prescrito no art. 614 do CC, porquanto a empreitada a preço fixo trata-se de contrato por coisa certa, ou seja, a empreitada da tarefa, que independe do tempo a ser executada, conforme previsto no art. 619 do CC.

Lei n. 4.591/64

A Lei n. 4.591/64 trata dos condomínios em edificação e incorporação imobiliária, na qual prevê a construção pelo regime de administração ou do preço de custo. Nesse tipo de construção, a responsabilidade do proprietário ou do adquirente é a do preço de custo integral da obra.

O adquirente ou proprietário, em caso de justo motivo, poderá recusar o imóvel, se o empreiteiro se afastou das instruções ministradas, apresentando obra defeituosa e impeditiva de uso regular, se empregou material de péssima qualidade, e se não entregou a obra no tempo combinado.

Nessas circunstâncias, de nada adiantará o empreiteiro alegar que sua intenção foi obter coisa melhor, pois o credor de coisa certa não pode ser obrigado a receber outra, ainda que mais valiosa, conforme o disposto no art. 313 do CC.

Estuda-se de forma complementar os arts. 610-626 do CC.

11 DÉCIMA PRIMEIRA AULA

Do empréstimo

O empréstimo é um contrato pelo qual uma das partes entrega uma coisa à outra, para ser devolvida em espécie ou gênero, após certo tempo, sendo que a tradição é essencial para a formalização do empréstimo.

No empréstimo, duas são as espécies, sendo que a primeira é a do comodato conforme o art. 579 do CC, em que a devolução deve ser a da mesma espécie; e a segunda, o mútuo, conforme o art. 586 do CC, em que a devolução pode e deve ser outra.

O empréstimo, em qualquer de suas modalidades, pertence à categoria dos contratos que têm por objeto a entrega de uma coisa e, desta forma, quem recebe a coisa fica obrigado a devolvê-la; é contrato de natureza real e se perfaz com a tradição.

Portanto, o comodato é o empréstimo a título gratuito com o *animus* de reavê-lo. O contrato de comodato é *intuitu personae*, eis que o objeto do comodato não poderá ser cedido pelo comodatário.

Da distinção entre o comodato e o mútuo

O contrato de comodato é o empréstimo de *coisa não fungível*, como exemplo, pode-se citar o empréstimo de uma casa, de um terreno ou de um veículo; o contrato de mútuo é o empréstimo de *coisa fungível*, como exemplo, pode-se citar os gêneros alimentícios ou as importâncias em dinheiro.

No contrato de comodato, o comodatário recebe a coisa para uso, devendo devolver a mesma coisa, ao termo do negócio. O comodato deve ser gratuito, pois, existindo onerosidade, teremos outro tipo de contrato, como no caso da locação.

No comodato, transfere-se a *posse*, de forma indireta.

No contrato de mútuo, a coisa destina-se ao consumo. O mutuário torna-se proprietário. Embora de natureza gratuita, torna-se oneroso. No mútuo, transfere-se o *domínio*. Embora comodato e mútuo sejam considerados empréstimos, *são profundas* as diferenças, pela sua natureza.

Aspectos Relevantes

Empréstimo	=	entrega da coisa
Para o uso	=	comodato
Para consumo	=	mútuo
Para guarda	=	depósito
Para a administração	=	representação — MANDATO

DO COMODATO

Comodato é um contrato de empréstimo gratuito de coisa infungível e perfaz-se pela tradição. Podemos dizer que nele encontramos os três *elementos* básicos do contrato, que são *a gratuidade do negócio; a não fungibilidade do objeto; e a necessidade de sua tradição* para o aperfeiçoamento do contrato.

Da natureza jurídica

A *natureza jurídica* do contrato de comodato constitui-se em gratuito, real e unilateral: o contrato é gratuito, pois, caso fosse oneroso, seria locação; é real, em oposição aos contratos consensuais, porque não se aperfeiçoa pela mera troca de consentimento, faz-se necessário a entrega da coisa, conforme o art. 481 do CC, como exemplo, contrato de compra e venda; e a natureza unilateral do negócio ocorre pelo fato de a obrigação ser apenas do comodatário, pois nenhum dever, em tese, onera o comodante.

Serpa Lopes define o comodato como sendo "um ato jurídico feito em contemplação aos méritos ou à amizade existente entre comodante e comodatário", sendo por isso intransferível a terceiros, a não ser que haja o consentimento do comodante.

Das obrigações do comodatário

Os contratos em geral geram obrigações, da mesma forma o contrato de comodato, apesar de sua natureza de gratuidade, isso porque o comodatário possui obrigações, que são *a de velar pela conservação da coisa; a de servir-se da coisa de modo adequado; e a de restituir a coisa no momento devido.*

No caso de falecimento "do comodatário", cessa o negócio jurídico em virtude de que no comodato não ocorre o direito de transferência para os *herdeiros* ou sucessores.

Do descumprimento da obrigação de restituir

No caso de descumprimento do comodatário em restituir a coisa, deve-se colocá-lo em *mora*. Nessa circunstância, o comodatário sujeita-se a *pagar aluguel* ao comodante, porém há quem entenda que, havendo recusa em devolver a coisa emprestada, o comodatário *comete esbulho*, ficando, desse modo, sujeito às regras previstas no direito possessório, e que permite, vencida a possessória, o direito de indenização por *perdas e danos*.

Da extinção

O comodato extingue-se pelo advento do termo convencionado, ou seja, pelo prazo decorrido, pela resolução, por sentença judicial que contenha a comprovação da necessidade imprevista e urgente, pela morte do comodatário, se o contrato foi celebrado *intuitu personae*, pela resilição unilateral e pelo perecimento do objeto do contrato.

O comodato está previsto nos arts. 579-585 do CC.

DO MÚTUO

O contrato de mútuo estabelece que um dos contratantes transfere a propriedade de um bem fungível ao outro, que se obriga a lhe restituir a coisa do mesmo gênero, qualidade e quantidade, conforme o que dispõe o art. 586 do CC. O objeto do mútuo é o empréstimo em ouro e/ou prata. Sendo empréstimo de coisa fungível, figura no mútuo o empréstimo em dinheiro. O empréstimo a menores foi protegido pelo legislador, conforme o art. 588 do CC.

O contrato de mútuo tem oportunizado grandes debates, especialmente no campo do anatocismo. O Código Civil brasileiro inicialmente era liberal, permitindo a fixação da taxa de capitalização — juros e demais encargos, os quais eram conhecidos como juros sobre juros, que se denominou anatocismo.

Decreto n. 22.626/33

O Decreto n. 22.626 de 1933 regulamentou os dispositivos, disciplinando e limitando os juros e demais encargos, sendo que as principais regras estabelecidas foram as de que *os juros praticados seriam no máximo de 12% ao ano; de que a cláusula penal não poderia ser superior a 10% do valor do contrato; e considerou como delito todos os procedimentos, ostensivos ou simulados, desobedientes da lei.*

Da desvalorização monetária

Com o mundo globalizado e o desenvolvimento da economia, com o padrão da modernidade, surgiu a necessidade de aplicarem-se mecanismos capazes de permitir que a moeda não fosse desvalorizada.

Nasce a correção monetária, que permite ao credor ver corrigida a sua moeda ou poder aquisitivo no mesmo patamar de quando realizou a operação comercial. A correção monetária é relevante, pois se configura como uma forma de estancar a perda, pela variação da inflação acumulada ao final de doze meses.

Do princípio do nominalismo

Para resolver a questão relativa à desvalorização da moeda, para o pagamento e sua prova a lei brasileira adotou o princípio do nominalismo, o qual foi inserido, especialmente nos arts. 315, 317, 318, 406, 586 e 591 do CC:

> Art. 315 — As dívidas em dinheiro deverão ser pagas em moeda corrente nacional, em seu valor nominal.
>
> Art. 317 — Quando, por motivos imprevisíveis, sobrevier desproporção manifesta entre o valor da prestação devida e o do momento de sua execução, poderá o magistrado corrigi-lo a pedido da parte. Assim, teremos o valor real da prestação.
>
> Art. 318 — Cláusulas nulas, em caso de ocorrer contratos em ouro ou moeda estrangeira.
>
> Art. 406 — Os juros nominados pela SELIC. Portanto, os que forem designados pelo Banco Central.
>
> Art. 586 — O mútuo é o empréstimo de coisas fungíveis. O mutuário é obrigado a restituir ao mutuante o que ele recebeu em coisa do mesmo gênero, qualidade e quantidade.
>
> Art. 591 — Destinando-se o mútuo a fins econômicos, presumem-se devidos juros, os quais, sob pena de redução, não poderão exceder a taxa a que se refere o art. 406, permitida a capitalização anual.

Dos juros

O Código Civil brasileiro estabeleceu que os contratos de mútuo destinados para fins econômicos presumem-se *onerosos*, conforme o art. 591, ficando a taxa de juros compensatórios limitada ao disposto no art. 406, com capitalização anual.

Dos direitos e das obrigações das partes

Sendo o mútuo contrato real e unilateral que se perfaz com a entrega da coisa emprestada, uma vez efetuada a tradição, nada mais cabe ao mutuante, recaindo as obrigações somente sobre o mutuário. Em princípio, não existem obrigações para o mutuante.

Porém, o mutuante pode ser responsabilizado pelos prejuízos decorrentes de vícios ou defeitos da coisa. Por outro lado, o mutuário possui a obrigação de restituir, no prazo pactuado, a mesma quantidade e qualidade de coisas recebidas e, no caso de sua falta, pagar o seu valor.

O mútuo encontra-se disposto nos arts. 586-592 do CC.

DÉCIMA SEGUNDA AULA

Do depósito

O depósito é o contrato pelo qual uma pessoa, *depositário*, recebe, para guardar, **um objeto móvel alheio**, com a obrigação de restituí-lo quando o *depositante* o reclamar.

O contrato de depósito aperfeiçoa-se pela **entrega da coisa**, conforme o disposto na legislação, pois o depositante entrega o objeto que ficará em poder do depositário até que o reclame a devolver. O depósito pode ser empregado em **duplo sentido**, primeiro, pode ser um contrato, segundo, pode ter o seu objeto depositado.

Das espécies de depósitos

As espécies de contratos de depósito previstas legalmente são o **voluntário e o necessário**, mas o depósito necessário subdivide-se em legal, miserável e hoteleiro.

É depósito voluntário quando a vontade das partes for a determinante do contrato; será necessário, quando o depositante, por imposição legal, realiza com pessoa não escolhida livremente; o depósito legal, quando decorre da lei; é depósito **miserável** quando ocorre o envolvimento de pessoas em **calamidade pública**, como exemplo, no caso de uma inundação ou no caso de incêndio; e, por fim, o depósito hoteleiro ocorre quando os viajantes se hospedam nos hotéis.

Do depósito voluntário

O depósito voluntário é o contrato livremente ajustado pelas partes, sem pressão e sem qualquer circunstância externa. O contrato de depósito voluntário é real, não solene, unilateral, gratuito e feito *intuitu personae*.

Diz-se real, porque só se aperfeiçoa pela entrega da coisa, desta forma, opondo-se aos contratos consensuais que se ultimam *pela mera troca de manifestações concordantes da vontade*.

Diz-se não solene, embora o art. 646 do CC determine que sua prova só se faça por escrito. Como a questão é controvertida, cita-se a definição de Clóvis Beviláqua, afirmando "que a prova do depósito voluntário se faz por escrito, mas o escrito não é da substância do ato".

Diz-se unilateral, visto que, uma vez ultimado por força da entrega da coisa, apenas para o depositário surgem obrigações. Há, porém, quem sustente que também o depositante tenha obrigações. Por isso, nesse caso, os doutrinadores o denominam de contrato bilateral imperfeito.

Diz-se gratuito, pois essa é a origem do depósito, porém, a onerosidade hoje é uma prática comum, embora conste da lei sua gratuidade.

Das obrigações do depositário

As obrigações do depositário são as de guardar, conservar e restituir a coisa depositada. A obrigação de guardar a coisa consta do art. 629 do CC, a qual deve ser restituída quando o exija o depositante; a obrigação de conservar a coisa é do depositário, porém, como ressalva o art. 642 do CC, o depositário não responde nos casos de força maior, porém haverá de provar; e a de restituir a coisa, e se o depositário não a restituir, quando exigido, poderá ser compelido a fazê-lo mediante prisão de no máximo um ano, e ainda ter de ressarcir os prejuízos, de acordo com o art. 652 do CC.

Das obrigações do depositante

Duas são as obrigações do depositante — a de reembolso e a de indenização. Na obrigação de reembolsar as despesas feitas pelo depositário, tem-se o caso da guarda da coisa, animal, como, por exemplo, a *alimentação dos animais.*

Na obrigação de indenizar o depositário pelos prejuízos que do depósito provierem, tem-se o seguinte exemplo: *ocorrendo o defeito oculto da coisa*, que provocou deteriorações em bens de propriedade do depositário (veneno), como no caso em que o animal doente contaminou os de propriedade do depositário, tem ele direito de indenização pelo prejuízo experimentado.

Do depósito irregular

O depósito denomina-se *irregular* quando a *coisa* ***for fungível***, no qual o depositário não precisa devolver exatamente a coisa que lhe foi confiada, podendo, porém, restituir coisa da mesma espécie, quantidade e qualidade. Aplica-se na prática o mesmo ***dispositivo do mútuo***, conforme o art. 645 do CC.

Do depósito regular

Ocorre o depósito *regular* quando se tiver por objeto coisas **infungíveis**, como no caso do **contrato de custódia de ações ou de valores** mobiliários.

Do depósito judicial e civil

O contrato de depósito denominado ***judicial*** **ou sequestro é o determinado pelo juiz**, enquanto o depósito ***civil*** **ou empresarial** é o que provém da atividade negocial.

Do depósito necessário

É aquele em que o depositante, não podendo escolher livremente a pessoa do depositário, é forçado pelas circunstâncias a efetuar o depósito com pessoas cujas virtudes desconhece.

Duas são as espécies de depósito necessário. A primeira, no desempenho *legal*, e a segunda ocorre por uma necessidade imperiosa do momento, como no caso de *calamidade*.

O depósito necessário *chamado de miserável* é o feito por ocasião de uma calamidade, pois, deixando-se a pessoa ao desabrigo, impõe-se a necessidade de se socorrer da primeira pessoa que aceite para com ela depositar os bens que porventura salvou.

Da extinção

Extingue-se o contrato de depósito por manifestação unilateral da vontade do depositante, a qualquer tempo, ainda que haja prazo estipulado. O mesmo, porém, não ocorre no que diz respeito ao depositário, pois este em princípio deve aguardar o advento do termo.

Da ação e prisão do depositário infiel

Os procedimentos são diferenciados. Na hipótese de depósito judicial, a ação não se faz necessária, uma vez que o depositário é mero detentor, podendo o juiz, nos autos em que se constituiu o encargo, determinar, por mandado, a busca e apreensão da coisa.

No depósito contratual, poderá haver o ajuizamento da ação de depósito. No caso dos contratos de **alienação fiduciária em garantia**, quando o bem alienado fiduciariamente não é encontrado ou não se encontra na posse do devedor, caso em que o credor poderá requerer a conversão do pedido de busca e apreensão em **ação de depósito**.

Importante que se faça uma incursão ao art. 1.361 e seguintes do CC e ao Decreto-lei n. 911/69.

No caso do depósito em que aparece a figura do devedor fiduciante, a obrigação é ALTERNATIVA, isso em razão de que o decreto oportuniza uma ORDEM inalterável de PAGAR a prestação, ou de ENTREGAR o bem, se descumprir com o pagamento. Tal posição permite que se faça a busca e apreensão do objeto, via procedimento processual.

O Código Civil regula que o depósito dever ser RESTITUÍDO. A restituição do bem é a natureza do contrato.

Quanto ao assunto, pode-se aqui também mencionar o Pacto de San José da Costa Rica – art. 11 do tratado internacional: NINGUÉM PODERÁ SER PRESO APENAS POR NÃO PODER CUMPRIR COM UMA OBRIGAÇÃO CONTRATUAL.

A Constituição Federal do Brasil proíbe a prisão civil, por dívida, porém, faz duas ressalvas, a do devedor de pensão alimentícia e a do depositário infiel, conforme o art. 5º, LXVII: "não haverá prisão civil por dívida, salvo a do responsável pelo inadimplemento voluntário e inescusável de obrigação alimentícia e a do depositário infiel". Previsão legal do art. 627-652 do CC.

Os contratos segundo o ramo jurídico

1. **Administrativo** = É aquele em que uma das partes é pessoa jurídica de direito público, como a União, os Estados, os municípios e as autarquias, sendo as relações jurídicas regidas pelo direito administrativo.

2. **De trabalho** = As relações jurídicas são regidas pela CLT.

3. **De consumo** = O fator preponderante é a aproximação do consumidor e do fornecedor e as relações jurídicas são regidas pelo CDC.

4. **Comercial** = Estabelece as relações jurídicas de empresas mercantis e empresariais que exploram atividade econômica e/ou organizam a produção e circulação de bens e serviços, **direito de empresa**.

5. **Contrato civil** = A relação jurídica defini-se por exclusão. São aqueles em que nenhum dos contratantes figure como pessoa jurídica de direito público, empresário, empregado ou consumidor.

DO MANDATO

O mandato é o contrato pelo qual uma pessoa se obriga a **praticar atos jurídicos ou administrar** os seus bens e interesses, por conta de outra pessoa física ou jurídica.

No mandato, as partes são denominadas de *mandante* e *mandatário*. O mandato apresenta características, como a da ***contratualidade***, que requer a manifestação de no mínimo duas vontades, a da ***representatividade***, na qual deve prevalecer a ideia de representação, e ***revogabilidade***, isso porque, qualquer das partes pode pôr fim ao contrato.

Não se pode confundir o mandato, que é um contrato para atos jurídicos e administrativos, com o mandato eletivo, que se obtém via eleição, e *mandado*, que é um ato judicial.

Tem-se aqui a principal classificação do mandato. O mandato quanto à origem pode ser:

LEGAL — dispensa a elaboração de qualquer instrumento (pais, tutores e curadores são os representantes legais);

JUDICIAL — pode ser oneroso ou gratuito e é representado no caso de nomeação do magistrado em **inventário**, que alguém será o inventariante para representar o espólio;

CONVENCIONAL — pela vontade das partes.

Juridicamente o contrato de mandato é, em regra, unilateral, podendo assumir também a forma bilateral (bilateral imperfeito). Assim sendo, o contrato pode ser gratuito ou oneroso, consensual, comutativo e informal.

Dos requisitos

Os requisitos do contrato de mandato exigidos são o subjetivo, o objetivo e o de possuir formalidade. O contrato de mandato é *subjetivo* porque reclama o consenso e a capacidade das partes; é contrato *objetivo* por se revestir de negócio jurídico, o qual deve ser lícito, físico e juridicamente possível; e deve ser *formal*, por permitir que o mandato possa ser expresso ou tácito, verbal ou escrito.

Distinção entre contratos de prestação de serviços e de mandato

Existe clara distinção entre os contratos de ***prestação de serviço* e *mandato***. O contrato de prestação de serviço tem por objeto **um fato material** em que o prestador de serviço se vincula ao contratante; porquanto, no contrato de ***mandato***, tem por escopo a realização de **um ato jurídico, o de *agir em nome de outrem* e a *ideia de representação***. O mandatário age em nome, no lugar e pelo mandante.

Casos que não admitem representação

Em regra, todos os atos podem ser realizados por meio do procurador, porém, existem alguns que são pessoais, como, por exemplo, o **testamento, o exercício do cargo público, o de prestar serviço militar, o depoimento pessoal e o direito de voto**.

Portanto, a representação é distinta do mandato, uma vez que pode haver representação sem mandato e mandato sem representação, como na comissão mercantil.

Do casamento

Por outro lado, o ***casamento*** pode ser realizado mediante procuração de um dos nubentes ou por ambos os nubentes, desde que o instrumento seja objetivo e com fins específicos.

Do instrumento do mandato

A legislação brasileira autoriza que o instrumento de mandato possa ser *verbal* ou *escrito*. O mandato é admitido por instrumento público ou particular. A procuração verbal praticamente inexiste, em razão da dificuldade de sua prova.

Mas, no caso específico do profissional (advogado) que for contratado no instante da audiência pública, poderá comparecer e protestar pela juntada do documento no prazo que for conferido pelo juízo do feito que não ultrapasse os 10 dias.

Do substabelecimento

O substabelecimento pode ser realizado desde que na procuração conste a **permissão expressa** ou que a mesma seja omissa.

Em princípio imagina-se que a permissão ou proibição pouco importa, porém, ela será relevante para estabelecer a *responsabilidade*, no caso de o mandatário substabelecer os poderes a ele conferidos.

O substabelecimento pode ser **com reserva de poderes ou sem reserva** de poderes.

Dos poderes do mandato

O contrato de mandato pode ser com poderes especiais ou com poderes gerais. Quando se tratar de procuração para atuar em juízo, existe a necessidade de ser com poderes especiais, como no caso de inventário fazer-se constar poderes para firmar termos de compromisso de inventariante, de execução de oferecer bens à penhora.

Da mesma forma que qualquer outro contrato, também no mandato existem as obrigações do mandatário, conforme o que consta no art. 667 do CC, e as obrigações do mandante, conforme o que preceitua o art. 675 do CC.

Da extinção do mandato

O mandato extingue-se pela revogação, renúncia, morte, interdição ou mudança do estado civil de uma das partes, extinção do prazo ou da conclusão do negócio contratado.

Das generalidades do mandato

Os contratos de mandato são classificados em mandatos *civil* e *mercantil*. Enquanto no mandato **civil existe a presunção de ser gratuito**, o mandato mercantil é oneroso. Devemos distinguir o mandato em mandato judicial e mandato extrajudicial.

O mandato judicial é o que se destina ao patrocínio em juízo, de interesse do mandante, e deve ser exercido por advogado habilitado perante a OAB.

O mandato extrajudicial é para ação do mandatário fora da esfera judicial, como representar o mandante na inscrição do vestibular ou em concurso público.

Não podem ser procuradores, por exemplo, os menores de 18 anos, os juízes em exercício do cargo.

Quando o documento contiver reconhecimento de firma, reputa-se verdadeiro, conforme o art. 369 do CPC, que dispõe: "Reputa-se autêntico o documento, quando o tabelião reconhecer a firma do signatário, declarando que foi aposta em sua presença."

Quando versar sobre prova testemunhal, pode-se aplicar o art. 400 CPC, que dispõe: "a prova testemunhal é sempre admissível não dispondo a lei de modo diverso. O juiz indeferirá a inquirição de testemunhas sobre fatos."

Do mandato ad judicia

O mandato *ad judicia*, ou seja, por empreitada, no caso de escritório de advocacia, constitui-se em contrato global, com seu cliente, que abrange todas as atividades judiciais, extrajudiciais, administrativas e também consultivas.

Não podemos deixar de considerar que existe uma integração entre mandato, empreitada e a prestação de serviço, desempenhadas pelo advogado, pois é a busca do resultado pretendido.

Ocorrendo a *renúncia*, especialmente no caso de profissional da área do direito, em conformidade com o que preceitua o art. 45 do CPC, "o advogado poderá, a qualquer tempo, renunciar ao mandato, provando que cientificou o mandante a fim de que este nomeie substituto. Durante os 10 (dez) dias seguintes, o advogado continuará a representar o mandante, desde que necessário para lhe evitar prejuízo".

O não cumprimento na forma legal determinará ao profissional, em sendo denunciado na OAB, a aplicação, além do disposto no Estatuto do Advogado, Lei n. 8.906/94, do Código de Ética e Disciplina da OAB.

Do mandato em causa própria

O art. 685 do CC fez renascer o mandato em *causa própria*. Constando no mandato a cláusula "em causa própria", o mandatário poderá sem qualquer outro consentimento transferir os bens do mandante para o seu próprio nome.

Existem controvérsias no mandato em causa própria. Há quem defenda o recolhimento do imposto de transmissão devido, outros, porém, afirmam que, se for exigido o recolhimento de impostos de transmissão, se estará realizando um ato de compra e venda e não um ato de mandato.

Para Silvio Rodrigues, o contrato de mandato é unilateral. Para Maria Helena Diniz, o contrato de mandato é bilateral.

Do mandato judicial

Quando versar sobre mandato judicial, aplicam-se, ainda, os arts. 36 a 45 do CPC. O capítulo é destinado aos procuradores e às substituições das partes e dos procuradores.

Em regra, e especialmente o art. 36 do CPC dispõe que "a parte será representada em juízo por advogado legalmente habilitado". O advogado habilitado terá de obedecer às regras previstas na Lei n. 8.906/94 — Estatuto da Advocacia.

O mandato é uma **obrigação de FAZER**, encontra-se entre os de prestação de serviços, subdividindo-se em tipos como mandato comercial e mandato judicial.

No Código Civil, o mandato encontra-se tipificado nos arts. 653-692.

DÉCIMA TERCEIRA AULA

Da comissão

A comissão é um contrato que tem como objeto a *aquisição* ou a *venda de bens* pelo comissário, em seu próprio nome.

O comissário assume a responsabilidade, mas por ordem e por conta do comitente, que em troca fornece certa remuneração. A comissão, em outras palavras, é mandato sem representante.

Portanto, a comissão permite ao comerciante encarregar terceiro da incumbência de praticar atos de comércio e celebrar negócios, em seu benefício, porém, em nome do próprio comissário, sem se valer do mandato.

O contrato de comissão pode ser de ordem IMPERATIVA, quando não deixa margem de manobra para o comissário, INDICATIVA, quando tem o comissário alguma margem para atenuar o contrato, e FACULTATIVA, quando o comitente transfere ao comissário as razões de seu interesse no negócio, sem qualquer restrição.

Diferença entre comissão e mandato

Como a comissão é semelhante ao mandato, há de se deixar clara a diferença entre esses tipos de contratos. Na ***comissão***, o sujeito age em nome próprio assumindo obrigações para com aquele com quem contrata, porquanto no ***mandato*** o sujeito age em nome do representado.

A comissão que teve papel importante no século passado, especialmente no comércio cafeeiro e em outros negócios, não caiu em desuso, pois é utilizada no comércio de atividades, como, por exemplo, das companhias fabricantes ou importadoras de produtos como veículos automotores (*automóvel, caminhões, máquinas agrícolas*), nos aparelhos de uso doméstico (*geladeira, fogão*), nas bancas de revistas e jornais, e na venda ambulante de cosméticos. Portanto, na venda desses produtos, tem-se utilizado a *comissão*.

Da natureza contratual da comissão

O contrato de comissão é *bilateral*, por criar deveres para o comissário e para o comitente; é um contrato *oneroso*, porque o comitente dá ao comissário uma contraprestação monetária pelos serviços prestados, conforme estabelece o art. 701 do CC. Essa remuneração recebe o nome de comissão, que deverá ser um percentual do valor do negócio.

Portanto, o comissário somente receberá a comissão de acordo com o trabalho realizado. Isso diz respeito ao serviço, pois, sendo integral, receberá a comissão por inteiro; é *consensual*, porque se aperfeiçoa com a manifestação de vontades; é *comutativo*, porque as obrigações são certas e conhecidas; é *não solene*, porque pode ser celebrado verbalmente e provado por todos os meios de prova admitidos em direito; e, ainda, pode ser *intuitu personae*, por ser considerada a pessoa, sua qualidade profissional, como competência e honestidade, à realização do negócio, do comissário.

Da comissão del credere

A comissão poderá ser *simples* ou *del credere*: será comissão *simples*, quando o comissário responde diretamente ante o comitente pelos danos que culposamente lhe causou, e será ***del credere***, quando no pacto inserido no momento da celebração do contrato o comissário assume a responsabilidade solidária de responder pela solvência daquele com quem contratar no interesse e por conta do comitente.

Das principais características da comissão

Pontes de Miranda conceitua comissão como não sendo a espécie de mandato, posto que se tenha desenvolvido, historicamente, do mandato. Comissão ocorre quando o comissário opera por conta do comitente, mas em nome próprio.

Portanto, comitente é a parte que encarrega outra pessoa de vender ou comprar objetos móveis, de acordo com suas instruções e no seu interesse, por outro lado, comissário é a parte que realiza os negócios por conta ou em favor do comitente, mediante uma retribuição denominada comissão.

O comissário e comitente têm direitos e obrigações.

Esses direitos e obrigações estão elencados nos arts. 693-709 do CC brasileiro.

DA AGÊNCIA E DISTRIBUIÇÃO

O contrato de agência e distribuição é a realização de certos negócios, mas com restrição, pois devem ser realizados em zona determinada.

Agência ou representação comercial

É um contrato comum na **área mercantil**, o qual é regulado pela Lei n. 8.420/92 e pelo Código Civil brasileiro. Agência e distribuição é um contrato em que uma pessoa se obriga, mediante retribuição, a realizar certos negócios em área determinada, em certo valor e por conta de outrem.

Contrato de agência ocorre quando uma pessoa assume, com autonomia, a obrigação de promover regularmente, por conta de outra, mediante uma remuneração ajustada, a realização de certos negócios, **em área definida**, porquanto o contrato de distribuição ocorre quando o objeto a ser negociado estiver à disposição do agente.

Quem pode ser agente

As pessoas que se obrigam a representar ou agenciar os pedidos em favor de outrem recebem o nome de *agente* ou *representante comercial*, sendo que, para poder atuar, deverá estar regularizado, com o registro perante o Conselho Federal e Conselho Regional de Representantes Comerciais.

A agência e distribuição é um sistema de comercialização, em que os empresários passam a ter colaboradores externos independentes que são os agentes comerciais.

Esses agentes passam a ter a função de colocar no *mercado* os produtos da empresa representada, e para isso recebem uma *comissão expressa* ou um percentual sobre o valor das mercadorias vendidas.

As características do contrato de agência e distribuição são a bilateralidade, a onerosidade, os aspectos personalíssimos e intransferíveis, consensual, comutativo e não solene.

O contrato determina direitos e deveres ao representante e da mesma forma direitos e deveres ao representado.

Do contrato de agência

O contrato de agência envolve seis características fundamentais, como a da relação entre empresários, para a circulação de mercadorias, mas pode também ser agenciado em outras atividades, **como dos desportistas ou de cantores**, por exemplo; de relação de independência hierárquica entre representante e representado; a prática não eventual da atividade em prol do representado.

Portanto, a atividade não pode limitar-se a um determinado negócio, mas a um vínculo duradouro entre as partes; à intermediação e promoção de negócios de interesse do representado; ao pagamento de uma remuneração pelos serviços prestados e agenciados; e à delimitação da área onde os serviços serão prestados.

Do contrato de distribuição

O contrato de distribuição é aquele em que o produtor, oferecendo vantagens especiais se compromete a vender, continuadamente, seus produtos ao distribuidor para revenda em determinada área de atuação.

Das obrigações e dos deveres

As obrigações do produtor são a de não vender seus produtos diretamente ao comerciante, a de respeitar exclusividade do distribuidor, a de promover propaganda dos produtos a serem revendidos pelo distribuidor e a de não exigir o pagamento antes do faturamento.

O contrato gera deveres ao distribuidor, que são o de vender os produtos fornecidos pelo produtor, o de fiscalizar e obedecer às normas relativas ao valor, assistência técnica, acessórios, número de bens que serão vendidos, ter reserva de estoque, fazer publicidade, dar garantia do produto, entre outros.

Da extinção

O contrato de agência e distribuição pode ser resolvido no vencimento do prazo, por denúncia justificada de uma das partes à outra, inadimplemento contratual, extinção do sistema de distribuição, resilição unilateral do fabricante, resolução por inexecução do contrato, pelo distrato com aquiescência de ambos os contratantes ou no caso de força maior ou caso fortuito. Tema previsto nos arts. 710-721 do CC.

DA CORRETAGEM

O contrato de *corretagem* ou mediação é aquele pelo qual uma pessoa, sem dependência, se obriga a obter negócios para outrem, conforme as instruções recebidas, portanto, é a intermediação de negócios.

A corretagem, que também é denominada de *mediação*, é um contrato em que, não existindo qualquer relação de dependência, uma pessoa se obriga a obter negócios para outrem, conforme instruções recebidas e mediante uma remuneração.

O corretor tem a função essencial de aproximar as pessoas interessadas em determinado negócio. O negócio mais típico da corretagem é o da *venda e compra de imóveis*, em que o corretor tem a função de aproximar o vendedor e o comprador.

Nesse tipo de negócio, o que interessa é o resultado do serviço, ou seja, a obrigação somente produzirá efeitos com a realização do negócio entre as partes interessadas.

Da natureza jurídica

O contrato de corretagem tem características jurídicas de bilateralidade, por obrigar os contratantes; acessoriedade, por preparar a conclusão de outro negócio; onerosidade, pelo proveito dos contratantes; aleatoriedade, por assumir o corretor o risco do insucesso da aproximação das partes; consensualidade, por inexistir outro procedimento, o contrato aperfeiçoa-se pela vontade das partes; e não solene, por não exigir forma especial.

Espécies do contrato

Nas espécies de contratos de corretagem, temos os corretores oficiais, que praticam atos de fundos públicos, de mercadorias, de seguros, de valores, de navios e de operação de câmbio, e os corretores livres, os quais não possuem designação oficial, mas praticam atos de intermediação de **espetáculos públicos e diversões, de empréstimo de obras de arte, de automóvel**, de publicidade, de artistas e de desportistas profissionais, entre outros.

Dos direitos e deveres do corretor

O contrato de corretagem firma direitos e deveres ao corretor, sendo que o principais deveres são o de ter sua matrícula no órgao oficial, manter sigilo absoluto nas negociações de que se encarregar, não usar de fraude, realizar sua tarefa com diligência e prudência, e os seus direitos são os de receber remuneração, intervir nas transações e operações mercantis, de traduzir documentos, fornecer certidões, se corretor oficial, e não ser responsabilizado pela execução do negócio.

Do corretor de imóveis

O corretor de imóveis é uma atividade profissional regulada pela Lei n. 6.530/78, que é a Lei Orgânica da Profissão de Corretor de Imóveis regulamentada pelo Decreto n. 81.871/78, no qual o exercício da profissão fica limitado ao território nacional ao possuidor de inscrição no **Conselho Regional de Corretores de Imóveis (CRECI)**, da sua região.

O corretor não inscrito pode sofrer sanções administrativas do órgão, mas jamais deixar de receber a remuneração a que tem direito.

Da extinção

A extinção contratual dá-se pela conclusão do negócio, pela expiração do prazo, pelo distrato, pela impossibilidade de sua realização devido à força maior ou caso fortuito, pela nulidade do negócio, pela renúncia do corretor, pela revogação, pela morte do corretor e do comitente, pela incapacidade do corretor e pela falência.

A corretagem encontra-se prevista nos arts. 722-729 do CC.

14 DÉCIMA QUARTA AULA

Do transporte

O contrato de transporte é aquele em que uma pessoa ou uma empresa se **obriga a transportar**, de um lugar para outro, pessoas ou coisas **animadas ou inanimadas**, mediante uma retribuição previamente acordada.

O transporte pode ser de pessoas e de coisas e o meio empregado pode ser *via terrestre, via marítima ou fluvial e aérea.*

O **terrestre pode ser ferroviário ou rodoviário** e, em razão da extensão, pode ser restrito à área urbana ou municipal, pode ser, ainda, **intermunicipal, interestadual e internacional**, mas sempre será uma concessão pública.

O contrato de transporte, em virtude do aumento considerável do deslocamento de pessoas e de mercadorias, pela evolução das atividades humanas no ramo comercial e industrial, exigiu o aprimoramento dos meios de transporte e da mesma forma no campo jurídico, podendo, por isso, ser um contrato de transporte coletivo ou individual.

O contrato de transporte gera para o transportador uma obrigação de resultado, isso porque o passageiro deve ser transportado são e salvo, porquanto a mercadoria deve chegar ao destino sem qualquer avaria.

Da natureza jurídica

O contrato de transporte tem características jurídicas de contrato de adesão, de bilateralidade, de onerosidade, de comutatividade, de consensualidade e de não solenidade. O transporte pode ser **contratual ou extracontratual**.

DO TRANSPORTE DE PESSOAS

O contrato de transporte de pessoas é aquele em que o transportador se obriga a remover uma pessoa e sua bagagem de um local para outro, mediante prévia remuneração. O **bilhete de passagem** é a prova de contrato de transporte.

As **bagagens são acessórias do contrato de transporte de pessoas**. O Código Civil brasileiro enumera as obrigações e os direitos do transportador, como também estabelece as regras dos deveres e direitos do passageiro. **A indenização em caso de extravio de bagagem limita-se ao valor de dois salários**.

Do transporte de coisas

O contrato de transporte de coisas é aquele em que o expedidor entrega ao transportador determinado objeto para que, **mediante pagamento de frete**, seja remetido a outro destinatário, em local diverso daquele em que a coisa foi recebida.

O **conhecimento é um documento** que contém a discriminação da operação e do objeto que será transportado. A legislação estabeleceu direitos e deveres ao remetente, ao destinatário e ao transportador. O transportador assume a responsabilidade em ocorrendo dolo ou culpa de sua parte para com o transportado.

Do transporte gratuito

No contrato de **transporte gratuito**, discute-se sobre a responsabilidade civil do transportador, na hipótese de vítima transportada gratuitamente, é contratual ou extracontratual.

Como a **relação de cortesia** é uma concessão voluntária, declino-me pela responsabilidade contratual, porque não se pode admitir a **cortesia compatível com a negligência e a imprudência**.

Ademais, a **responsabilidade extracontratual do transportador seria a que ocorre em acidente de trânsito**. Portanto, quem transporta em seu veículo pessoa, fazendo-lhe mesmo que um favor, tem o dever de executar essa gentileza sem colocar em risco, voluntariamente, a segurança e a vida do transportado.

Do desconto

O art. 740 estabelece o direito do valor descontado em caso de arrependimento do contrato de transporte.

Do transporte desinteressado

No transporte desinteressado, só há responsabilidade em acidente quando ocorreu culpa grave. Não cabe indenização em acidente no transporte de cortesia quando ausente a culpa gravíssima ou dolo.

Esse é o entendimento do Superior Tribunal de Justiça, que aplica a Súmula n. 145/STJ, podendo-se afirmar que o art. 736 do CC também permite essa interpretação.

A Súmula n. 145 do STJ afirma que, "no transporte desinteressado, de simples cortesia, o transportador só será civilmente responsável por danos causados ao transportado quando incorrer em dolo ou culpa grave". Tem-se, portanto, demonstrado o transporte de cortesia, pois, estando ausentes o dolo e a culpa grave, pelo que dispõe o art. 736 do CC, se terá a inexistência de responsabilidade do transportador.

O transporte é um instituto da modernidade, em razão do alto desenvolvimento do transporte de coisa e pessoas, razão pela qual passou a ser tipificado no Código Civil.

Considerações sobre o transporte

O transporte, juridicamente falando, é um contrato bilateral, oneroso, consensual, cumulativo e informal. Na grande maioria das vezes, o transporte assume a forma de contrato de CONSUMO (sua verificação passa para a Lei n. 8.078/90) ou de **adesão (nesse caso, é possível buscar diálogos** entre o Código Civil e o CDC no que se refere ao contrato em questão, aplicando-se os princípios sociais contratuais).

Quanto ao transporte clandestino, não há responsabilidade civil; no **puramente gratuito ou desinteressado**, a responsabilidade é extracontratual, pois se exige o dolo ou culpa grave do transportador — Súmula n. 145 STF; e o gratuito ocorre pela **vantagem indireta** ou onerosa (no caso da cláusula de garantia implícita), surgindo a responsabilidade contratual.

Os arts. 730-756 do CC e legislação especial tratam do tema.

15

DÉCIMA QUINTA AULA

Do seguro

O contrato de seguro é aquele em que as partes, o segurador e o segurado, se obrigam, **mediante o pagamento de um prêmio**, a garantir interesses legítimos relativos à **pessoa ou à coisa**. Portanto, trata-se de contrato de estipulação em favor de terceiros.

O **segurador assume o risco de indenizar o segurado** de prejuízos decorrentes de riscos futuros, estabelecidos no contrato. O segurado, para se ver garantido, realiza o pagamento de uma importância. O contrato de seguro é o típico contrato de estipulação em favor de terceiros.

A **atividade seguradora surge mediante autorização do Governo Federal disciplinada pela CF/88** e pela lei ordinária. Desta forma, há que se esclarecer que a atividade do segurador é exercida por Companhias Especializadas, ou seja, por Sociedades Anônimas, mediante autorização da União, de acordo com o previsto no art. 192, inciso II da Constituição Federal, Código Civil brasileiro e a legislação esparsa, especialmente o art. 21 da Lei n. 8.177/91.

A concessão é fornecida pelo Ministério da Indústria e Comércio, sempre com aprovação do **Conselho Nacional de Seguros Privados**. O *segurador* suporta o risco assumido em caso de prejuízo e o *segurado* tem o interesse direto na conservação da coisa ou da pessoa.

Regras gerais do contrato de seguro

Os contratos de seguro estão entre os mais complexos do Direito privado brasileiro, por existir 45 artigos do Código Civil, mas não se podendo deixar de considerar os previstos no Código de Defesa do Consumidor.

O **art. 757 do CC** deve ser analisado com outros artigos. No contrato de seguro por adesão, os riscos predeterminados no artigo referido (757) devem ser interpretados de acordo com os arts. 421, 422, 424, 759 e 799 do CC e, ainda, art. 1º, inciso III da Constituição Federal.

Em outras palavras, essa determinação dos riscos deve ser analisada à luz da **função SOCIAL dos contratos, da BOA-FÉ OBJETIVA e da PROTEÇÃO DA DIGNIDADE HUMANA**, não podendo colocar o segurado aderente em situação de extrema desvantagem ou de onerosidade excessiva.

Do seguro obrigatório

O sistema brasileiro estabelece que, para veículo automotor circular, se terá de cumprir com o recolhimento do **seguro obrigatório — DPVAT —**, que é um seguro contra acidentes de trânsito. O proprietário de veículo, ao realizar o emplacamento, deverá pagar o prêmio do seguro que garante, em caso de acidentes de trânsitos, um seguro hospitalar de medicamentos e de morte.

O pagamento da indenização será efetuado mediante a simples prova do acidente com o **boletim de ocorrência policial** do dano decorrente, independentemente da existência de culpa. Os documentos de comprovação do acidente são a ocorrência policial, os comprovantes das despesas médicas e hospitalares ou, então, a certidão de óbito.

Os valores correspondem ao seguro por morte fixados em R$ 13.500,00; por INVALIDEZ, vai até o valor de R$ 13.500,00; e, por último, como reembolso à vítima acidentada (hospital e medicamentos) até R$ 2.700,00, por pessoa acidentada.

A prova para recebimento da indenização indepedente de CULPA do agente.

Não podem ser beneficiados

O contrato de **seguro regula os impedidos** de receberem o benefício. Desta forma, é interessante que se faça uma análise dos arts. 550, 793, 1.801 e 1.814 do CC.

Da natureza jurídica do seguro

O contrato de seguro é um contrato bilateral, oneroso, aleatório, formal, de execução sucessiva ou continuada, de **adesão e de boa-fé**. No contrato de seguro, o risco é um elemento essencial, como acontecimento incerto, e que independe da vontade das partes.

O contrato de seguro em regra estabelece as normas de seguro por acontecimento infeliz, mas também é possível segurar um acontecimento feliz, como no caso de seguro de vida, pela sobrevivência ou de educação futura de um filho.

Dos elementos constitutivos

Os elementos **constitutivos do contrato de seguro são**:

a) o segurador, que é o contratante, assume os riscos, propondo-se a indenizar o segurado dos danos sofridos, sejam eles pessoais ou materiais;

b) o segurado, que é o contratante, mediante o pagamento de certa importância, denominada prêmio, passa a ter proteção dos eventuais riscos de danos que possam sofrer os bens ou pessoas asseguradas;

c) o risco constitui o elemento essencial do seguro, pois é o seu objeto principal, que é o do acontecimento futuro e incerto;

d) o prêmio é a contraprestação devida pelo segurado ao segurador, que em troca garante eventuais riscos de danos, com a devida indenização acordada; e

e) a apólice, que é o instrumento do contrato.

Dos requisitos objetivos e subjetivos

Os requisitos do contrato de seguro caracterizam-se pela subjetividade que corresponde ao *segurador*, que deve ser pessoa jurídica devidamente autorizada; o *segurado*, que deve possuir capacidade civil; e que nem toda pessoa poderá ser beneficiária.

Não existe em regra solidariedade do cossegurador perante o segurado, mas em contrapartida o segurador — administrador pode ser acionado, para propor o seu direito de *ação regressiva,* sem que se estabeleça vínculo entre segurado e o órgão ressegurado.

O beneficiário é a pessoa que o segurado descreve na apólice para receber a indenização. Os requisitos objetivos do contrato de seguro são a liceidade, a possibilidade do objeto, que é o risco descrito na apólice, e, por fim, o valor do objeto que deve ser determinado.

Espécies de seguros

Inicialmente duas situações devem estar claras. A primeira é a de que para o seguro de bens (patrimônio) não poderá haver desproporcionalidade entre o valor do objeto segurado e o da indenização a ser paga.

A segunda diz respeito ao seguro de pessoas, em que as partes contratantes podem livremente fixar o valor da indenização em caso de sinistro.

O contrato de seguro deve primar pela formalidade exigida pela apólice. A prorrogação opera-se apenas por uma vez, sendo que as apólices podem ser *nominativas* (transferência por cessão), *à ordem* (transmissíveis por endosso) e ao *portador* (pagável a quem apresentar a apólice).

Da classificação dos contratos de seguro

Os contratos de seguro classificam-se em seis diferentes circunstâncias, que são: a) quanto às normas que os disciplinam, podendo o seguro ser comercial e/ou civil; b) quanto ao número de pessoas, que pode ser individual ou coletivo; c) quanto ao objeto a que visam garantir, que pode ser patrimonial, real ou pessoal; d) quanto ao meio que se desenvolve o risco, que pode ser terrestre, marítimo ou aéreo; e) quanto à prestação dos segurados, que pode ser a do prêmio, do mútuo ou a do misto; e f) quanto às obrigações do segurado do seguro de pessoa, que pode ser seguro de vida *stricto sensu* ou seguro contra acidentes.

Das modalidades dos contratos de seguro

O contrato de seguro apresenta-se em três modalidades, sendo o seguro de dano, o seguro de pessoa, previsto no Código Civil brasileiro 2002, e o seguro de mútuo, previsto no Código Civil de 1916, especialmente nos **arts. 1.466-1.470**.

As características do seguro são a apólice ou bilhete que pode ser NOMINATIVO = pode ser transferida por cessão; À ORDEM = transmissíveis por endosso em preto, datado, assinado pelas partes; e ao PORTADOR = transmissão ocorre pela tradição.

O Seguro é regido por algumas leis e tem suas peculiaridades, ou seja:

— A Lei n. 9.656/98 refere-se aos planos de saúde e seguros privados de assistência médica;

— A Lei n. 6.367/76 diz respeito ao seguro de acidente do trabalho a cargo do INSS;

— A Lei n. 6.194/74 trata das sociedades mútuas de seguros sobre a vida e seguro obrigatório de danos pessoais causados por veículos automotores de via terrestre (DPVAT).

Do seguro de dano

A celebração do contrato de seguro não visa a garantir lucro, mas cobrir eventuais prejuízos decorrentes de um sinistro. Tal posição ocorre justamente em razão de que deverá sempre ser apurada por perícia técnica a extensão do dano. O limite e a garantia fixados na apólice sempre determinarão que o segurador será obrigado a pagar o que realmente aconteceu, por isso, se os prejuízos forem menores do que o limite fixado da apólice, será este o valor ressarcido.

O seguro não pode ultrapassar o valor nominal do OBJETO segurado. O valor será o da cotação de mercado.

Do seguro de pessoas

O seguro de pessoa garante o pagamento de quantia determinada (certa) pela morte, pela incapacidade ou por acidente do segurado. O pagamento ocorre mediante o prêmio previamente ajustado entre *segurado* e o *segurador*.

No contrato pode ficar ajustado que a importância pode ser paga ao próprio segurado ou a uma terceira pessoa. As espécies de contrato de seguro existentes são o *seguro de vida* com prêmio fixo ou com prêmios temporários, pode ainda ser de capital deferido, misto, sobre duas vidas, com participação nos lucros do segurador e/ou então seguro total.

Como qualquer contrato, o seguro pode ser extinto observando-se as formalidades legais, e da mesma forma assegura direitos e obrigações ao segurado, como os direitos e deveres ao segurador, os quais se encontram previstos no Código Civil.

Na verdade, três são as modalidades básicas do seguro de pessoa:

Seguro em casos de MORTE — A indenização é paga aos beneficiários, a qual se subdivide em três formas: SEGURO PENSÃO = uma renda vitalícia ou temporária; SEGURO TEMPORÁRIO ou de CAPITAL = assegura aos dependentes o pagamento de um capital; e SEGURO TEMPORÁRIO de RENDA = pagamento de uma renda temporária.

Seguro de VIDA — vida inteira ou vida temporária, sempre pela indenização.

Seguro DOTAL — dividido em dotal PURO = seguro individual, em que a indenização ocorre em caso de o segurado sobreviver ao período pactuado; dotal MISTO = mediante um prazo determinado e o dotal DE CRIANÇA = em que o segurado receberá depois de completar 18 ou 21 anos.

Do seguro mútuo

Seguro de mútuo constitui-se na união de várias pessoas que assumem os riscos inerentes às suas vidas, aos seus bens, partilhando entre si os eventuais prejuízos. O conjunto de segurados constitui-se em pessoa jurídica a que pertence as funções de segurador e não terá fim lucrativo. Atualmente está proibida a constituição de novas entidades, ressalvada a possibilidade de cooperativas se dedicarem aos seguros agrícolas, de saúde e de acidentes de trabalho.

O estudo conclui-se com a leitura dos arts. 755-802 do CC.

16 DÉCIMA SEXTA AULA

Da constituição de renda

Por meio do contrato de constituição de renda, uma pessoa, o rendeiro ou censuário, se obriga a fazer certa prestação periódica à outra, o instituidor, por um prazo determinado, em troca de um capital que lhe é entregue e que pode consistir em bens móveis, imóveis ou dinheiro.

É um negócio que pode ser unilateral ou bilateral, gratuito ou oneroso, comutativo ou aleatório, real, formal e temporário em que o *instituidor* transfere um capital ao *censuário* ou rendeiro, em troca de uma renda por este prometida. O capital só poderá consistir em imóveis, móveis ou dinheiro.

A renda apenas poderá ser instituída em favor de pessoa viva, conforme o previsto no art. 808 do CC.

Dos modos constitutivos

Os modos constitutivos do contrato de constituição de renda podem ser *inter vivos*, *causa mortis* ou sentença judicial: ocorre por ato *inter vivos*, quando o *contrato for a título* oneroso ou gratuito; ocorre por ato *mortis causa*, quando o contrato for *por testamento*, como no caso em que o testador *lega* a alguém um bem imóvel com o encargo de pagar, durante certo lapso de tempo, certa renda a determinada pessoa; e por sentença judicial, quando proferida em ação de responsabilidade civil, que condene o réu *a prestar alimentos ao ofendido* ou a pessoa da família deste, conforme o que preceituam os arts. 948, II e 950 do CC.

Aplicam-se ainda os artigos

Para os efeitos na constituição de renda, aplicam-se os arts. 809, 810, 811, 812, 447, 551, 1.245, 1.267, 1.926, 1.928 do CC e o art. 649, inciso I do CPC.

O direito permite que se aplique o art. 649, inciso I do CPC, que dispõe: "são absolutamente impenhoráveis: I — os bens inalienáveis e os declarados, por ato voluntário, não sujeitos à execução."

Das causas de extinção

Como qualquer contrato, deve obedecer a todos os modos comuns de extinção. As principais causas de extinção da constituição de renda são: a) pela expiração do prazo estipulado; b) pela morte do beneficiário; c) pelo falecimento do devedor; d) pela rescisão do contrato, no caso do art. 810 do CC; e) pela prescrição, de acordo com o disposto no art. 206, § 3º II; e f) pela falência ou insolvência do devedor da renda.

Estudar os arts. 803-813 do CC.

DO JOGO E DA APOSTA

De acordo com dados históricos, a primeira loteria surgiu no Estado do Rio Grande do Sul, quando da Guerra dos Farrapos. O surgimento da loteria ocorreu em virtude da necessidade de fazer-se frente às despesas, como de compra de armas, produtos e demais utensílios necessários para a guerra e, por consequência, dar condições aos envolvidos no processo. A criação da loteria foi no sentido de arrecadar importância para o fim específico da guerra.

Para Silvio de Salvo Venosa, aposta é conceituada como um contrato pelo qual duas ou mais pessoas prometem soma em dinheiro ou equivalente em razão de opinião sobre determinado assunto, fato natural ou ato de terceiros.

Do jogo

Primeiramente a definição de jogo. O jogo é o contrato em que duas ou mais pessoas prometem, entre si, pagar certa soma em dinheiro àquela que conseguir um resultado favorável de um acontecimento incerto.

Da aposta

A aposta é a convenção em que duas ou mais pessoas de opiniões discordantes sobre qualquer assunto prometem, entre si, pagar certa quantia ou entregar determinado bem àquela cuja opinião prevalecer em virtude de um evento incerto.

Do empréstimo

O empréstimo para o jogo ou aposta, quando efetuado no ato de apostar ou jogar, não permite reembolso do que se emprestou, conforme o art. 815 do CC.

A finalidade do empréstimo equipara-se à do jogo e da aposta, e por isso sofre a restrição de inexigibilidade. Portanto, em sendo feito o empréstimo no próprio momento da aposta ou do jogo, o ato é nulo.

Segundo Clóvis Beviláqua, "as dívidas contraídas para obter, antecipadamente, meios de jogar, ou apostar, ou para pagar o que se ficou a dever em razão do jogo ou da aposta, não se consideram de jogo e são exigíveis".

Dos jogos lícitos e ilícitos

Os doutrinadores, em sua grande maioria, entendem que não se há de distinguir entre jogos lícitos e ilícitos. Justificam que os jogos serão *lícitos* quando permitidos por lei, lícitos, porém, na esfera penal, uma vez que sob a responsabilidade obrigacional terão caráter *ilícito*, negando a legislação civil qualquer ação para a cobrança de débitos de jogo. Nesse sentido o art. 814 do CC não deixa dúvidas.

Mas, mesmo com o diploma legal de 2002, juízes, tribunais e boa parte dos doutrinadores, têm entendido ser indispensável a distinção entre jogos proibidos, tolerados e autorizados. Os jogos autorizados, por terem essa característica, dão origem a um negócio jurídico inteiramente válido, pois possuem existência, validade e eficácia — Arts. 814-817do CC.

Espécies de jogos

A doutrina disciplina a existência de três espécies de jogos e todas aplicadas em nosso meio: os proibidos, os tolerados e os autorizados ou lícitos.

Os jogos podem ser *proibidos* ou ilícitos, e ocorrem quando o ganho ou a perda depender de sorte, como exemplos: *o jogo do bicho, a roleta, o bacará e víspora.*

Os jogos podem ser *tolerados*, e ocorrem quando o resultado não depender exclusivamente da sorte, mas da habilidade do jogador, como exemplos, o *pôquer e canastra.*

Os jogos podem ser *autorizados* ou lícitos, ocorrem quando visam a uma utilidade social, como o fomento do desporto nacional. A autorização deu-se pela Lei n. 9.615/98, alterada pelas Leis ns. 9.981/00 e 10.264/01, como exemplos o *futebol, turfe, boxe, xadrez, tênis e loterias.*

Dos contratos diferenciais

Os contratos diferenciais dizem respeito aos contratos de títulos da bolsa, mercadorias ou valores, em que se estipula a liquidação exclusivamente pela diferença entre o preço ajustado e a cotação que eles tiverem, no vencimento do ajuste. Portanto, não se aplicam os arts. 814 e 815, nesse caso.

Exemplo: XX obriga-se a entregar em dia marcado 100 títulos da dívida pública ao preço de R$ 200,00 (duzentos reais) cada. O valor nominal dos títulos era de R$ 100,00 (cem reais).

Neste caso, a proposta foi aceita. No dia marcado, os títulos estão cotados em R$ 150,00 (cento e cinquenta reais). O vendedor irá adquirir na bolsa de valores os títulos prometidos à razão de R$ 150,00, para transferi-los ao comprador por R$ 200,00, que é o preço convencionado no contrato firmado entre as partes. O vendedor, nesse caso, terá um lucro de R$ 50,00 (cinquenta reais) por título.

O que ocorreu foi uma estipulação de jogo, pois não se pode considerar como uma operação comercial, mas sim uma operação de jogo de valores, pois o negócio somente se verificou no papel, portanto fictício. Fictício porque, o vendedor que ganhou R$ 50,00 (cinquenta reais) por título poderia ter perdido o mesmo valor ou valor superior em caso de os títulos terem-se valorizado e não desvalorizado.

Das consequências jurídicas do jogo e da aposta

Como qualquer contrato, o *jogo* e a *aposta* determinam consequências jurídicas, as quais constam em número de sete:

1. Todas as espécies de jogo não obrigam a pagamentos, de acordo com o art. 814 do CC, salvo casos excepcionais, como os referentes às *loterias e às apostas em turfe legalmente constituído;*

2. A eficácia do jogo e da aposta está limitada à impossibilidade *de repetição,* em conformidade com o art. 814 do CC;

3. O direito à repetição só surgirá se a dívida de jogo foi ganha com dolo e se o perdente for menor de idade ou interdito, de acordo com o art. 814 do CC;

4. O contrato que envolver *reconhecimento*, *novação* ou *fiança* de dívidas de jogo será, segundo alguns autores, passível de *nulidade*, em conformidade com o que dispõe o art. 814, § 1º do CC. A nulidade de negócios jurídicos realizados em função de jogo ou de aposta não poderá ser oposta ao terceiro de boa-fé;

5. O reembolso do que se emprestou para o jogo ou aposta no ato de apostar ou jogar não poderá ser exigido, de acordo com o art. 815 do CC;

6. A dívida de jogo ou proveniente de aposta não poderá ser utilizada para a *compensação; e*

7. O reforço de dívida de jogo ou de aposta por meio de cláusula penal não será admitido.

DO SORTEIO

Segundo Orlando Gomes, nem sempre a decisão por sorte pode ser considerada jogo, isso se a finalidade do sorteio não é o divertimento ou o ganho dos interessados, assim, falta-lhe o elemento essencial que o define como jogo. Portanto, quando o sorteio tem por fim dirimir questões, ou dividir coisas comuns, considera-se sistema de partilha ou transação entre as partes envolvidas, conforme o caso.

Desta forma, como exemplo, utiliza-se o sorteio para adjudicação dos lotes em que se dividem bens a serem partilhados em virtude de inventário, quando a escolha e a divisão não podem ser feitas por outro modo sem que ocorra prejuízo a um dos interessados. Assim, o sorteio é uma forma de resolver questões aparentemente sem solução.

A própria lei adota o sorteio como critério para resolver questões que, por outro modo, não podem ser dirimidas, como acontece, por exemplo, nos concursos com promessa pública de recompensa, nos quais os trabalhos tinham mérito igual, a solução para a recompensa pode ser efetivada pelo sorteio.

Os artigos previstos legalmente são os de ns. 814-817 do CC.

DÉCIMA SÉTIMA AULA

Dos atos cartorais e registrais

Os atos que exigem procedimento público deverão ser lavrados em Cartórios competentes, como, por exemplo, os Tabelionatos e os Registros de Imóveis, e os que permitem procedimento particular poderão ser lavrados por instrumento particular e transcritos no Registro de Títulos e Documentos.

Esse capítulo tem o propósito de oportunizar ao pesquisador os Cartórios e Registros que mais dizem respeito à utilização das obrigações contratuais. Há de se ter conhecimento complementar nas Leis ns. 6.015/73 e 8.935/94.

Dos registros de títulos e documentos

No Registro de Títulos e Documentos, serão realizadas as transcrições dos instrumentos particulares, para a prova das obrigações convencionadas de qualquer valor. Os atos que são de competência do Registro de Títulos e Documentos e que dizem respeito ao nosso estudo são: a) os contratos de compra e venda, com reserva de domínio; b) os contratos de penhor de animais, não compreendido o que dispõe o art. 10 da Lei n. 492, de 30 de agosto de 1934; c) os contratos de parceria agrícola ou pecuária; d) os contratos de penhor comum sobre coisas móveis.

Ainda, existe a possibilidade em conformidade com o art. 129 da Lei n. 6.015/73, que dispõe sobre registros:

> "Estão sujeitos a registro, no Registro de Títulos e Documentos, para surtir efeitos em relação a terceiros: 1º) os contratos de locação de prédios, sem prejuízo do disposto no art. 167, I, 3; 2º) os documentos decorrentes de depósitos, ou de cauções feitos em garantia de cumprimento de obrigações contratuais, ainda que em separado dos respectivos instrumentos; 3º) as cartas de fiança, em geral, feitas por instrumento particular, seja qual for a natureza do compromisso por elas abonado; 4º) os contratos de locação de serviços não atribuídos a outras repartições; 5º) os contratos de compra e venda em prestações, com reserva de domínio ou não, qualquer que seja a forma de que se revistam, os de alienação ou de promessas de venda referentes à bens móveis e os de alienação fiduciária..."

São admissíveis ainda, as quitações, os recibos, os contratos de compra e venda de automóveis, os instrumentos de cessão de direitos e de créditos, de sub-rogação e de dação em pagamento.

Dos Tabelionatos e dos Registros de Imóveis

Nos atos realizados pelos Tabelionatos, como os que exigem escrituras de compra e venda e doação, é necessário que se faça o registro, pois, caso isso não ocorra, não haverá a transferência do imóvel ou dos direitos ao adquirente, pelo princípio da tradição solene que rege o direito brasileiro. Por outro lado, atos que são realizados por instrumento particular, mesmo sendo por instrumento particular, deverão ser levados ao registro para que possam surtir efeitos jurídicos.

Os principais contratos públicos e particulares são: a) os contratos de locação de prédios, nos quais tenham sido consignadas cláusulas de vigência no caso de alienação da coisa locada; e do contrato de locação, para fins de exercício de direito de preferência; b) as rendas constituídas sobre imóveis ou a eles vinculadas por disposição de última vontade; c) contratos de compromisso de compra e venda de cessão, de promessa de cessão; d) os contratos de penhor rural; e) os contratos de incorporações, instituições e convenções de condomínios; f) os contratos de promessa de compra e venda de terrenos loteados, com pagamento em prestações; g) os contratos de compra e venda pura e da condicional, da permuta, da dação em pagamento, da doação entre vivos, da alienação fiduciária em garantia de coisa imóvel, das cláusulas de inalienabilidade, impenhorabilidade e incomunicabilidade impostas a imóveis, bem como da constituição de fideicomisso; e h) os contratos de arrendamento rural.

A Lei n. 6.015/73 e a Lei n. 8.935/94 registram a competência e os procedimentos legais dos Tabelionatos e dos Registradores Públicos, por isso, o conhecimento do seu conteúdo na integralidade é importante, como complemento do estudo jurídico.

Da natureza jurídica

O notário e o registrador, como agentes públicos delegados, não se confundem com os servidores públicos, tampouco exercem cargo público, mas não deixam de configurar como representantes do poder estatal, isso porque são providos de autoridade, pela concessão do Estado.

Dessa forma, os notários e registradores, bacharéis em direito, devidamente habilitados em concurso público de provas e títulos, desenvolvem função pública por delegação do Estado, assumindo, direta e pessoalmente, todos os ônus decorrentes do exercício da atividade, tais como o de locação do imóvel onde será prestado o serviço, a aquisição dos móveis e equipamentos necessários à prestação de serviços, a guarda e conservação dos livros e documentos necessários, a contratação de pessoal sob o regime celetista e ainda ficando sujeito à fiscalização de seu serviço pelo Poder Judiciário Estadual.

Da responsabilidade dos notários e registradores

A Lei n. 8.935/94 tratou da responsabilidade civil e criminal dos notários e registradores, devendo estes responder pelos danos que pessoalmente e seus prepostos causarem a terceiros na prática de atos próprios da serventia.

A responsabilidade está nos moldes da administração pública, ou seja, responsabilidade objetiva pelo dano aparente, na forma do art. 37, § 6º da Constituição Federal do Brasil, e por crime funcional, se for o caso, aplica-se o disposto no art. 327 do CP.

DA RESPONSABILIDADE CIVIL

A responsabilidade civil nasce pelo ato praticado pelo agente que obrigue uma pessoa física ou jurídica, seja ela privada ou pública, a reparar um dano moral ou patrimonial; para pessoa por quem ela responde, denomina-se de *responsabilidade subjetiva*, por alguma coisa a ela pertencente ou por simples imposição legal, responsabilidade objetiva.

O Código Civil codificou a responsabilidade contratual em dois capítulos, o da *obrigação de indenizar*, conforme o disposto nos arts. 927-943 do CC, e o da *indenização*, em conformidade com o que dispõem os arts. 944-954 do CC.

Responsabilidade civil vem definida como a obrigação que pode incumbir uma pessoa a reparar o prejuízo causado a outra, por fato próprio, ou por fato de pessoas ou coisas que dela dependam. A responsabilidade civil, por ser obrigacional, tem como objeto a reparação cujo ressarcimento serve como sanção.

Da responsabilidade penal e civil

No caso específico do homicídio, poderá o assassino ser condenando à pena corporal, conforme o que dispõe o art. 121 do CP e poderá ser condenado a reparar os danos e prejuízos experimentados pela família da vítima pelo que dispõe o art. 948 do CC.

Da responsabilidade contratual e extracontratual

A responsabilidade civil pode ser contratual ou extracontratual, podendo-se afirmar que os arts. 186 e 187 do CC disciplinam as consequências derivadas da responsabilidade extracontratual.

O art. 389 do CC disciplina os efeitos resultantes da responsabilidade contratual. Os arts. 6, 12 e 14 do CDC disciplinam e adotam a unificação da responsabilidade contratual e extracontratual, que vem a ser a responsabilidade objetiva.

O art. 6º, VIII do CDC dispõe sobre a denominada inversão da prova. O Código de Defesa do Consumidor em seus arts. 6º, IV, 12 e 18 assim dispõem:

> Art. 6º São direitos básicos do consumidor: IV — a proteção contra a publicidade enganosa e abusiva, métodos comerciais coercitivos ou desleais, bem como contra práticas e cláusulas abusivas ou impostas no fornecimento de produtos e serviços.
>
> Art. 12. O fabricante, o produtor, o construtor, nacional ou estrangeiro, e o importador respondem, independentemente da existência de culpa, pela reparação dos danos causados aos consumidores por defeitos decorrentes de projeto, fabricação, construção, montagem, fórmulas, manipulação, apresentação ou acondicionamento de seus produtos, bem como por informações insuficientes ou inadequadas sobre sua utilização e riscos.
>
> Art. 18. Os fornecedores de produtos de consumo duráveis ou não duráveis respondem solidariamente pelos vícios de qualidade ou quantidade que os tornem impróprios ou inadequados ao consumo a que se destinam ou lhes diminuam o valor, assim como por aqueles decorrentes da disparidade, com as indicações constantes do recipiente, da embalagem, rotulagem ou mensagem publicitária, respeitadas as variações decorrentes de sua natureza, podendo o consumidor exigir a substituição das partes viciadas.

Dos pressupostos da responsabilidade civil

Os pressupostos da responsabilidade civil são em número de quatro, o da existência de uma ação; o da culpa do agente; o da ocorrência de um dano moral ou patrimonial; e o nexo de causalidade entre o dano e a ação. Esses pressupostos devem estar presentes para que se possa configurar a responsabilidade civil. Vamos aprofundar-nos em cada um deles:

Primeiro: a existência de uma ação, comissiva ou omissiva, qualificada juridicamente como do próprio agente. A responsabilidade do agente pode defluir de *ato próprio*, de *ato de terceiro*, que esteja sob a responsabilidade do agente, e ainda de danos causados *por coisas* que estejam sob a guarda deste.

Segundo: a culpa do agente, que consiste na comprovação de culpa ou dolo do agente, pela omissão ou ação, de acordo com o art. 186 do CC. Aqui, a violação de um dever deve estar presente (elemento objetivo) e a imputabilidade do agente (elemento subjetivo). A culpa, em sentido amplo, compreende o dolo, que é a violação intencional do dever jurídico. Culpa, em sentido estrito, caracteriza-se pela imperícia, imprudência ou negligência. A culpa tem a seguinte classificação: a) em função da natureza do dever violado, *que é a culpa contratual ou extracontratual*; b) quanto a sua graduação, *que pode ser culpa grave, culpa leve ou culpa levíssima*; c) relativamente ao modo de apreciação, *devem ser observadas a culpa in concreto e a culpa in abstrato*; e d) quanto ao conteúdo da conduta culposa *diz respeito em primeiro à imputabilidade, que é o elemento constitutivo da culpa (como no caso da consciência e vontade), e em segundo, que é a responsabilidade sem culpa, a qual é fundada na teoria do risco, ou por força de lei, que decorre, por exemplo, dos casos de acidentes de trabalho, acidentes resultantes de atividade perigosa, furto de valores praticado por empregados de hotéis contra hóspedes.*

Terceiro: a ocorrência de um dano moral ou patrimonial, e para que surja a obrigação de reparar, torna-se necessário fazer a prova de existência de uma relação de causalidade entre a ação ou omissão e o dano experimentado pela vítima. Portanto, só haverá responsabilidade civil se houver um dano a ser reparado. O dano pode ser patrimonial, ou seja, o que afeta o patrimônio da vítima. Lesão ao direito da personalidade, como o dano ao corpo, dano estético e intelectual. Dano moral, aquele de interesse não patrimonial. Se a vítima experimentar um dano, mas não se evidenciar que este resultou do comportamento ou da atitude do réu, o pedido de indenização formulado deverá ser julgado improcedente. No *dano experimentado pela vítima*, o ato ilícito só repercute na órbita do direito civil se causar prejuízo a alguém.

Quarto: o nexo de causalidade entre o dano e ação que o produziu. A responsabilidade civil não pode existir sem a relação de causalidade que é o dano e a ação que o provocou. Por isso, encontramos a responsabilidade contratual por inadimplemento da obrigação, a responsabilidade profissional e a responsabilidade extracontratual, que decorre da violação legal, de lesão a um direito subjetivo ou da prática de um ato ilícito, sem que haja nenhum vínculo contratual entre as partes do lesado e do lesante.

Responsabilidade civil independe da criminal

A responsabilidade civil independe da condenação criminal, conforme preceituam os seguintes artigos:

> "Art. 386 do CPP — O juiz absolverá o réu, mencionando a causa na parte dispositiva, desde que reconheça: VI — existirem circunstâncias que excluam o crime ou isentem o réu de pena (arts. 20, 21, 22, 23, 26 e § 1º do art. 28 todos do Código Penal) ou mesmo se houver fundada dúvida sobre sua existência."
>
> "Art. 91 do CP — São efeitos da condenação: I — tornar certa a obrigação de indenizar o dano causado pelo crime."
>
> "Art. 92 do CP — São também efeitos da condenação: I — a perda de cargo, função pública ou mandato eletivo."

O Código Civil, em seu art. 935, dispõe que não mais se poderá questionar sobre a existência do fato ou sobre quem seja o seu autor, se estas questões se acharem categoricamente decididas no juízo criminal.

Verificar os arts. 927-943 do CC.

Tópicos importantes da responsabilidade civil

Da solidariedade: Se a violação do direito de outrem tiver mais de um autor, todos responderão solidariamente pela reparação, por meio de seus bens, de maneira que ao titular da ação de indenização caberá opção entre acionar apenas um ou todos os que violaram o direito, ao mesmo tempo.

Por ato de terceiro: As pessoas consideradas responsáveis por ato de terceiro constam enunciados no art. 932 do CC. Mas essa responsabilidade será solidária ou subsidiária. Há casos em que será subsidiária como na aplicação dos arts. 1.091 e 1.744 do CC, porém a grande maioria entende que o legislador estabeleceu uma forma de solidariedade passiva ao permitir que a vítima possa exigir a reparação civil diretamente do responsável legal.

Do Estado: A responsabilidade civil do Estado é objetiva, e encontra-se fundada no § 6º do art. 37 da Constituição Federal de 1988 e no art. 43 do CC, aliás, esclareça-se que os artigos são semelhantes.

Do profissional: Nesse caso, deve-se distinguir as obrigações de meio e de resultado. Caberá, ainda, verificar-se os dispositivos legais de cada categoria profissional.

Das relações de consumo: A responsabilidade civil poderá ser pelo fato do produto ou pelo serviço, como no caso de acidente de consumo. Nessa hipótese, aplica-se o que dispõe a Lei n. 8.078/90.

Do transportador: Quando o transportador assume a obrigação de transportar coisas ou pessoas, trata-se de uma responsabilidade de natureza contratual, isso porque o transportador assume uma obrigação de resultado, porém, em ocorrendo acidente, a responsabilidade civil passa para a extracontratual.

DA INDENIZAÇÃO

A indenização propriamente dita está ligada a aspectos processuais. Mas indenização é ato ou efeito de indenizar, reembolsar, recompensar, reparar, ressarcir por danos oriundos de acidentes e de rescisão unilateral de contratos.

O Código Civil brasileiro enumerou de certa forma o direito de indenização por quem for ofendido ou tiver o seu direito violado.

O art. 942 do CC observa que o patrimônio do devedor é a garantia comum de seus credores, estando sujeito à reparação dos danos causados. Em muitas circunstâncias não se terá um parâmetro para auferir o *quantum* da indenização, mas a prova da extensão do dano passa a ser fundamental para a qualificação da reparação, consoante o que dispõem os arts. 944-946 do CC.

No caso de danos causados por demanda de dívida inexigível, ou seja, nas denominadas aventuras judiciais ou cobranças extrajudiciais indevidas, foram tarifadas pelo legislador, desta forma, facilitando a dedução em juízo de tais pretensões em conformidade com o que dispõem os arts. 939-941 do CC, e se a cobrança for indevida em relação de consumo, aplica-se o art. 42 do CDC.

Dois são os critérios de qualificação de indenização por danos morais. O primeiro por arbitramento, que é o procedimento natural da liquidação, aplicando-se o que dispõem os arts. 606 e 607 do CPC, e a indenização com parâmetros tarifados, mas essa ainda não foi tipificada, existindo projeto tramitando perante o Congresso Nacional, mas sem prazo para sua aprovação. Estudar os arts. 944-954 do CC.

OBRAS CONSULTADAS

Primeiro Caderno

BRASIL. Constituição da República Federativa do Brasil, 1988.

________. Lei n. 3.071, de 01 de janeiro de 1916.

________. Lei n. 5.869, de 11 de janeiro de 1973.

________. Lein. 6.015, de 31 de dezembro de 1973.

________. Lei n. 8.009, de 29 de março de 1990.

________. Lei n. 8.078, de 11 de setembro de 1990.

________. Lei n. 8.245, de 18 de outubro de 1991.

________. Lei n. 8.906, de 04 de julho de 1994.

________. Lei n. 9.099, de 26 de setembro de 1995.

________. Lei n. 9.307, de 23 de setembro de 1996.

________. Lei n. 9.515, de 20 de novembro de 1997.

________. Lei n. 9.610, de 19 de fevereiro de 1998.

________. Lei n. 10.406, de 10 de janeiro de 2002.

DINAMARCO, Cândido Rangel. *A instrumentalidade do processo*. 10. ed. São Paulo: Malheiros, 2002.

DINIZ, Maria Helena. *Curso de direito civil brasileiro*: teoria das obrigações. São Paulo: Saraiva, 2002. v. 3.

RODRIGUES, Sílvio. *Direito civil* — das obrigações. São Paulo: Saraiva, 2002.

HART, Herbert L. A. *O conceito de direito*. Tradução A. Ribeiro Mendes. 3. ed. Lisboa: Fundação Calouste Gulbenkian, 2001.

Segundo Caderno

BRASIL. *Código de Processo Civil*. Lei n. 5.869, de 11 de janeiro de 1973.

________. *Código Civil brasileiro*. Lei n. 3.071, de 1º de janeiro de 1916.

________. *Código Civil brasileiro*. Lei n. 10.406, de 10 de janeiro de 2002.

________. *Constituição da República Federativa do Brasil*: promulgada em 5 de outubro de 1988. Publicada no Diário Oficial da União. Atualizada.

________. *Registros Públicos*. Lei n. 6.015, de 31 de dezembro de 1973.

________. *Parcelamento do Solo Urbano*. Lei n. 6.766, de 19 de dezembro de 1979.

________. *Impenhorabilidade do Bem de Família*. Lei n. 8.009, de 29 de março de 1990.

________. *Código de Defesa do Consumidor*. Lei n. 8.078, de 11 de setembro de 1990.

________. *Locações de Imóveis Urbanos*. Lei n. 8.245, de 18 de outubro de 1991.

________. *Estatuto da Advocacia e a Ordem dos Advogados do Brasil – OAB*. Lei n. 8.906, de 4 de julho de 1994.

________. *Juizados Especiais Cíveis e Criminais*. Lei n. 9.099, de 26 de setembro de 1995.

________. *Arbitragem*. Lei n. 9.307, de 23 de setembro de 1996.

________. *Sistema de Financiamento Imobiliário*. Lei n. 9.514, de 20 de novembro de 1997.

________. *Direitos Autorais*. Lei n. 9.610, de 19 de fevereiro de 1998.

________. *Regularização, Administração, Aforamento e Alienação de Bens Imóveis de Domínio da União*. Lei n. 9.636, de 15 de maio de 1998.

CHAVES, Antônio. *Lições de direito civil:* direito das obrigações IV. Contratos em espécie. São Paulo: Revista dos Tribunais, 1997.

DINIZ, Maria Helena. *Tratado teórico e prático dos contratos*. 4. ed. São Paulo: Saraiva, 2002.

DINAMARCO, Cândido Rangel. *Fundamentos do processo civil moderno*. 3. ed. São Paulo: Malheiros, 2000.

GAGLIANO, Pablo Stolze; PAMPLONA FILHO, Rodolfo. *Novo curso de direito civil*. São Paulo: Saraiva, 2004.

GOMES, Orlando. *Contratos*. 9. ed. Rio de Janeiro: Forense, 1983.

GONÇALVES, Carlos Roberto. *Direito civil brasileiro, V. III:* contratos e atos unilaterais. São Paulo: Saraiva, 2004.

JESUS, Damásio E. de. *Código de Processo Penal anotado*. 18. ed. São Paulo: Saraiva, 2002.

LÔBO, Paulo Luiz Netto. *Comentários ao Código Civil*. Coord. Antônio Junqueira de Azevedo. São Paulo: Saraiva, 2003.

NUCCI, Guilherme de Souza. *Código Penal comentado*. 2. ed. São Paulo: Revista dos Tribunais, 2002.

RODRIGUES, Silvio. *Direito civil*. 28. ed. São Paulo: Saraiva, 2002.

SERPA LOPES, Miguel Maria de. *Curso de direito civil*. 4. ed. Rio de Janeiro: Freitas Bastos, 1962.